암호화 알고리듬

암호화 알고리듬

고전적인 암호화 알고리듬에서부터
최신의 동형 암호, 영지식 증명, 양자 암호까지

윤우빈 옮김   마시모 베르타치니 지음

i!i
에이콘

희생을 마다하지 않고 저에게 배우고 성장할 수 있는 기회를 주신
어머니 나디아(Nadia), 아버지 도메니코(Domenico)께 감사드립니다.
저의 '영혼의 단짝'이며 응원을 아끼지 않은 일레인(Elaine)에게 감사드립니다.

– 마시모 베르타치니(Massimo Bertaccini)

에이콘출판의 기틀을 마련하신 故 정완재 선생님 (1935-2004)

| 옮긴이 소개 |

윤우빈

기존의 IT 기술과 새로 만들어지고 있는 최신 기술을 보안이라는 관점에서 이해하고 새로운 기술, 비즈니스 영역의 새로운 보안 위협과 그에 대한 대응 기술을 고민하며, 에이콘출판사를 통해 다양한 보안 관련 지식을 공유하고자 노력하고 있다. 지금도 여전히 새로운 분야에 대한 보안 기술 연구와 다양한 보안 기술 개발을 위해 진땀 흘리고 있다.

IT 기술과 서비스가 빠르게 진화하는 현 상황에서 새로운 IT 기술이나 서비스에 대한 보안은 그 중요성이 점점 커지고 있습니다. 또한 현재는 우리 생활 속 모든 것(서비스, 디바이스뿐만 아니라 우리가 생활하고 있는 모든 환경)이 연결되고 있습니다. 이러한 변화를 보이지 않는 레이어에서 안전하게 뒷받침하는 것이 바로 보안 기술이라고 할 수 있으며, 그중에서도 데이터에 대한 보안과 프라이버시의 중요성이 점점 강조되고 있습니다.

암호화 기술은 다양한 보안 기술의 근간 중 하나입니다. 암호화 기술을 이용해서 데이터를 보호하고, 나아가 사용자의 프라이버시를 보호할 수 있기 때문입니다.

이 책은 데이터 보안과 프라이버시 보호를 위해서 필수적으로 알아야 할 암호화 기술을 자세히 설명하고 있습니다.

데이터 보호와 인증을 위해서 사용되는 대칭키/비대칭키 암호화, 공개키/개인키 암호화, 타원 곡선 암호화, 해시와 디지털 서명과 같은 전통적인 암호화 알고리듬에 대해서 설명합니다.

데이터 프라이버시 관점에서는 사용자의 익명성 제공과 SSI^{Self-Sovereign Identities} 기반의 서비스 혹은 플랫폼의 필요성이 대두되고 있으며, 여기 사용하는 기술로 동형 암호, 영지식 증명 등에 대해서도 소개하고 있습니다.

또한, 기존과는 다른 새로운 기술을 기반으로 한 양자 암호화뿐만 아니라 향후 양자 컴퓨팅 시대가 됐을 때 필수적인 양자 내성 암호 기술에 대해서도 다룹니다.

이 책은 여러분이 과거, 현재, 미래를 아우르는 암호화 기술, 각 기술의 가치와 특징에 대해서 이해하는 계기가 돼 줄 것입니다.

끝으로, 언제나 좋은 IT 서적을 출판하기 위해서 노력하고 항상 가족처럼 대해 주시는 에이콘출판사 가족분들께 감사의 말을 전합니다.

| 지은이 소개 |

마시모 베르타치니^Massimo Bertaccini

크립토랩^Cryptolab Inc.의 연구원이자 수석 과학자, CEO, 공동 설립자다.

수학과 통계학 교수로 경력을 시작했다. 이후 사이버 보안을 위한 암호화 솔루션 분야의 스타트업인 크립토랩을 설립했다. 엔지니어 팀과 함께 암호화된 데이터로 작업할 수 있는 세계 최초의 검색 엔진을 기획하고 구현했다.

실리콘밸리 발명가 상과 유럽연합^EU에서 수여하는 Seal of Excellence를 포함해 여러 국제적인 상을 받았다.

현재는 이뮤니 대학교^EMUNI University에서 계약직 교수로 수학적 모델을 가르치고 있으며 암호학, 사이버 보안, 블록체인 분야에서 많은 논문을 발표했다.

먼저, 처음 내게 집필을 제안하고 전반적인 집필 과정을 지원해 준 요게시 데오카(Yogesh Deokar)(제품 관리자)에게 감사의 말을 전하고 싶다. 또한 이 책을 처음부터 끝까지 원활하게 집필할 수 있도록 헌신적으로 지원해 준 바이데히 사완트(Vaidehi Sawant)(프로젝트 관리자)와 아룬 나다르(Arun Nadar)(편집자)에게도 감사의 마음을 전하고 싶다. 이 책에 기여한 사일리 핀게일(Sayali Pingale)에게 감사를 표하고 싶다. 또한 기술적 측면을 검증하는 데 도움을 준 브라이언 우(Brian Wu)에게도 감사를 드린다. 마지막으로 알레산드로 파세리니(Alessandro Passerini), 티지아나 란디(Tiziana Landi), 테렌지오 카라판자노(Terenzio Carapanzano), 이징구(Yi Jing Gu), 폴 해거(Paul Hager)의 끊임없는 지원과 특히 내게 가장 훌륭한 수학적 아이디어를 공유해 준 제라르도 이오바네(Gerardo Iovane)에게 감사의 말을 전하고 싶다.

| 기술 감수자 소개 |

슌 우^{Xun(Brian) Wu}

수석 블록체인 아키텍트이자 컨설턴트다. 오라일리^{O'Reilly}와 팩트^{Packt}에서 출간한 하이퍼
레저^{Hyperledger}와 이더리움^{Ethereum}(초급부터 고급까지)과 같은 블록체인의 인기 있는 분야에 대한
8권의 책을 저술했다. 블록체인, 빅데이터, 클라우드, 시스템, 인프라 UI 등 다양한 기술
분야에서 18년 이상의 실무 경험을 보유하고 있다. 지금까지 50개 이상의 프로젝트에
참여했다.

| 차례 |

1부 — 암호학의 역사와 소개

1장   암호학 심층 분석   027

초고속 연결, 클라우드 컴퓨팅, 랜섬웨어, 해커의 시대에서 디지털 자산은 우리 삶의 방식을 바꾸고 있으므로 암호화와 사이버 보안이 매우 중요하다.

데이터 처리와 저장 방식의 변화로 인해 정보의 불법 복제와의 끊임없는 전쟁에서 앞서 나가기 위해서는 암호화 알고리듬의 적절한 진화가 필요했다.

이 책은 차세대 암호화 알고리듬에 집중하고자 하는 학생과 전문가에게 좋은 도구가 될 것이다.

대칭키와 비대칭키 알고리듬의 기초부터 시작해서 스파이와 해커로부터 정보를 보호하기 위해 인증과 전송, 암호화된 데이터에 대한 검색과 같은 모든 최신 기술을 설명하는 책이다. 영지식과 블록체인의 합의, 타원 곡선, 양자 암호화, 동형 검색과 같은 진화된 알고리듬을 접하게 될 것이다.

컴퓨터 과학에서 채택된 주요 알고리듬에 대한 공격과 암호 분석에 대해서도 중점적으로 다룬다. 주요 목적은 이와 같은 복잡한 주제를 깊이 이해하도록 훈련하는 것이다. 이를 위해 개념을 더욱 잘 이해할 수 있도록 특별히 주의를 기울인 예시를 제시하고 있다.

⠿ 이 책은 누구를 위한 책인가

학생, IT 전문가, 사이버 보안 매니아 또는 최신 암호 기술을 개발하고 성공적인 사이버 보안 경력을 쌓고자 하는 모든 사람을 위한 책이다. 이 책을 이해하기 위해서는 초급 수준의 대수학과 유한체 이론에 대한 실무 지식이 필요하다.

⁘ 이 책의 내용

1장, 암호학 심층 분석 암호화에 대한 소개, 암호화가 필요한 이유, IT에서 암호화가 중요한 이유를 설명한다. 또한 암호학의 역사에서 등장하는 주요 알고리듬을 한눈에 살펴볼 수 있다.

2장, 대칭키 암호화 대칭키 암호화에 대해서 설명한다. 사이버 시스템을 구현하는 데 널리 사용되는 DES, AES, 부울 논리와 같은 알고리듬을 중점적으로 설명한다. 그리고 해당 알고리듬에 대한 공격 방법에 대해서도 알아본다.

3장, 비대칭키 암호화 RSA, 디피-헬만과 같은 고전적인 비대칭키 암호화 알고리듬과 공개키/개인키 암호화 알고리듬에 대해서 설명한다.

4장, 해시 함수와 디지털 서명 SHA-1과 같은 해시 함수를 설명하고 현대 암호화의 한 축인 디지털 서명에 대해서 설명한다. 가장 중요하고 유명한 서명 알고리듬과 블라인드 서명(익명 서명)에 대해서 살펴본다.

5장, 영지식 프로토콜 블록체인의 새로운 경제를 위한 새로운 암호화 프로토콜 중 하나인 영지식 프로토콜을 설명한다. 영지식 프로토콜은 안전하지 않은 통신 채널에서 민감한 데이터를 노출하지 않고 사람과 기계를 인증하는 데 매우 유용하다. 블록체인에서 사용되는 zk-SNARK와 같은 새로운 프로토콜은 영지식 알고리듬을 기반으로 한다. 마지막으로 저자가 발명한 새로운 영지식 프로토콜인 ZK13에 대해서 설명한다.

6장, 새로운 공개키/개인키 알고리듬 저자가 발명한 3개의 알고리듬을 소개한다. MB09는 페르마의 마지막 정리를 기반으로 하며 MB11은 RSA의 대안이 될 수도 있다. 이 알고리듬들과 관련된 디지털 서명에 대해서도 설명한다. 또한 합의 알고리듬에 사용되는 새로운 프로토콜인 MBXX에 대해서도 알아본다.

7장, 타원 곡선 탈중앙화 금융의 새로운 영역을 가능하게 한 타원 곡선에 대해서 알아본다. 사토시 나카모토Satoshi Nakamoto는 비트코인이라는 디지털 화폐 전송을 구현하기 위해서 SECP256K1이라는 타원 곡선을 채택했다. 암호화를 위한 타원 곡선의 작동 방식과 주요 특징에 대해서 알아본다.

8장, 양자 암호화　양자 컴퓨팅의 등장으로 지금까지 우리가 탐구해 온 대부분의 알고리듬이 어떻게 무작위 대입 공격의 심각한 위협에 처하게 되는지 살펴본다. 이에 대한 한 가지 가능한 해결책은 양자 암호화다. 그것은 인간이 발명한 매우 흥미진진하고 환상적인 종류의 암호화 중 하나다. 양자 암호화는 초기 단계에 불과하지만 짧은 시간 안에 널리 채택될 것이다.

9장, 암호화 검색 엔진　저자가 발명한 뛰어난 동형 암호 애플리케이션인 암호와 검색 엔진에 대해서 살펴본다. 그것은 암호화된 콘텐츠를 검색할 수 있는 검색 엔진이다. 그것의 구현 방법과 기업에서의 사례 그리고 데이터 프라이버시를 위한 혁신적인 엔진의 적용 가능성에 대해서 살펴볼 것이다.

⠿ 이 책을 최대한 활용하려면

초급 수준의 대수학과 유한체 이론에 대한 지식이 필요하다.

⠿ 컬러 이미지 다운로드

이 책에 사용된 스크린샷 및 다이어그램의 컬러 이미지가 포함된 PDF 파일을 제공한다 (https://static.packt-cdn.com/downloads/9781789617139_ColorImages.pdf).

⠿ 사용된 규칙

독자의 이해를 돕고자 다루는 정보에 따라 글꼴 스타일을 다르게 적용했다. 이러한 스타일의 예제와 의미는 다음과 같다.

문단 내 코드: 문단 내에 있는 코드 조각, 데이터베이스 테이블 이름, 폴더 이름, 파일 이름, 파일 확장자, 사용자 입력, X(전 트위터) ID를 나타낸다. 예를 들어 다음과 같다.

"[K1] 키를 이용해서 단일 DES 알고리듬으로 일반 텍스트 블록을 암호화한다."

코드/수학 방정식 블록은 다음과 같이 표기한다.

```
t = (3XP^2 + a)/ 2YP
t= (3*2^2 + 0)/ 2*22= 12/ 44 = Reduce[44*x == 12, x, Modulus -> (67)] = 49
t = 49
```

고딕체: 새로운 용어나 중요한 키워드 또는 화면에 표시되는 단어(메뉴나 다이얼로그 창에 표시되는 단어)를 나타낼 때 고딕체를 사용한다. 예를 들어 다음과 같이 나타낼 것이다.

"해시 함수는 양자 내성 기술의 후보 중 하나다. 즉 해시 함수는 **특정 조건**에서는 양자 컴퓨터의 공격을 극복할 수 있다."

> 경고와 중요한 노트는 이와 같이 나타낸다.

⠿ 문의

독자 피드백은 언제나 환영이다.

일반적인 의견: 이 책의 제목을 메일 제목에 넣어 customercare@packtpub.com으로 이메일을 보내면 된다. 이 책의 내용에 대한 질문이 있다면 questions@packtpub.com 으로 이메일을 보내면 된다.

한국어판에 관한 질문은 이 책의 옮긴이나 에이콘출판사 편집 팀(editor@acornpub.co.kr)으로 문의할 수 있다.

오탈자: 정확한 내용을 전달하고자 모든 노력을 기울였지만 실수가 있을 수 있다. 책에서 발견한 오류를 알려 준다면 감사하겠다. 다음 링크(www.packtpub.com/submit-errata)에 방문해서 이 책을 선택한 후 Errata Submission Form 링크를 클릭하고 자세한 내용을 넣어 주길 바란다.

한국어판의 정오표는 에이콘출판사의 도서정보 페이지(http://acornpub.co.kr/book/cryptography-algorithms)에서 찾아볼 수 있다.

저작권 침해: 인터넷에서 어떤 형태로든 팩트 책의 불법 복제본을 발견한다면 주소나 웹 사이트 이름을 알려 주면 감사하겠다. 불법 복제본의 링크를 copyright@packtpub.com으로 보내 주길 바란다.

1부

암호학의 역사와 소개

1부는 암호학과 암호 알고리듬의 기본 정의, 정보, 역사를 제공하는 것을 목표로 한다.
1부의 구성은 다음과 같다.

- 1장, 암호학 심층 분석

01

암호학 심층 분석

1장에서는 암호학을 소개하고 암호학이 필요한 이유, 그리고 IT에서 암호학이 중요한 이유를 설명할 것이다. 또한 카이사르^{Caesar} 알고리듬과 버냄^{Vernam} 암호와 같이 잘 알려진 것뿐만 아니라 빌^{Beale} 암호와 같이 잘 알려지지 않은 암호 알고리듬에 이르기까지 다양하게 소개할 것이다. 그다음에 **RSA**^{Rivest-Shamir-Adleman}, 디피–헬만^{D-H, Diffie-Hellman}과 같이 유명한 알고리듬에 대해서도 자세히 설명할 것이다. 마지막으로 1장을 통해서 보안을 위한 암호학의 기본을 배우게 될 것이다.

1장은 다음과 같은 내용을 다룬다.

- 암호학에 대한 간단한 소개
- 이 책에서 사용되는 기본적인 정의 및 주요 수학 표기법
- 바이너리 변환과 아스키 코드
- 페르마의 마지막 정리와 소수, 모듈러 연산
- 주요 암호 알고리듬(로제타(Rosetta) 암호, 카이사르 암호, ROT13, 빌, 버냄)과 역사

- 보안 표기법(시맨틱, 증명, OTP 등)

⁝⁝ 암호학 소개

암호학에 있어서 가장 중요한 것 중 하나는 정의와 표기법을 이해하는 것이다. 나는 정의와 표기법을 신봉하는 사람이 아니다. 무엇보다도 나 스스로 만들어 낸 표기법을 사용하는 유일한 사람이기 때문이다. 하지만 수학과 관련된 것을 이야기할 때는 당사자간에 서로 내용을 동의하는 것이 매우 중요하다는 것은 알고 있다. 따라서 이번 절에서는 암호학과 관련된 기본 정보와 인용문을 소개할 것이다.

알고리듬의 정의부터 살펴보자.

수학과 컴퓨터 공학에서 **알고리듬**은 컴퓨터가 실행시킬 수 있는 잘 정의된 유한한 명령어의 조합이다.

그렇다면 암호^{cipher}란 무엇일까?

암호는 일반 텍스트(메시지)를 이해할 수 없는 텍스트(암호문)로 변환할 수 있는 모든 유형의 시스템이라고 할 수 있다.

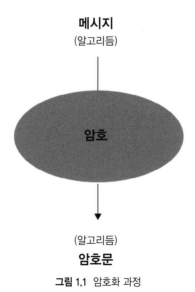

그림 1.1 암호화 과정

암호가 효과를 발휘하려면 암호화encryption와 복호화decryption라는 두 가지 작업을 설정해야 한다. 간단히 말해서 메시지의 내용이 비밀인 상태로 일정 기간 안전하게 보관할 수 있어야 한다.

M을 메시지의 집합으로 정의하고 C를 암호문 집합으로 정의한다.

암호화는 일반적인 메시지 m에 함수 E를 적용해서 암호문 c를 만들어 내는 작업이다.

```
m -------> f(E) ---------> c
```

복호화는 암호문 c에 함수 D를 적용해서 일반 텍스트인 m을 만들어 내는 작업이다.

```
c -------> f(D) ---------> m
```

수학적으로 표현하면 D(E(M))= M이 된다.

따라서 함수 E와 D는 서로 역함수 관계이며 함수 E는 **단사 함수**injective function여야 한다. 단사라는 말은 M이 달라지면 그에 따른 C도 함께 달라져야 한다는 의미다.

(M)이나 (m)과 같이 대문자를 사용하든 소문자를 사용하든 그것은 현재로서는 중요하지 않다. 지금까지는 소괄호를 특별한 의미로 사용하지 않았지만 나중에는 함수의 비밀 요소와 알려진 요소를 구별하기 위해서 대괄호를 사용할 것이다. 따라서 비밀 메시지 M은 다른 비밀 파라미터와 마찬가지로 [M]으로 표기될 것이다. 지금은 알고리듬이 어떻게 작동하는지 보여 주는 것이 목적이고 그 구현은 엔지니어가 담당하게 될 것이다.

암호화/복호화에 사용되는 또 다른 중요한 표기법이 있다. 메시지를 암호화하거나 복호화하기 위해서는 키key가 필요하다. 암호학에 있어서 키는 암호 알고리듬의 출력을 결정하는 중요한 파라미터다. 키가 없다면 암호 알고리듬은 의미 있는 결과를 만들어 내지 못한다.

M을 암호화하거나 복호화하는 데 사용되는 모든 키 집합을 K라고 정의하고, 하나의 암호화 키 또는 복호화 키를 k로 정의한다. K는 세션 키session key라고도 부른다. 키를 정의하는 이 두 가지 방법(키 집합을 K, 단일 키를 k)은 어떤 종류의 키(개인키 또는 공개키)인지 나타내는 데 항

상 사용될 것이다.

암호 알고리듬에 사용되는 표기법의 주요 개념을 이해했으므로 이제는 개인키와 공개키의 차이점에 대해서 알아볼 차례다.

- 암호학에서 [K] 또는 [k]로 표기되는 개인키 또는 비밀키(Kpr)는 비밀 메시지를 교환하기 위한 한쪽이나 양쪽 또는 여러 당사자만 알고 있는 암호화/복호화를 위한 파라미터다.

- 암호학에서 (k)로 표기되는 공개키(Kpu)는 비밀 메시지를 전달하거나 사용자를 인증하려는 모든 사람들이 알고 있는 암호화 키다.

그러면 개인키와 공개키 간의 주요 차이점은 무엇일까?

개인키는 메시지 암호화나 복호화 모두에 사용되는 반면 공개키는 메시지를 암호화하거나 사용자나 컴퓨터의 ID(디지털 서명)를 확인하는 데 사용된다. 이는 대칭키 암호화symmetric encryption와 비대칭키 암호화asymmetric encryption의 차이를 결정하는 중요한 포인트다.

이 두 가지 암호화 알고리듬의 일반적인 정의를 살펴보자.

- **대칭키 암호화**: 대칭키 암호화는 메시지를 암호화하거나 복호화하는 데 하나의 공유키만을 사용한다.

- **비대칭키 암호화**: 비대칭키 암호화는 공개키(메시지를 암호화하는 데 사용)를 생성하기 위해 더 많은 파라미터를 구현하고 메시지를 복호화하기 위해서 하나의 개인키를 사용한다.

이후에도 살펴보겠지만, 개인키는 대칭키 암호화에서 메시지를 동일한 키로 암호화/복호화하는 데 사용되고 비대칭키 암호화에서는 일반적으로 복호화를 수행하는 데 사용된다. 비대칭키 암호화에서 공개키는 메시지를 암호화하거나 디지털 서명을 검증하는 데 사용된다. 나중에 이 두 가지 유형의 키의 기능에 대해서 살펴보겠지만, 지금은 개인키는 대칭키 암호화와 비대칭키 암호화 모두에 사용되고 공개키는 비대칭키 암호화에서만 사용된다고 생각하면 된다. 여기서는 학술적인 정의와 표기법을 논의하고자 하는 것은 아니기 때문에 지금까지 설명한 암호화를 위한 요소의 범위와 용도를 각자 파악해 보기 바란다.

암호학에서 중요한 문제 중 하나는 키를 전송하거나 교환하는 것이다. 키를 물리적으로 교환하지 않고 전송하는 것이 매우 어려웠기 때문에 수학자 및 암호학자 커뮤니티에서 강한 비판을 받았다.

예를 들어 앨리스^{Alice}와 밥^{Bob}이 (실질적인 비대칭키 암호화를 수행하기 전에) 키를 교환하기를 원한다면 신뢰할 수 있는 유일한 방법은 물리적으로 한 곳에서 만나는 것이었다. 이 방법은 통신 시스템과 인터넷 환경에서는 많은 문제를 야기했다. 첫 번째 문제는 인터넷 통신이 안전하지 않은 채널을 통한 데이터 교환에 의존해야 한다는 것이었다. 만일 앨리스와 밥이 안전하지 않은 공개 통신 채널을 이용한다면 통신 보안과 개인 정보 보호가 매우 취약해져서 개인키가 침해될 가능성이 매우 높아질 것이라고 쉽게 예상할 수 있다.

이 때문에 "교환되는 비밀 정보를 보호하기 위해서 대칭키 암호화를 이용한다면 어떻게 비밀키를 안전하게 교환할 수 있을까?"와 같은 의문이 생기게 된다.

답은 간단하다. 즉 키를 교환하기 위한 안전한 통신 채널을 제공하는 것이다.

그렇다면 누군가 "안전한 통신 채널은 제공하려면 어떻게 해야 하지?"와 같이 질문할 것이다.

답은 이 책을 통해서 얻게 될 것이다.

냉전 시대에 미국과 소련 지도자간에 사용된 전설적인 레드 라인$^{red\ line}$과 같은 군사용 애플리케이션에서도 대칭키 통신이 사용됐다. 하지만 오늘날에는 비대칭키 암호화를 이용한 키 교환이 일반적이다. 일단 키를 교환했다면 그다음 통신 세션에서는 대칭키 암호화를 이용해서 전송할 메시지가 암호화된다.

여러 가지 이유로 비대칭키 암호화는 키를 교환하는 데 적절하며 인증 및 디지털 서명에서도 마찬가지다. 계산적인 측면에서 대칭키 암호화는 상대적으로 더 작은 길이의 키를 사용할 수 있고 대역폭과 시간을 절약할 수 있다. 일반적으로 대칭키 암호화는 보안을 위해서 256~512비트의 키를 사용하지만 비대칭 RSA 암호화에서는 4,000비트 이상을 사용한다. 이에 대해서는 이후에 비대칭키/대칭키 암호화 알고리듬을 분석하는 과정에서 자세히 설명할 것이다.

이 책에서는 많은 종류의 암호화 기술을 분석할 예정이지만, 본질적으로 모든 암호화 알고리듬은 크게 대칭키 암호화와 비대칭키 암호화라는 두 가지 유형으로 나눌 수 있다.

암호학을 좀 더 잘 이해하려면 몇 가지 정의가 추가돼야 한다.

- **평문**plaintext: 암호학에서 평문은 암호화되지 않은 텍스트 또는 공개적으로 노출될 수 있는 모든 것을 의미한다. 예를 들어 (내일 오전 10시에 만나요)는 평문이다.
- **암호문**ciphertext: 암호학에서 암호문은 암호화 과정을 거친 결과물을 의미한다. 예를 들면, (내일 오전 10시에 만나요)는 암호문으로 [x549559*ehebibcm3494]과 같이 될 수 있다.

앞에서도 언급했듯이 평문과 암호문을 나타낼때는 서로 다른 괄호를 사용할 것이다. 즉 (...)은 평문을, [...]은 암호문을 나타낼때 사용할 것이다.

2진수, 아스키 코드, 표기법

컴퓨터에서 데이터를 다룰 때는 0과 1로 이뤄진 비트들의 문자열을 사용하는 것이 일반적이다. 따라서 숫자는 2진수로 변환될 수 있다. 10진수가 2진수로 어떻게 변환되는지 살펴보자. 예를 들어 10진수 123은 1*10^2+2*10^1+3*10^0로 표현할 수 있다. 이와 같은 형태로 10진수를 2진수로 표현할 수 있다. 10진수 29를 예로 들어 보자.

10진수 29를 2진수(비트)로 변환				
단계	연산	결과	나머지	변환(2진수)
단계 1:	29 /2	14	1	**(11101)2**
단계 2:	14 /2	7	0	
단계 3:	7 /2	3	1	
단계 4:	3/2	1	1	
단계 5:	1 /2	0	1	

그림 1.2 10진수 29를 2진수(비트)로 변환

나누기 연산의 나머지는 암호학에서 매우 많이 사용된다. **모듈러 연산**^{modular mathematics}의 개념 자체가 나머지 값을 기반으로 하기 때문이다. 1장의 다음 절에서 소수와 모듈러 연산을 설명할 때 좀 더 자세히 설명할 것이다.

1960년 미국 표준 협회^{American Standards Association}는 컴퓨터에서 문자를 이진 시스템으로 변환하기 위한 아스키(ASCII) 코드를 만들었다.

아스키 표준 웹사이트에서는 아스키 코드를 다음과 같이 정의하고 있다.

> "ASCII는 미국정보교환표준부호^{American Standard Code for Information Interchange}의 약자이며, 모든 단일 비트가 고유한 문자를 나타내는 7비트 문자 코드다."

다음은 처음 10개 문자에 대한 아스키 코드 테이블의 내용이다.

DEC	OCT	HEX	BIN	Symbol	HTML	Number Description
0	000	00	00000000	NUL	&#000;	Null char
1	001	01	00000001	SOH	&#001;	Start of Heading
2	002	02	00000010	STX	&#002;	Start of Text
3	003	03	00000011	ETX	&#003;	End of Text
4	004	04	00000100	EOT	&#004;	End of Transmission
5	005	05	00000101	ENQ	&#005;	Enquiry
6	006	06	00000110	ACK	&#006;	Acknowledgment
7	007	07	00000111	BEL	&#007;	Bell
8	010	08	00001000	BS	&#008;	Back Space
9	011	09	00001001	HT			Horizontal Tab

10	012	0A	00001010	LF	
	Line Feed

그림 1.3 처음 10개의 문자와 아스키 코드에서의 심벌

이 책에서는 **매스매티카**^{Mathematica}를 이용한 결과를 주로 사용할 것이다.

다음은 아스키 코드에서 10진수 88에 대응되는 심벌이 X라는 것을 보여 주고 있다.

88	130	58	01011000	X	&#88;	Uppercase X

페르마의 마지막 정리, 소수, 모듈러 연산

암호학에 대해서 이야기할 때 이 주제는 본질적으로 수학과 논리와 관련돼 있다는 것을 항상 염두에 둬야 한다. **페르마의 마지막 정리**^{Fermat's Last Theorem}를 설명하기 전에 혼란을 방지하고 이해를 돕기 위해서 이 책에서 사용하는 몇 가지 기본적인 표기법부터 살펴보자. =, ≡ (동등)과 := (매스매티카에서 =)는 서로 바꿔서 사용할 수 있다. 이는 두 요소가 동일한 척도로 서로 대응된다는 의미다. 해당 요소가 유한체^{finite field}(이 용어에 대해서는 이후에 친숙해질 것이다)에 있는 것인지 컴퓨터 공학이나 대수학에 있는 것인지는 중요하지 않다. 수학자라면 이를 당황스럽게 생각할 수 있지만 나는 여러분의 지능을 믿으며 일관성보다는 본질을 찾고 있다고 믿는다.

또 다른 기호인 ≈ (근사)는 유사함을 나타내는 데 사용된다.

그리고 지수를 표현할 때는 ^ 기호를 사용할 것이다.

≠ 기호는 고등학교 때부터 배웠던 것처럼 **같지 않거나 동등하지 않다**는 의미이며 ≢ 기호도 동일한 의미다.

하지만 수학적, 논리적 표기법에 익숙하지 않더라도 설명이 항상 제공되기 때문에 그것을 바탕으로 의미를 파악하면 된다.

어쨌든 앞으로도 새로운 표기법이 나올 때마다 그것의 의미를 설명할 것이다.

소수는 자기 자신과 1로만 나눌 수 있는 정수를 의미한다. 예를 들어 2, 3, 5, 7....23....67......p와 같은 정수들이다.

소수는 수학의 초석과 같은 존재다. 왜냐하면 다른 모든 합성수가 소수에서 유래하기 때문이다.

이제는 페르마의 마지막 정리가 무엇이고 어디에 적용되는지, 그리고 왜 그것이 우리에게 유용한지 살펴보자.

페르마의 마지막 정리는 소수와 관련된 고전 수학에서 손꼽히게 훌륭하고 아름다운 정리 중 하나다.

위키피디아에서는 다음과 같이 설명하고 있다. "정수론에서 페르마의 마지막 정리(특히 오래된 텍스트에서는 페르마의 가설이라고도 한다)는 2보다 큰 모든 정수 n에 대해서 방정식 $a^n + b^n = c^n$을 만족하는 3개의 양의 정수 a, b, c는 존재하지 않는다는 것이다. 하지만 n = 1이거나 n = 2인 경우에는 무한한 해를 가진다는 것이 예전부터 알려져 왔다."

즉 다음과 같은 방정식이 주어졌을 때 2보다 큰 임의의 지수 n에 대해서 방정식을 만족시키는 정수 a, b, c가 존재하지 않는다는 것이다.

```
a^n + b^n = c^n
```

이 정리가 왜 중요할까? 첫 번째는 페르마의 마지막 정리가 소수와 밀접하게 관련이 있기 때문이다. 사실 페르마의 마지막 정리는 n이 소수인 경우에만 증명하면 된다.

```
a^p + b^p ≠ c^p
```

여기서 p는 2보다 큰 소수다.

페르마는 이를 경이로운 방법으로 증명하였으나, 책의 여백이 충분하지 않아 옮기지는 않는다고 말했다.

즉 페르마는 스스로 이 문제에 대한 아름다운 증명 방법을 갖고 있다고 논문에서 언급했지만 그것은 발견되지 않았다.

페르마의 마지막 정리를 증명한 와일스^{Wiles}의 증명은 200페이지가 넘고 이해하기 너무 어렵다. 와일스의 증명은 타원 곡선을 기반으로 한다. 타원 곡선이 모듈러 형식으로 표현되면 특정한 형식을 취하게 된다. 와일스는 7년 만에 결론에 도달했고 1994년 수학자 대회에서 자신의 증명을 설명했다. 사용되는 증명과 논리의 일부를 7장에서 설명할 것이다. 지금은 페르마의 마지막 정리를 설명하기 위해서 와일스의 증명이 유리수 필드의 타원 곡선은 모듈러 형태와 관련이 있다는 타니야마 시무라$^{Taniyama\ Shimura}$ 가설에 의존한다고 가정할 것이다. 다시 말하지만, 너무 복잡해 보이더라도 걱정하지 말길 바란다. 설명을 따라가다 보면 결국 이해되기 시작할 것이다. 공개키/개인키를 이용한 혁신적인 알고리듬 중에서 페르마의 마지막 정리를 기반으로 한 MB09 알고리듬을 6장에서 설명하면서 페르마의 마지막 정리를 자세히 분석해볼 것이다. 또한 7장에서는 암호학에 적용되는 타원 곡선에 대해서도 설명할 것이다.

페르마는 다른 많은 수학자처럼 소수에 집착했으며 평생 동안 소수와 그 속성에 대해서 연구했다. 그는 우주의 모든 소수를 나타내는 일반 공식을 찾으려고 노력했지만 불행하게도 다른 많은 수학자처럼 일부 소수에 대한 공식만을 만들어 냈다. 다음은 페르마의 소수에 대한 공식이다.

```
2^2n + 1        n은 일부 양의 정수
```

즉 n에 정수를 대입하면 소수 중 일부를 얻을 수 있다.

```
n = 1, p = 5
n = 2, p = 17
n = 3, p = 65 (소수가 아님)
n = 4, p = 257
```

페르마 소수와 유사하지만 좀 더 유명한 것으로는 메르센Mersenne 소수 공식이 있다.

```
2^n - 1      n은 일부 양의 정수
n = 1, p=1
n = 2, p=3
n = 3, p=7
n = 4, p=15 (소수가 아님)
n = 5, p=31
```

모든 소수를 만들어내는 공식을 찾으려고 수많은 시도가 있었지만 아직 아무도 찾아내지 못했다.

GIMPS^{Great Internet Mersenne Prime Search}는 메르센 공식으로 가장 큰 소수를 찾는 것을 목표로 하는 연구 프로젝트다.

GIMPS 웹사이트를 방문하면 다음과 같은 내용을 발견하게 될 것이다.

53 423 543 미만의 모든 지수는 테스트 및 검증됐다.

92 111 363 미만의 모든 지수는 한 번 이상 테스트됐다.

51번째 메르센 소수가 발견됐다!

2018년 12월 21일 — GIMPS는 24,862,048자리의 가장 큰 소수 $2^{82,589,933}-1$을 발견했다. 2018년 12월 7일 플로리다 주 오캘러Ocala의 패트릭 라로슈Patrick Laroche의 컴퓨터가 그것을 찾아냈다. M82589933이라고도 부르는 새로운 소수는 82,589,933개의 2를 곱한 다음 1을 빼서 계산된다. 그것은 이전에 발견된 소수보다 150만 자릿수 이상 크다.

GIMPS는 아마도 목표 달성을 위해서 CPU와 컴퓨터 성능을 분산 처리한 첫 번째 예일 것이다. 그런데 왜 그렇게도 큰 소수를 찾는 데 관심을 가질까?

이 질문에는 적어도 세 가지의 답이 있다. 순수한 연구에 대한 열정, 돈(큰 소수를 찾는 사람들을 위한 여러 가지 상이 있다) 그리고 마지막으로는 산소가 인간에게 중요하듯이 소수는 암호학에서 매우 중요하기 때문이다. 이는 큰 소수를 찾아냈을 때 상금을 주는 이유이기도 하다.

대부분의 차세대 알고리듬은 소수를 이용한다는 것을 이해하게 될 것이다. 그렇다면 숫자가 소수인지 어떻게 알 수 있을까?

수학에서 곱셈과 나눗셈 연산은 상당한 차이를 갖는다. 즉 나눗셈은 곱셈보다 훨씬 더 많은 계산 비용이 든다. 예를 들어 매우 큰 x에 대해서 2^x을 계산하는 것은 쉽지만 그것이 어떤 수로 나뉘는지를 찾아내는 것은 매우 어렵다.

이 때문에 페르마와 같은 수학자들은 이를 쉽게 수행할 수 있는 알고리듬을 찾기 위해서 고군분투했다.

소수 분야에서 페르마는 **페르마의 마지막 정리**라는 매우 흥미로운 것을 만들었다. 페르마의 마지막 정리를 설명하기에 앞서 모듈러 연산이 무엇이고 어떻게 계산하는지 이해해야 한다.

모듈러 연산을 배우는 가장 간단한 방법은 시계를 생각하는 것이다. "우리 오후 1시에 만날 수 있어"라고 말할 때 실제로는 1시를 12시(시계의 시간 바늘이 한 바퀴 다 돈 상태) 이후의 첫 번째 시간이라고 계산한다.

모듈러스^{modulus}라는 특정 값(이 경우 12)에 도달하면 mod 12라는 모듈러 연산을 무의식적으로 계산한 것이다.

기술적으로 설명하면, 모듈러 연산의 결과는 나뉘는 수와 모듈러스 수 사이의 값(나누기 연산의 나머지)이 된다.

예를 들어 시간(오후 1시)은 다음과 같이 표현할 수 있다.

```
13 ≡ 1 (mod 12)
```

즉 13은 모듈러스가 12일 때 1과 합동^{congruent}이라는 의미다. 합동은 같다는 의미로 생각해도 된다. 다시 말해서 13 mod 12는 1이 된다.

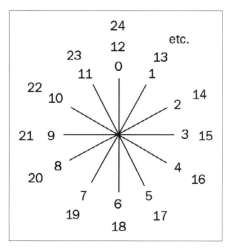

그림 1.4 시계를 이용한 모듈러 연산의 예

페르마의 마지막 정리에 따르면 (p)가 소수이고 임의의 정수 (a)를 (p)번 거듭제곱하면 다음 식이 성립한다.

```
a^p ≡ a (mod p)
```

예를 들어 a = 2이고 p = 3이면 2^3 = 2 (mod 3)이 된다. 즉 8 / 3 = 2 (나머지 2)가 된다.

페르마의 마지막 정리는 페르마 소수성 검증의 기초가 되며 정수론의 기본 중 하나다.

페르마의 마지막 정리에서는 다음을 만족하면 p는 아마도 소수일 것이라고 말한다.

```
a^p ≡ a (mod p)
```

지금까지 비트 변환에 대해서 알아봤고 아스키 코드가 어떻게 생겼는지 봤으며 수학과 논리에서 사용되는 기본적인 표기법을 살펴봤으므로 이제는 암호학에 대한 여행을 시작할 수 있게 됐다.

⁝ 암호화 알고리듬에 대한 간략한 역사와 개요

어떤 암호문이 가장 먼저 발명됐는지는 아마 아무도 모를 것이다. 암호학은 약 4,000년이라는 오랜 시간 동안 사용돼 왔으며 그것의 패러다임 또한 많이 바뀌었다. 처음에는 일종의 숨은 언어 형태였다가 이후에는 기계적인 방식으로 문자를 변환해서 암호문을 작성했고 최종적으로는 복잡한 문제를 해결하기 위해서 수학과 논리가 사용됐다. 그렇다면 미래에는 어떤 형태로 바뀔까? 아마도 우리의 비밀을 숨기기 위한 새로운 방법이 발명될 것이다. 예를 들면 양자 암호가 있다. 양자 암호는 이미 실험 단계이며 곧 상용화될 것이다. 이 책 전반에 걸쳐서 새로운 알고리듬과 방법을 설명할 예정이지만 여기서는 고전 시대에 사용됐던 몇 가지 흥미로운 암호에 대해서 살펴볼 것이다. 현재 우리가 갖고 있는 계산 능력에도 불구하고 그중 일부는 여전히 유효하다.

로제타 스톤

상형 문자는 최초의 암호문이라고 할 수 있다. 암호학이라는 말은 숨겨진 단어라는 의미이며 2개의 그리스어 단어가 조합(κρυπτός (crypto)와 γράφω (graphy))돼 만들어졌다. 암호학이라는 단어의 여러 가지 정의 중 하나는 '일반 평문을 이해할 수 없는 텍스트로 변환하거나 그 반대로 변환하는 것'이다. 상형 문자도 이 정의에 부합된다. 왜냐하면 로제타 스톤 Rosetta Stone이 발견된 후에야 그 숨겨진 의미를 이해할 수 있는 텍스트로 변환하는 방법을 발견했기 때문이다. 아마도 초등학교에서 배웠겠지만 로제타 스톤은 세 가지 언어, 즉 고대 이집트(상형 문자), 데모틱Demotic, 고대 그리스어로 작성됐다. 로제타 스톤 발견 당시 고대 그리스어가 잘 알려져 있었기 때문에 해독할 수 있었다.

그림 1.5 세 가지 언어로 작성된 로제타 스톤

상형 문자는 한 나라 사람들 사이의 의사소통 수단 중 하나였다. 미지의 언어를 해독하는 문제는 미래에 우리가 외계인과 접촉하게 될 때 발생할 수 있다. SETI(https://www.seti.org/) 프로젝트는 이 문제에 초점을 맞추고 있다. "미생물에서 외계 지능에 이르기까지 SETI 연구소는 우주에서 생명체를 찾기 위한 미국 유일의 조직이다." 언젠가 우리가 외계 생명체와 접촉하게 된다면 결국 그들의 언어를 이해하게 될 것이다. 상형 문자는 그런 형태의 의사소통을 한 번도 접해 본 적이 없는 사람에게는 외계 언어처럼 보일 수있다.

카이사르 암호

역사 여행을 계속하다 보면 로마 제국 시대에 장군으로부터 지휘관이나 군인들에게 메시지를 전송할 때 암호문이 사용됐다는 것을 알게 된다. 사실 유명한 **카이사르 암호**^{Caesar} ^{cipher}를 말하는 것이다. 그렇다면 카이사르 암호가 암호학 역사에서 왜 그리도 유명할까?

로마의 가장 용맹한 정치가/장군 중 한 명인 카이사르가 사용했기 때문일 뿐만 아니라 암호문에 수학을 최초로 적용한 것이기 때문이다.

카이사르 암호는 시프트 암호^{shift cipher}라고 잘 알려져 있다. 원리는 간단하다. 암호화하려는 각 알파벳 문자를 고정된 자릿수만큼 이동시켜서 다른 문자로 대체시키는 것이다. 예를 들어 세 자리를 이동하기로 결정했다면 A는 D가 되고 E는 H가 되는 식이다.

이 경우 각 문자를 세 자리씩 이동하였기 때문에 [K=3]의 암호화 키를 만든 것이라고 할 수 있다.

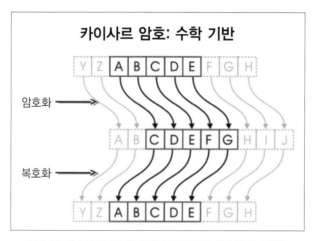

그림 1.6 암호화 및 복호화 과정에서 카이사르 암호의 문자 변환

이것은 분명히 대칭키 암호화 방식이라고 할 수 있다. 카이사르 암호의 알고리듬은 다음과 같은 방식으로 동작한다.

- 키: (+3).

- 메시지: HELLO.

- 암호화: 각 문자를 +3만큼 시프트시킨다.

- 복호화: 각 문자를 -3만큼 시프트시킨다.

그림 1.7을 통해서 키 = +3을 사용해서 카이사르 암호 알고리듬의 암호화 및 복호화 과정이 동작하는 방식을 볼 수 있다. 알다시피 HELLO라는 단어는 암호화된 후에는 KHOOR이 되고 복호화된 후에는 다시 HELLO가 된다.

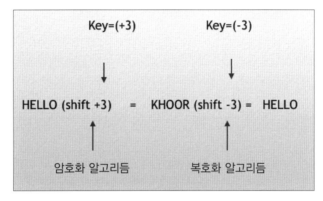

그림 1.7 카이사르 암호 알고리듬을 이용한 암호화 및 복호화

카이사르 암호 알고리듬은 고정 키를 설정하면 일반 컴퓨터로도 쉽게 깰 수 있다. 암호화 알고리듬으로서는 너무 단순하다는 것은 문제가 되지는 않지만, 수학적인 측면에서 너무 극단적으로 선형성을 가진다. 사용된 알고리듬을 추측(카이사르 암호의 경우에는 문자 시프트)한 후 키를 찾기 위해서 모든 조합을 시도하는 무작위 대입과 같은 방법을 이용하면 쉽게 복호화할 수 있다. 카이사르 암호의 경우에는 최대 25개(영어 알파벳의 수(26)에서 1을 뺀 값)의 조합을 확인하면 된다. 이는 현대 암호 알고리듬을 깨기 위해서 컴퓨터가 수행해야 하는 수십억 번의 시도에 비하면 아무것도 아니다.

암호화의 효율성을 엄청나게 높여 주는 새로운 버전의 카이사르 암호 알고리듬도 있다.

각각의 문제에 대한 키를 변경하고 그 키를 이용해서 각 문자를 다른 문자로 대체하는 방식으로 암호문을 만들면 상황이 매우 흥미로워진다.

이 방법으로 HELLO를 암호화해보자.

1. 알파벳을 쓴다.

2. [JULIUSCAESAR]와 같은 비밀 문구(핵심 문구라고도 함)를 선택하고 그것을 그림 1.8과 같이 두 번째 줄에 반복해서 쓴다.

3. 암호화할 메시지를 결정한 다음에는 해당 메시지를 구성하는 알파벳 문자(첫 번째 줄)에 대응되는 문자(두 번째 줄)를 비밀 문구에서 선택한다.

4. 두 번째 줄에서 선택된 문자를 이용해서 암호문을 만든다.

조금 복잡해 보이더라도 걱정할 필요는 없다. 다음 예제에서 모든 것이 명확해질 것이다.

HELLO를 비밀 문구 [JULIUSCAESARJULIUS...]로 암호화해보자.

```
[알파벳]     ABCDEFGH IJKLMNOPQ RSTU V WXY Z
[비밀 문구]   JUL IUSCA ESAR JU L IU SCA E SA RJ U
[암호문]        U    A    R    L

HELLO  =  AURRL
```

그림 1.8 HELLO를 비밀 문구를 이용해서 암호화하면 공격하기 어려워진다.

평문인 HELLO를 공백 없이 반복되는 비밀 문구인 JULIUSCAESAR를 이용해서 암호화하면 AURRL이 된다.

즉 H는 A, E는 U, L은 R(두 번)이 되고 O는 L이 된다.

이전에는 카이사르 암호 알고리듬에서 키를 찾기 위해서 25번만 시도하면 됐다. 하지만 이번에는 상황이 바뀌어서 키를 찾아내기 위한 조합이 엄청나게 커졌다. 즉 1*2*3...*26개의 조합을 확인해야 하고 그것은 403,291,461,126,605,635,584,000,000이 된다. 이는 매우 큰 수이며 우주에 있는 모든 원자의 3분의 1에 해당하는 크기다. 따라서 최신 컴퓨터를 이용해서 무작위 대입 공격을 하더라도 키를 발견하는 것은 매우 어렵다.

이 방식의 또 다른 장점은 키워드나 비밀 문구가 외우기 쉽다는 것이다. 이제는 이와 유사하지만 상업적인 맥락에서 사용되는 암호 알고리듬을 살펴보자.

ROT13

인터넷에서 사용되는 암호 알고리듬 중에는 **ROT13**이 있다. 본질적으로 ROT13은 (+13)의 시프트가 있는 카이사르 암호를 변형한 단순한 암호 알고리듬이다. 계산적으로 카이사르 암호를 깨는 것은 쉽지만 이 알고리듬은 흥미로운 성질을 가진다. 즉 왼쪽이나 오른쪽으로 시프트하면 동일한 결과를 만든다는 것이다.

앞선 예제와 마찬가지로 ROT13도 미리 선택된 키에 해당하는 문자들을 선택해야 한다. 차이점은 암호화를 위해서 비밀 문구 대신 키 생성기^{key generator}로서 영어 알파벳 13자를 이용한다는 것이다. ROT13은 숫자나 기호 또는 기타 문자가 아닌 영어 알파벳 문자만을 암호화한다. ROT13은 처음 13개의 문자를 두 번째 13개의 문자로 변환하고 두 번째 13개 문제는 처음 13개의 문자로 변환해서 일반 평문을 암호화한다.

해당 알고리듬을 보다 잘 이해하기 위해서 다음의 예제를 살펴보자.

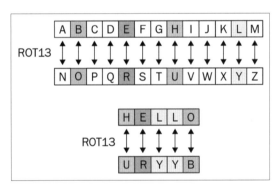

그림 1.9 ROT13의 알고리듬

그림 1.9에서 볼 수 있듯이 H는 U, E는 R, L은 Y(두 번), O는 B가 된다.

```
HELLO = URYYB
```

키는 알파벳 M까지의 처음 13개 문자로 구성되며, M은 Z가 되고 N은 반대 방향으로 매핑돼 A가 되고, O는 B가 되고, Z는 M이 된다.

ROT13은 1980년대 초반의 net.jokes 뉴스 그룹에서 잠재적으로 공격적인 농담을 숨기거나 답변을 모호하게 만드는 데 사용됐다.

또한 ROT13은 높은 수준의 기밀성을 위해서 사용되지는 않지만, 정교하지 않은 스팸봇spambot으로부터 이메일 주소를 숨기는 용도로 여전히 사용되고 있다. ROT13은 또한 이메일 내용을 모호하게 만들어서 스팸 필터를 우회하는 용도로 사용되기도 한다. 하지만 알고리듬이 너무 취약해서 권장되지는 않는다.

ROT13은 넷스케이프 커뮤니케이터Netscape Communicator(https://www.mozilla.org)에서 이메일 비밀번호를 저장하는 데 사용됐다. 심지어는 윈도우 XP에서 일부 레지스트리의 키를 숨기기 위해서도 사용되기 때문에 마이크로소프트와 같은 대기업이라고 해도 보안이나 개인 정보 보호가 부족할 수 있다는 것을 알 수 있다.

빌 암호

암호학의 역사로 돌아가서 현대 컴퓨터의 엄청난 계산 능력에도 불구하고 아직 암호가 해독되지 않은 놀라운 암호화 방법을 설명하려고 한다. 암호화는 신비한 이야기에서 귀중한 정보나 매혹적인 보물을 숨기는 데 사용된다.

빌Beale 암호에 채택된 암호화 방법을 잘 이해하기 위해서는 빌과 그의 보물에 대한 이야기(전설)를 아는 것이 재미있을 것이다.

그 이야기는 2,000만 달러가 넘는 가치의 매장된 보물, 신비한 암호화 문서들, 서부의 카우보이, 암호화된 문서의 해독에 평생을 바친 호텔 주인에 관한 것이다. 전체 이야기는 1885년에 출판된 소책자에 실렸다.

이야기(http://www.unmuseum.org/bealepap.htm)는 1820년 1월 버지니아 주 린치버그Lynchburg의 워싱턴 호텔Washington Hotel에 토머스 J. 빌Thomas J. Beale이라는 남자가 체크인을 하면서 시작된다. 호텔 주인 로버트 모리스Robert Morriss와 빌은 친구가 됐고, 빌은 모리스를 믿을 수 있는 사람이라고 생각하고 숫자로 뒤덮인 신비한 세 장의 종이가 들어 있는 상자를 전해 줬다.

수많은 고민과 수년 간의 노력 끝에 암호화된 세 장의 문서 중 두 번째 문서만 해독할 수 있었다.

빌의 암호는 정확히 어떻게 생겼을까?

다음은 확실히 임의의 순서로 숫자만을 나열한 세 페이지의 내용이다.

첫 번째 페이지는 다음과 같다.

```
71, 194, 38, 1701, 89, 76, 11, 83, 1629, 48, 94, 63, 132, 16,
111, 95, 84, 341, 975, 14, 40, 64, 27, 81, 139, 213, 63, 90,
1120, 8, 15, 3, 126, 2018, 40, 74, 758, 485, 604, 230, 436,
664, 582, 150, 251, 284, 308, 231, 124, 211, 486, 225, 401,
370, 11, 101, 305, 139, 189, 17, 33, 88, 208, 193, 145, 1, 94,
73, 416, 918, 263, 28, 500, 538, 356, 117, 136, 219, 27, 176,
130, 10, 460, 25, 485, 18, 436, 65, 84, 200, 283, 118, 320,
138, 36, 416, 280, 15, 71, 224, 961, 44, 16, 401, 39, 88, 61,
304, 12, 21, 24, 283, 134, 92, 63, 246, 486, 682, 7, 219, 184,
360, 780, 18, 64, 463, 474, 131, 160, 79, 73, 440, 95, 18, 64,
581, 34, 69, 128, 367, 460, 17, 81, 12, 103, 820, 62, 116, 97,
103, 862, 70, 60, 1317, 471, 540, 208, 121, 890, 346, 36, 150,
59, 568, 614, 13, 120, 63, 219, 812, 2160, 1780, 99, 35, 18,
21, 136, 872, 15, 28, 170, 88, 4, 30, 44, 112, 18, 147, 436,
195, 320, 37, 122, 113, 6, 140, 8, 120, 305, 42, 58, 461, 44,
106, 301, 13, 408, 680, 93, 86, 116, 530, 82, 568, 9, 102, 38,
416, 89, 71, 216, 728, 965, 818, 2, 38, 121, 195, 14, 326, 148,
234, 18, 55, 131, 234, 361, 824, 5, 81, 623, 48, 961, 19, 26,
33, 10, 1101, 365, 92, 88, 181, 275, 346, 201, 206, 86, 36,
219, 324, 829, 840, 64, 326, 19, 48, 122, 85, 216, 284, 919,
861, 326, 985, 233, 64, 68, 232, 431, 960, 50, 29, 81, 216,
321, 603, 14, 612, 81, 360, 36, 51, 62, 194, 78, 60, 200, 314,
676, 112, 4, 28, 18, 61, 136, 247, 819, 921, 1060, 464, 895,
10, 6, 66, 119, 38, 41, 49, 602, 423, 962, 302, 294, 875, 78,
14, 23, 111, 109, 62, 31, 501, 823, 216, 280, 34, 24, 150,
1000, 162, 286, 19, 21, 17, 340, 19, 242, 31, 86, 234, 140,
607, 115, 33, 191, 67, 104, 86, 52, 88, 16, 80, 121, 67, 95,
122, 216, 548, 96, 11, 201, 77, 364, 218, 65, 667, 890, 236,
154, 211, 10, 98, 34, 119, 56, 216, 119, 71, 218, 1164, 1496,
1817, 51, 39, 210, 36, 3, 19, 540, 232, 22, 141, 617, 84, 290,
```

```
80, 46, 207, 411, 150, 29, 38, 46, 172, 85, 194, 39, 261, 543,
897, 624, 18, 212, 416, 127, 931, 19, 4, 63, 96, 12, 101, 418,
16, 140, 230, 460, 538, 19, 27, 88, 612, 1431, 90, 716, 275,
74, 83, 11, 426, 89, 72, 84, 1300, 1706, 814, 221, 132, 40,
102, 34, 868, 975, 1101, 84, 16, 79, 23, 16, 81, 122, 324, 403,
912, 227, 936, 447, 55, 86, 34, 43, 212, 107, 96, 314, 264,
1065, 323, 428, 601, 203, 124, 95, 216, 814, 2906, 654, 820,
2, 301, 112, 176, 213, 71, 87, 96, 202, 35, 10, 2, 41, 17, 84,
221, 736, 820, 214, 11, 60, 760
```

(해독된) 두 번째 페이지의 내용은 다음과 같다.

```
115, 73, 24, 807, 37, 52, 49, 17, 31, 62, 647, 22, 7, 15, 140,
47, 29, 107, 79, 84, 56, 239, 10, 26, 811, 5, 196, 308, 85, 52,
160, 136, 59, 211, 36, 9, 46, 316, 554, 122, 106, 95, 53, 58,
2, 42, 7, 35, 122, 53, 31, 82, 77, 250, 196, 56, 96, 118, 71,
140, 287, 28, 353, 37, 1005, 65, 147, 807, 24, 3, 8, 12, 47,
43, 59, 807, 45, 316, 101, 41, 78, 154, 1005, 122, 138, 191,
16, 77, 49, 102, 57, 72, 34, 73, 85, 35, 371, 59, 196, 81, 92,
191, 106, 273, 60, 394, 620, 270, 220, 106, 388, 287, 63, 3,
6, 191, 122, 43, 234, 400, 106, 290, 314, 47, 48, 81, 96, 26,
115, 92, 158, 191, 110, 77, 85, 197, 46, 10, 113, 140, 353,
48, 120, 106, 2, 607, 61, 420, 811, 29, 125, 14, 20, 37, 105,
28, 248, 16, 159, 7, 35, 19, 301, 125, 110, 486, 287, 98, 117,
511, 62, 51, 220, 37, 113, 140, 807, 138, 540, 8, 44, 287, 388,
117, 18, 79, 344, 34, 20, 59, 511, 548, 107, 603, 220, 7, 66,
154, 41, 20, 50, 6, 575, 122, 154, 248, 110, 61, 52, 33, 30,
5, 38, 8, 14, 84, 57, 540, 217, 115, 71, 29, 84, 63, 43, 131,
29, 138, 47, 73, 239, 540, 52, 53, 79, 118, 51, 44, 63, 196,
12, 239, 112, 3, 49, 79, 353, 105, 56, 371, 557, 211, 505, 125,
360, 133, 143, 101, 15, 284, 540, 252, 14, 205, 140, 344, 26,
811, 138, 115, 48, 73, 34, 205, 316, 607, 63, 220, 7, 52, 150,
44, 52, 16, 40, 37, 158, 807, 37, 121, 12, 95, 10, 15, 35, 12,
131, 62, 115, 102, 807, 49, 53, 135, 138, 30, 31, 62, 67, 41,
85, 63, 10, 106, 807, 138, 8, 113, 20, 32, 33, 37, 353, 287,
140, 47, 85, 50, 37, 49, 47, 64, 6, 7, 71, 33, 4, 43, 47, 63,
1, 27, 600, 208, 230, 15, 191, 246, 85, 94, 511, 2, 270, 20,
39, 7, 33, 44, 22, 40, 7, 10, 3, 811, 106, 44, 486, 230, 353,
211, 200, 31, 10, 38, 140, 297, 61, 603, 320, 302, 666, 287,
2, 44, 33, 32, 511, 548, 10, 6, 250, 557, 246, 53, 37, 52, 83,
47, 320, 38, 33, 807, 7, 44, 30, 31, 250, 10, 15, 35, 106, 160,
113, 31, 102, 406, 230, 540, 320, 29, 66, 33, 101, 807, 138,
```

```
301, 316, 353, 320, 220, 37, 52, 28, 540, 320, 33, 8, 48, 107,
50, 811, 7, 2, 113, 73, 16, 125, 11, 110, 67, 102, 807, 33, 59,
81, 158, 38, 43, 581, 138, 19, 85, 400, 38, 43, 77, 14, 27, 8,
47, 138, 63, 140, 44, 35, 22, 177, 106, 250, 314, 217, 2, 10,
7, 1005, 4, 20, 25, 44, 48, 7, 26, 46, 110, 230, 807, 191, 34,
112, 147, 44, 110, 121, 125, 96, 41, 51, 50, 140, 56, 47, 152,
540, 63, 807, 28, 42, 250, 138, 582, 98, 643, 32, 107, 140,
112, 26, 85, 138, 540, 53, 20, 125, 371, 38, 36, 10, 52, 118,
136, 102, 420, 150, 112, 71, 14, 20, 7, 24, 18, 12, 807, 37,
67, 110, 62, 33, 21, 95, 220, 511, 102, 811, 30, 83, 84, 305,
620, 15, 2, 10, 8, 220, 106, 353, 105, 106, 60, 275, 72, 8,
50, 205, 185, 112, 125, 540, 65, 106, 807, 138, 96, 110, 16,
73, 33, 807, 150, 409, 400, 50, 154, 285, 96, 106, 316, 270,
205, 101, 811, 400, 8, 44, 37, 52, 40, 241, 34, 205, 38, 16,
46, 47, 85, 24, 44, 15, 64, 73, 138, 807, 85, 78, 110, 33, 420,
505, 53, 37, 38, 22, 31, 10, 110, 106, 101, 140, 15, 38, 3, 5,
44, 7, 98, 287, 135, 150, 96, 33, 84, 125, 807, 191, 96, 511,
118, 40, 370, 643, 466, 106, 41, 107, 603, 220, 275, 30, 150,
105, 49, 53, 287, 250, 208, 134, 7, 53, 12, 47, 85, 63, 138,
110, 21, 112, 140, 485, 486, 505, 14, 73, 84, 575, 1005, 150,
200, 16, 42, 5, 4, 25, 42, 8, 16, 811, 125, 160, 32, 205, 603,
807, 81, 96, 405, 41, 600, 136, 14, 20, 28, 26, 353, 302, 246,
8, 131, 160, 140, 84, 440, 42, 16, 811, 40, 67, 101, 102, 194,
138, 205, 51, 63, 241, 540, 122, 8, 10, 63, 140, 47, 48, 140,
288
```

세 번째 페이지의 내용은 다음과 같다.

```
317, 8, 92, 73, 112, 89, 67, 318, 28, 96,107, 41, 631, 78, 146,
397, 118, 98, 114, 246, 348, 116, 74, 88, 12, 65, 32, 14, 81,
19, 76, 121, 216, 85, 33, 66, 15, 108, 68, 77, 43, 24, 122, 96,
117, 36, 211, 301, 15, 44, 11, 46, 89, 18, 136, 68, 317, 28,
90, 82, 304, 71, 43, 221, 198, 176, 310, 319, 81, 99, 264, 380,
56, 37, 319, 2, 44, 53, 28, 44, 75, 98, 102, 37, 85, 107, 117,
64, 88, 136, 48, 151, 99, 175, 89, 315, 326, 78, 96, 214, 218,
311, 43, 89, 51, 90, 75, 128, 96, 33, 28, 103, 84, 65, 26, 41,
246, 84, 270, 98, 116, 32, 59, 74, 66, 69, 240, 15, 8, 121, 20,
77, 89, 31, 11, 106, 81, 191, 224, 328, 18, 75, 52, 82, 117,
201, 39, 23, 217, 27, 21, 84, 35, 54, 109, 128, 49, 77, 88, 1,
81, 217, 64, 55, 83, 116, 251, 269, 311, 96, 54, 32, 120, 18,
132, 102, 219, 211, 84, 150, 219, 275, 312, 64, 10, 106, 87,
75, 47, 21, 29, 37, 81, 44, 18, 126, 115, 132, 160, 181, 203,
```

```
76, 81, 299, 314, 337, 351, 96, 11, 28, 97, 318, 238, 106, 24,
93, 3, 19, 17, 26, 60, 73, 88, 14, 126, 138, 234, 286, 297,
321, 365, 264, 19, 22, 84, 56, 107, 98, 123, 111, 214, 136, 7,
33, 45, 40, 13, 28, 46, 42, 107, 196, 227, 344, 198, 203, 247,
116, 19, 8, 212, 230, 31, 6, 328, 65, 48, 52, 59, 41, 122, 33,
117, 11, 18, 25, 71, 36, 45, 83, 76, 89, 92, 31, 65, 70, 83,
96, 27, 33, 44, 50, 61, 24, 112, 136, 149, 176, 180, 194, 143,
171, 205, 296, 87, 12, 44, 51, 89, 98, 34, 41, 208, 173, 66, 9,
35, 16, 95, 8, 113, 175, 90, 56, 203, 19, 177, 183, 206, 157,
200, 218, 260, 291, 305, 618, 951, 320, 18, 124, 78, 65, 19,
32, 124, 48, 53, 57, 84, 96, 207, 244, 66, 82, 119, 71, 11,
86, 77, 213, 54, 82, 316, 245, 303, 86, 97, 106, 212, 18, 37,
15, 81, 89, 16, 7, 81, 39, 96, 14, 43, 216, 118, 29, 55, 109,
136, 172, 213, 64, 8, 227, 304, 611, 221, 364, 819, 375, 128,
296, 1, 18, 53, 76, 10, 15, 23, 19, 71, 84, 120, 134, 66, 73,
89, 96, 230, 48, 77, 26, 101, 127, 936, 218, 439, 178, 171, 61,
226, 313, 215, 102, 18, 167, 262, 114, 218, 66, 59, 48, 27, 19,
13, 82, 48, 162, 119, 34, 127, 139, 34, 128, 129, 74, 63, 120,
11, 54, 61, 73, 92, 180, 66, 75, 101, 124, 265, 89, 96, 126,
274, 896, 917, 434, 461, 235, 890, 312, 413, 328, 381, 96, 105,
217, 66, 118, 22, 77, 64, 42, 12, 7, 55, 24, 83, 67, 97, 109,
121, 135, 181, 203, 219, 228, 256, 21, 34, 77, 319, 374, 382,
675, 684, 717, 864, 203, 4, 18, 92, 16, 63, 82, 22, 46, 55, 69,
74, 112, 134, 186, 175, 119, 213, 416, 312, 343, 264, 119, 186,
218, 343, 417, 845, 951, 124, 209, 49, 617, 856, 924, 936, 72,
19, 28, 11, 35, 42, 40, 66, 85, 94, 112, 65, 82, 115, 119, 236,
244, 186, 172, 112, 85, 6, 56, 38, 44, 85, 72, 32, 47, 63, 96,
124, 217, 314, 319, 221, 644, 817, 821, 934, 922, 416, 975, 10,
22, 18, 46, 137, 181, 101, 39, 86, 103, 116, 138, 164, 212,
218, 296, 815, 380, 412, 460, 495, 675, 820, 952
```

두 번째 페이지의 암호문은 1885년경에 성공적으로 해독됐다. 여기에서는 이런 종류의 암호에 대해서 설명할 것이다.

암호문에 있는 숫자는 알파벳 문자의 수보다 크기 때문에 문자열을 대체하거나 전치하는 형태의 암호가 아니라고 가정할 수 있다. 각 숫자가 문자를 나타낸다고 가정할 수는 있다. 하지만 문자는 외부 텍스트에 포함된 단어에서 가져온 것이다. 이런 형태의 암호를 **코드북 암호**book cipher라고 한다. 코드북 암호의 경우에는 책이나 다른 텍스트를 키로 사용할 수 있다. 이제 중요한 부분은 텍스트에서 문자를 얻는 방법이다.

두 번째 페이지의 암호문은 미국 독립 선언문을 참조해서 해독됐다. 참조 텍스트(미국 독립 선언문)의 각 단어에 숫자를 할당하고 선택된 각 단어의 첫 번째 문자를 선택해서 최종적으로 평문을 만들어 내는 방식이다. 이 암호의 극도로 지능적인 트릭은 키 텍스트(미국 독립 선언문)는 공개된 것이지만 암호문을 만들어 낸 사람을 제외하고는 아무도 참조한 텍스트를 알 수 없다는 것이다. 즉 키(숫자 목록)와 '키 텍스트'를 알고 있는 사람만 메시지를 쉽게 해독할 수 있다.

두 번째 페이지를 해독하는 과정을 설명하면 다음과 같다.

1. 텍스트에 있는 첫 단어부터 마지막 단어까지 순서대로 숫자를 할당한다.

2. 암호문에 있는 숫자로 텍스트의 단어를 선택하고 그 단어의 첫 번째 문자를 추출한다.

3. 추출한 문자들로 평문을 만들어 낸다.

다음은 미국 독립 선언문의 시작 부분(115번째 단어까지 있는 부분)이며 각 단어에는 숫자가 할당됐다.

```
When(1) in(2) the(3) course(4) of(5) human(6) events(7)
it(8) becomes(9) necessary(10) for(11) one(12) people(13)
to(14) dissolve(15) the(16) political(17) bands(18) which(19)
 have(20) connected(21) them(22) with(23) another(24) and(25)
to(26) assume(27) among(28) the(29) powers(30) of(31) the(32)
earth(33) the(34) separate(35) and(36) equal(37) station(38)
to(39) which(40) the(41) laws(42) of(43) nature(44) and(45)
of(46) nature's(47) god(48) entitle(49) them(50) a(51) decent(52)
respect(53) to(54) the(55) opinions(56) of(57) mankind(58) requires(59)
that(60) they(61) should(62) declare(63) the(64) causes(65) which(66)
impel(67) them(68) to(69) the(70) separation(71) we(72) hold(73) these(74)
truths(75) to(76) be(77) self(78) evident(79) that(80) all(81) men(82)
are(83) created(84) equal(85) that(86) they(87) are(88) endowed(89) by(90)
their(91) creator(92) with(93) certain(94) unalienable(95) rights(96)
that(97) among(98) these(99) are(100) life(101) liberty(102) and(103)
the(104) pursuit(105) of(106) happiness(107) that(108) to(109) secure(110)
these(111) rights(112) governments(113) are(114) instituted(115) ...
```

다음 숫자는 두 번째 페이지 암호문의 첫 번째 줄이다. 보다시피 미국 독립 선언문에서 굵게 표시된 단어는 암호문의 숫자에 해당하는 단어다.

```
115, 73, 24, 807, 37, 52, 49, 17, 31, 62, 647, 22, 7, 15, 140,
47, 29, 107, 79, 84, 56, 239, 10, 26, 811, 5, 196, 308, 85, 52,
160, 136, 59, 211, 36, 9, 46, 316, 554, 122, 106, 95, 53, 58,
2, 42, 7, 35...
```

다음은 키 텍스트(미국 독립 선언문)에서 숫자에 해당하는 단어를 찾아서 단어의 첫 번째 문자, 즉 평문의 문자를 추출한 결과다.

```
115 = instituted = I
73 = hold = h
24 = another = a
807 (위 미국 독립 선언문 시작 부분에는 없음) = v
37 = equal = e
52 = decent = d
49 = entitle = e
```

미국 독립 선언문의 전체 내용을 책에 포함시키지 않고 처음 115개 단어에 해당하는 부분만을 예로 들었다. 다음 링크(http://www.unmuseum.org/bealepap.htm)를 방문해서 나머지 숫자에 대한 해독을 시도해보기 바란다.

다음은 해독된 첫 번째 문장(일부 누락된 문자 포함)이다.

```
I have deposited in the county of Bedford.......
```

암호문의 숫자로 미국 독립 선언문의 매칭되는 단어를 찾고 찾은 단어의 첫 번째 문자를 계속해서 뽑아 보면 다음과 같은 암호 해독된 내용을 얻을 수 있다.

나는 베드포드(Bedford)에서 약 4마일 떨어진 베드포드 카운티의 채굴장에 지면으로부터 6피트 정도의 깊이에 다음과 같은 보물을 묻어 놨으며 보물의 몫을 받을 사람은 동봉된 문서 '3'에 나와 있다.

첫 번째 보물은 1819년 11월에 묻은 1,014파운드의 금과 3,812파운드의 은이고, 두 번째 보물은 1821년 12월에 묻은 1,907파운드의 금과 1,288파운드의 은이다. 그리고 수송상 안전을 위해서 세인트루이스(St. Louis)에서 은과 교환한 13,000달러 정도의 보석이다.

위 보물들은 철제 용기에 넣어서 철제 뚜껑으로 덮어 놨다. 채굴장은 앙상한 돌담처럼 보이지만 보물을 담은 용기는 단단한 돌 위에 놓고 다른 돌로 덮어 놨다. 동봉된 '1'번 문서에는 보물의 정확한 위치를 적어 놨기 때문에 쉽게 찾을 수 있을 것이다.

다른 많은 암호학자가 첫 번째와 세 번째 암호문을 해독하려고 시도했지만 헛수고였다. 바다 밑에서 수억 달러 상당의 귀중품을 발견한 보물 사냥꾼 멜 피셔Mel Fisher와 같은 사람들이 보물을 찾기 위해서 베드포드로 갔지만 성공하지 못했다.

어쩌면 빌의 이야기는 그저 전설일 수도 있다. 아니면 사실일 수도 있지만 아무도 첫 번째 암호문을 해독하지 못했기 때문에 보물이 어디에 있는지 아무도 알 수 없다. 또는 누군가가 이미 보물을 찾았기 때문에 보물이 발견되지 않는 것일 수도 있다.

어쨌든 이 이야기에서 정말로 흥미로운 것은 컴퓨터나 전자 기계의 도움 없이 강력한 암호를 구현했다는 것이다. 단지 두뇌, 펜, 종이 한 장으로 만들었을 뿐이다.

역설적이게도 공격자가 암호문이 작성됐던 당시 전 세계의 모든 텍스트를 무차별적으로 대입해서 해독을 시도하면 시도 횟수는 무한대가 된다. 게다가 암호문 작성자가 만든 텍스트를 기반으로 암호문이 만들어졌고, 그 키 텍스트가 공개된 상태가 아니라면 어떻게 될까? 그런 경우 암호학자에게 키 텍스트가 없다면 암호를 해독할 가능성은 0이 된다.

빌의 암호에서 사용된 알고리듬은 현대나 미래의 암호화에 새로운 응용 분야에 적용될 수도 있기 때문이 흥미롭다고 할 수 있다. 예를 들어 클라우드 컴퓨팅의 암호화된 데이터에 대한 연구에 응용될 수도 있다.

버냄 암호

버냄^{Vernam} **암호**는 이론적으로 완벽하게 안전하므로 최고 수준의 보안성을 갖는다. 평문과 같은 길이의 진정한 난수 키를 사용하기 때문에 **완전 암호**라고도 한다. 암호문에 포함되는 각 비트가 동일할 확률을 결정하는 것은 섀넌^{Shannon}의 정보 엔트로피 원리에 기반한 엔트로피와 임의성의 문제일 뿐이다. 양자 키 분배와 양자 키 결정 이후에 평문을 암호화하는 방법을 설명하는 8장에서 이 알고리듬을 다시 살펴볼 것이다. 이 알고리듬은 무한한 비트 문자열로 표현되는 임의의 키를 위성 무선 통신으로 전송해서 평문을 암호화하는 하이퍼 크립토 새틀라이트^{Hyper Crypto Satellite} 구현에 이용된다.

하지만 지금은 이 알고리듬의 주요 특성에 대해서 알아볼 것이다.

알고리듬의 핵심적인 요소는 세션당 키를 한 번만 사용한다는 것이다. 이로 인해 암호문에 대한 공격에 취약하지 않고 만일 키가 도난당하더라도 다음 전송 시점에 키가 변경되기 때문에 안전하다.

방법은 매우 간단하다. 즉 메시지에 키를 비트 단위로 더해서(mod 2) 암호문을 만드는 방식이다. 이 알고리듬이 사용하는 XOR이라는 것을 이 책에서 여러 번 보게 될 것이다. 특히 대칭키 암호화를 설명하는 2장에서 보게 될 것이다. 키의 길이와 메시지의 길이가 같아야 한다는 사실을 기억하기 바란다. 예를 들면 다음과 같다.

- **00101001**(평문)

- **10101100**(암호화 키): 각 비트를 더함(mod 2)

- **10000101**(암호문)

1단계: 평문을 아스키 코드를 이용해서 비트열로 만든다.

2단계: 평문과 동일한 길이의 임의의 키를 만든다.

3단계: 평문의 비트와 키의 비트를 더하고 mod 2 연산(XOR)을 수행해서 암호화한다.

4단계: 평문을 암호화할 때 수행한 연산을 암호문에도 동일하게 수행해서 복호화한다.

HELLO라는 평문을 갖고 예를 들어 보자. 먼저 각 알파벳 문자에 숫자를 할당한다. 그러면 0 = A, 1 = B, 2 = C, 3 = D, 4 = E가 되고 25 = Z가 된다.

그리고 임의의 키는 [DGHBC]로 선택했다.

암호화 과정은 다음과 같이 진행된다.

평문		H	E	L	L	O
		7	4	11	11	14
키	=	D	G	H	B	C
	+	3	6	7	1	2
	=	10	10	18	12	16
암호문		K	K	S	M	Q

그림 1.10 버냄 알고리듬의 암호화 과정

결국 [HELLO]는 [KKSMQ]로 암호화됐다.

암호화 과정을 반대로 수행하면 [KKSMQ]를 복호화해볼 수 있다. 즉 암호문에 f(-K)를 적용하면 평문인 HELLO를 얻게 된다. 보안성을 급격히 떨어뜨릴 수 있는 모든 경고와 구현 지침에 따라 이 알고리듬을 제대로 구현한다면 매우 강력한 암호화 알고리듬이 만들어지게 된다. 많은 알고리듬이 당면하게 되는 공격 중 하나는 암호문만을 이용한 공격이다. 공격자가 암호문이나 암호문 일부를 이용해서 평문이나 키를 추론할 수 있다면 공격이 성공하게 된다. 이를 위해서 가장 일반적으로 사용되는 기술이 빈도 분석과 트래픽 분석이다.

버냄 암호 알고리듬은 암호문만을 이용한 공격에 취약하지 않다. 키의 일부분이 알려지더라도 해당 부분과 관련된 부분만 복호화될 수 있다. 즉 암호문의 길이가 충분히 길다면 일부분만 복호화할 수 있고 나머지 부분은 복호화하는 것이 어렵다. 하지만 이 알고리듬은 제한적인 구현 조건을 갖는다. 무엇보다도 키는 완전한 임의의 값으로 만들어져야 한다. 두 번째는 키와 메시지의 길이가 같아야 한다는 것이고, 세 번째는 항상 키 전송 문제가 존재하게 된다는 것이다.

마지막 제약인 키 전송 문제는 모든 대칭키 알고리듬에도 적용되며 이 때문에 암호학자들은 앨리스와 밥 사이에 키를 안전하게 교환하기 위해서 비대칭키 암호화를 발명했다 (이에 대해서는 2장에서 다룰 것이다).

두 번째 제약은 키의 길이에 대한 것이었다. 만일 메시지의 길이가 너무 작다면(예를 들어 군사적인 공격 시간을 나타내는 10이라는 단어) 공격자는 자신의 감각이나 운에 의존할 수도 있다. 길이가 짧은 메시지에 임의의 키가 적용됐는지는 중요하지 않다. 공격자가 메시지 주제를 알고 있는 경우라면 메시지를 직관적으로 해독할 수도 있기 때문이다. 반면, 메시지의 길이가 너무 길다면 매우 긴 키를 사용해야만 한다. 그런 경우에는 키를 만들고 전송하는 비용이 매우 커지게 된다. 더욱이 모든 새로운 메시지 전송에 대해서 매번 키를 변경해야 한다는 점을 고려하면 이 암호 알고리듬을 상업적인 목적으로 구현하기 위한 비용이 매우 높아진다.

버냄 암호는 일회용 문자열mono-use strings 암호로 제2차 세계대전과 그 이후에 군사용으로 사용돼 왔다. 앞서도 언급했듯이 버냄 암호는 냉전 기간 동안 미국과 소련의 지도자 간의 통신을 암호화하기 위해서 워싱턴과 모스크바 사이의 레드 라인red line에 사용된 전설적인 알고리듬이다.

마지막으로 이 알고리듬의 구현을 분석해보자. 보안성이 매우 높더라도 임의의 키를 생성하고 안전하게 전송하는 방법을 찾는 것이 어려울 수 있다. 마지막 절에서는 버냄 암호와 다른 알고리듬을 결합해서 키를 구현하고 전송하는 새로운 방법을 살펴볼 것이다. 하이퍼 크립토 새틀라이트라는 새로운 OTPOne-Time Pad는 메시지를 인증하고 암호화하는 데 사용될 수 있다. 해당 시스템의 잠재적인 취약점과 임의의 키를 생성하는 방법에 대해서도 설명할 것이다. 하이퍼 크립토 새틀라이트는 **위성 국제 우주 회의**의 안건이었지만 그 당시에는 공개하지 않기로 결정했다.

⁞▶ 보안과 컴퓨팅에 대한 고찰

지금까지 1장에서 살펴본 암호화 알고리듬은 모두 대칭키 암호 알고리듬이었다. 아직까지 해결책이 제시되지 않은 것은 키 전송 문제다. 앞서도 언급했듯이 키 전송 문제는 2장에서 살펴볼 비대칭키 암호화 알고리듬에서 해결될 것이다. 이번 절에서는 일반적으로 말하는 암호화 알고리듬의 보안과 관련된 계산 문제를 다룰 것이다. 그리고 이 책의 뒷부분에서는 우리가 분석할 알고리듬의 보안에 대해서 초점을 맞출 것이다.

비유하자면 암호학에서 체인에 약한 고리가 있다면 전체 체인이 파괴될 수 있다고 말할 수 있다. 이는 데이터를 보호하기 위해서 매우 강력한 암호화 알고리듬을 사용하지만 비밀번호를 컴퓨터 화면에 노출시키고 있는 상황과 같다고 할 수 있다. 즉 암호 알고리듬은 그것이 이용하는 수학적 문제와 비슷한 보안 등급으로 만들어지게 된다. 예를 들어 인수 분해와 이산 로그 문제는 현재 유사한 계산량을 필요로 한다. 하지만 내일 당장 이 중 하나가 해결된다면 인수 분해와 이산 로그 문제를 기반으로 하는 알고리듬은 더 이상 유효하지 않게 될 것이다.

암호학에서 보편적으로 인정되는 몇 가지 원칙을 자세히 살펴보자. 첫 번째는 암호화 알고리듬은 오픈 소스로 공개돼야 한다는 것이다.

즉 오픈 소스라는 말은 암호화에 사용되는 키가 아니라 알고리듬이 공개돼야 한다는 말이며 **케르크호프의 원칙**Kerckhoffs' principle을 따라야 한다.

> "암호 체계는 키를 제외한 모든 것이 공개되더라도 안전해야 한다. 케르크호프의 원칙은 코드와 암호뿐만 아니라 보안 시스템 전반에 적용된다. 모든 비밀 유지는 잠재적인 실패 지점을 만들게 된다. 다시 말해서 비밀은 불안정함의 주요 원인이며, 따라서 시스템을 치명적으로 붕괴시킬 가능성이 있다. 반대로, 개방성은 유연성을 제공한다."
>
> – 브루스 슈나이어(Bruce Schneier)

실제로 암호화 코드의 기초가 되는 알고리듬은 공개돼야 한다. 비밀 메시지를 교환하기 위해서 알고리듬의 비밀성에 의존하는 것은 유용하지 않으며 위험하다. 만일 알고리듬이 인터넷과 같은 개방된 커뮤니티에서 사용돼야 한다면 그것을 비밀로 유지하는 것은 불가능하기 때문이다.

두 번째 원칙은 알고리듬의 보안성은 수학적인 문제에 크게 의존한다는 것이다.

예를 들어 암호화 역사상 가장 유명하고 가장 널리 사용되는 알고리듬 중 하나인 RSA는 인수 분해라는 수학적인 문제에 의존한다.

인수 분해는 본질적으로 숫자를 약수로 분해하는 것이다.

```
21 = 3 x 7
```

작은 정수인 21에 대해서 제수인 3과 7을 찾는 것은 매우 쉽지만 정수의 크기가 커질 수록 인수 분해의 난이도가 기하급수적으로 증가하게 된다.

이 책에서는 RSA와 같은 비대칭키 알고리듬을 심층적으로 다룰 것이다. 특히 3장에서 비대칭키 암호화에서 대해서 설명할 것이다. 하지만 지금은 RSA가 금융, 정보, 기타 매우 민감한 비밀을 보호하는 데 사용되는 이유를 설명하는 것으로 충분하다.

그 이유는 RSA가 기반으로 하는 수학적인 문제(인수 분해)가 현재의 컴퓨터가 여전히 풀기 어려운 것이기 때문이다. 지금은 RSA를 소개하는 것이 목적이기 때문에 RSA가 의존하는 인수 분해 문제가 공격 포인터로서 직면하고 있고 컴퓨터의 계산적인 측면에서 동등하게 경쟁할 수 있는 **이산 로그**discrete logarithm 문제라는 경쟁자가 있다는 정도의 설명만 할 것이다. 이후에 계산적으로 어려운 그 두 가지 문제에 대해서 모두 분석해볼 것이다. 보안을 위한 RSA의 중심적인 기둥이 되는 것이 인수 분해라고 가정해보자. 6장에서는 RSA 알고리듬이 의존하는 인수 분해가 아닌 다른 문제에 대한 공격을 설명할 것이다. 그것은 이 절의 시작 부분에서 설명한 체인의 약한 고리와 관련이 있다. 알고리듬에서 무엇인가가 잘못되면 알고리듬 자체의 보안성은 파괴된다.

어쨌든 무작위 대입 공격 방법만을 사용해서 인수 분해 문제에 의존하는 RSA를 깨려고 하면 어떻게 되는지 살펴보자. 250자리의 RSA 숫자를 분해하는 데 필요한 계산 능력을 한번 가늠해볼 필요가 있다. 수백 자리나 수천 자리의 수를 처리하는 경우 크기가 큰 반소수를 인수 분해하는 것은 전혀 쉽지 않다. RSA-250은 250개의 10진수로 구성된 829비트 숫자를 이용하며 현재의 컴퓨터로는 깨기 매우 어렵다. 이 정수는 2020년 2월에 인수 분해됐으며, 2.1GHz의 **Intel Xeon Gold 6130** 코어 2,700개를 1년 동안 돌려야 하는 계산량이 필요했다. 이전의 많은 인수 분해 수행 기록과 마찬가지로 100개의 컴퓨터로 구성된 그리드와 계산 능력 향상을 위한 최적화 알고리듬을 적용해서 수행됐다.

세 번째 원칙은 실제적인 보안은 항상 이론적인 보안보다 덜 안전하다는 것이다. 예를 들어 버냄 암호를 분석해보면 그것을 실제로 구현하는 것이 얼마나 어려운지 쉽게 이해할 수 있다. 따라서 버냄 암호는 무적이긴 하지만 실제적인 측면이 아닌 이론적인 측면에서만 그렇다고 말할 수 있다. 결국 알고리듬을 구현한다는 것은 이론적 체계를 실제적인 체계로 만들고 그 안에 복잡함이 추가되는 것을 의미한다. 복잡함은 보안의 적이다. 체계가 복잡할수록 더 많은 공격 포인트를 찾을 수 있기 때문이다.

또 다른 고려 사항은 알고리듬의 보안 등급과 관련이 있다. 섀넌의 이론과 완전 비밀성 perfect secrecy의 개념을 고려해보면 이 개념을 더 잘 이해할 수 있을 것이다. 1949년 클로드 섀넌Claude Shannon이 정의한 완전 비밀성은 통계와 확률을 기반으로 한다. 섀넌은 메시지 내용에 대한 공격자의 지식이 공격자가 암호문을 모든 자원을 동원해 분석하기 전이나 후가 동일하다면 해당 암호문은 완전 비밀성, 즉 최대 보안 등급의 암호문이라는 이론을 만들었다. 해당 메시지는 공격자에게 메시지 내용에 대한 어떤 정보도 확실히 제공하지 않는 것이다.

이 개념을 보다 잘 이해하기 위해서 서로 다른 보안 수준이나 보안 등급을 생각해보기 바란다. 가장 높은 수준은 가장 강력하고 가장 낮은 수준은 가장 약하지만 그 중간에 공격자의 기술적인 연산 수준에 의존하는 명확하지 않은 등급의 영역이 존재한다.

얼마나 많은 등급이 안전하다고 판단돼야 하고 얼마나 많은 등급이 그렇지 않다고 판단돼야 하는지는 중요하지 않다. 본질적으로 봤을 때 확실히 안전한 것과 그렇지 않은 것뿐만 아니라 한정된 시기에 안전하다고 받아들여질 수 있는 것도 고려해야만 한다. 그런 점을 염두에 두고 완전 비밀성과 안전 사이의 차이점을 살펴보자.

- 암호 시스템은 다음 두 가지 조건을 충족하는 경우 완전 비밀성을 갖는다고 말할 수 있다.

  - 적이 무한한 연산 능력을 갖고 있어도 깰 수 없어야 한다.

  - 암호문[c]을 분석하더라도 메시지[m]나 키[k]에 대한 정보를 얻을 수 없어야 한다(즉 한정된 조건하에서 버냄은 이론적으로 완전 비밀성 시스템이다).

- 이론적으로는 공격자가 암호 시스템을 깨뜨릴 수 있다고 해도(즉 양자 계산 능력으로 인수 분해 알고리듬을 이용하는 경우) 당시의 수학적인 문제 해결 자체가 매우 어렵다면 안전하다고 말할 수 있다. 경험적 증거를 바탕으로 인수 분해와 이산 로그 문제는 여전히 해결하기 어렵기 때문에 일부 조건하에서는 암호화 알고리듬으로 사용(예를 들어 RSA, 디피-헬만, 엘 가말(El Gamal))할 수 있다.

따라서 보안의 개념은 동적이고 매우 모호하다고 할 수 있다. 현재는 안전한 것이 내일은 그렇지 않을 수도 있기 때문이다. 양자 컴퓨터를 현실적으로 이용할 수 있게 되거나 인수 분해 문제를 깰 수 있는 강력한 알고리듬이 내일 발견된다면 RSA와 모든 고전적인 암호화 알고리듬은 어떻게 될까? 이 문제에 대해서는 8장에서 다룰 것이다. 현재 말할 수 있는 것은 대부분의 고전적인 암호화 알고리듬이 양자 컴퓨터의 파괴적인 계산 능력에 의해 깨질 수 있다고 말할 수 있지만 그날이 언제 올지는 아직 모른다는 것이다.

일부 조건에서는 **키의 양자 교환**이 **완전 비밀성을 갖는 시스템**으로 간주될 수 있다. 하지만 항상 그렇게 작동하는 것이 아니기 때문에 현재는 사용되고 있지 않다. 일부 OTP 시스템은 매우 안전하다고 여겨질 수 있지만(반완전 비밀성) 모든 것은 실제 구현에 달려 있다. 마지막으로 체인의 약한 고리가 모든 것을 파괴할 수 있다는 중요한 규칙을 기억하기 바란다.

결론적으로 정리하면 다음과 같다.

- 암호화 키를 제외한 암호화 알고리듬은 오픈 소스로 공개돼야 한다.
- 알고리듬의 보안성은 수학적인 문제에 크게 의존한다.
- 복잡성은 보안성의 적이다.
- 보안은 동적인 개념이다. 완벽한 보안은 단지 이론적인 문제일 뿐이다.

⁞⊪ 요약

1장에서는 암호에 대한 기본적인 정의를 다뤘다. 이진법과 아스키 코드에 대한 지식을 되새겨 봤고 소수와 페르마 방정식, 모듈러 수학도 살펴봤다. 그다음에는 카이사르, 빌, 버냄 암호와 같은 고전적인 암호 알고리듬을 살펴봤다.

마지막으로 보안을 철학적, 기술적 측면에서 분석해 암호의 보안성 등급을 복잡성 등급과 관련해 구분했다.

2장에서는 DES^{Data Encryption Standard}와 AES^{Advanced Encryption Standard} 같은 대칭키 암호화 알고리듬에 대해서 자세히 설명하고 1장에서 언급된 몇 가지 문제를 해결해볼 것이다.

2부

고전적인 암호화 (대칭키와 비대칭키 암호화)

2부에서는 대칭키와 비대칭키 암호화, 해시 함수, 디지털 서명과 같은 고전적인 암호화 알고리듬을 심층적으로 분석할 것이다. 그리고 사이버 보안과 ICT에서 사용되는 가장 유명한 알고리듬을 접하게 될 것이다.

2부의 구성은 다음과 같다.

- 2장, 대칭키 암호화
- 3장, 비대칭키 암호화
- 4장, 해시 함수와 디지털 서명

02

대칭키 암호화

암호학에 대한 기본적인 것을 살펴봤으니 이제는 대칭키 암호화 알고리듬과 그 논리 그리고 수학적인 원리에 대해서 알아볼 차례다.

1장에서 **ROT13**과 **버냄 암호** 같은 몇 가지 대칭키 암호 알고리듬을 살펴봤다. 대칭키 암호 알고리듬을 자세히 설명하기 전에 블록 암호화의 구성에 대해서 살펴볼 필요가 있다.

다시 한번 상기해보면 대칭키 암호화는 발신자와 수신자 간에 공유되는 키로 수행된다. 그렇다면 강력한(보안성 측면에서) 동시에 수행하기 쉬운(연산적인 측면에서) 대칭키 암호화 알고리듬을 어떻게 구현하면 될까? 비대칭키 암호화와 대칭키 암호화를 비교함으로써 이 질문에 어떻게 답할 수 있는지 알아보자.

비대칭키 암호화의 주요 문제점 중 하나는 만족할 만한 보안 수준을 위해서 필요한 계산량이 높기 때문에 필요한 연산(특히 복호화)을 수행하는 것이 쉽지 않다는 것이다. 이 문제는 비대칭키 암호화는 긴 메시지를 전송하는 데에는 적합하지 않고 키를 교환하는 용도로 적합하다는 의미가 된다. 그리고 암호화된 메시지를 교환하는 데에는 동일한 공유 키로 수행되는 대칭키 암호화/복호화가 더 적합하다.

2장에서는 다음과 같은 내용을 다룬다.

- 부울 논리의 기본적인 이해

- 단순화된 DES의 기본적인 이해

- DES, 3DES, DESX에 대한 이해와 분석

- 실질적인 대칭키 암호화의 표준인 AES(Rijndael)에 대한 이해

- 대칭키 암호화 알고리듬에 대한 몇 가지 논리적이고 실용적인 공격 구현

2장을 통해서 대칭키 암호화 알고리듬을 구현하고 관리하고 공격하는 방법에 대해서 이해하게 될 것이다.

⫸ 부울 논리의 표기법과 연산

대칭키 알고리듬의 메커니즘을 이해하려면 부울 논리Boolean logic의 몇 가지 표기법과 이진 시스템에서의 부울 논리 연산에 대해서 알아야 한다.

1장에서 이진 시스템은 {0,1} 비트 세트bit set로 동작한다는 것을 이미 살펴봤다. 따라서 부울 함수는 비트 시퀀스에 대한 논리 연산을 수행해서 그 결과 값으로 TRUE나 FALSE를 만들어 내는 함수라는 의미가 된다. 가장 자주 사용되는 부울 함수는 XOR(배타적 OR), OR(분리), AND(결합)다. 하지만 바로 설명하겠지만 몇 가지 다른 표기법도 있다.

부울 회로는 변수 (x)가 다른 변수 (y)와 결합해서 TRUE나 FALSE 조건을 충족하는지 여부를 결정한다. 이를 Boolean SAT(SATisfiability) Problem이라고 하며 컴퓨터 공학에서는 특히 중요한 개념이다. SAT는 NP-완전으로 여겨지는 첫 번째 문제였다. 문제는 다음과 같다. 즉 특정 함수가 주어졌을 때 표현식이 TRUE가 되도록 만드는 TRUE나 FALSE 값의 할당이 존재하는가?

명제가 TRUE라고 결정할 수 있는 할당이 존재한다면 명제 논리의 식은 만족된다고 할 수 있다. 만일 가능한 모든 변수 할당에 대해서 결과가 FALSE라면 해당 명제는 만족되

지 않는다고 말한다. 이는 검색 엔진의 구현을 위한 알고리듬 이론뿐만 아니라 심지어는 하드웨어 설계나 전자 회로에서도 매우 중요하다.

명제 논리의 예를 들어 보자.

- **전제 1**: 하늘이 맑으면 날씨가 화창하다.

- **전제 2**: 하늘에는 구름이 없다.

- **결론**: 날씨가 화창하다는 것은 TRUE다.

그림 2.1에서 볼 수 있듯이 입력을 시작점으로 해서 알고리듬으로 논리 회로를 자세히 구현하면 TRUE나 FALSE라는 결과를 얻게 된다. 이 개념들은 특히 **영지식**^{zero knowledge}에 대해서 설명하는 5장과 암호화된 데이터를 이용한 검색 엔진에 대해서 설명하는 9장에서 매우 유용하다.

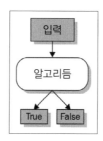

그림 2.1 두 가지의 반대되는 변수를 출력하는 부울 회로

부울 회로에서 수행되는 기본 연산은 다음과 같다.

- AND(**결합**): (X∧Y)로 표시한다. 이 조건은 X와 Y가 모두 true일 때 만족된다. 예를 들어 배 AND 사과와 같은 명제를 처리하는 것이다. 어떤 내용(예를 들어 문장과 단어가 포함된 데이터베이스)을 검색할 때 AND 연산자를 설정하면 단어 중 하나만 있는 것이 아니라 두 단어(배와 사과)를 모두 포함하는 것이 선택될 것이다. 이제 AND 연산자가 수학적으로 어떻게 작동하는지 살펴보자. AND 연산자는 수학적으로 곱하기(X * Y)로 변환할 수 있다. 다음은 두 요소의 모든 논리 조합에 대한 AND 연산자의 진리표다. X * Y = 1인 경우에만 결합 조건(X∧Y)이 충족된다.

AND에 대한 진리표

x	y	x · y
0	0	0
0	1	0
1	0	0
1	1	1

그림 2.2 'AND' 연산 표

- **OR(분리):** (X∨Y)로 표시한다. 이 조건은 X나 Y 중 하나라도 true이면 만족된다. 예를 들어 배 OR 사과와 같은 명제를 처리하는 것이다. 데이터베이스를 검색하는 경우 두 단어(배 또는 사과) 중 최소한 하나라도 포함되는 모든 요소가 검색된다. 다음의 표를 보면 OR 연산자는 수학적으로 (X+Y)로 변환할 수 있다. 변수 중에서 적어도 하나라도 값이 1이면 두 변수의 합으로 표현되는 분리 조건(X∨Y)을 충족한다.

OR에 대한 진리표

x	y	x + y
0	0	0
0	1	1
1	0	1
1	1	1

그림 2.3 'OR' 연산 표

멱등성(idempotence)은 idem + potence (same + power)라는 어원을 갖고 있으며, 수학과 컴퓨터 공학의 특정 연산의 속성을 나타내는 것으로 연산을 여러 번 적용하더라도 그 결과가 바뀌지 않는 속성을 나타낸다. 부울 논리는 AND와 OR 게이트 모두에서 멱등성을 갖는다. 2개의 입력 A가 들어가는 논리 AND 게이트의 결과는 A가 된다(1 AND 1 = 1, 0 AND 0 = 0). OR 게이트의 경우도 0 OR 0 = 0이고 1 OR 1 = 1이기 때문에 멱등성을 갖는다.

- **NOT(부정)**: (-X)로 표시하며 X에서 Y가 제외된다는 것을 의미한다. 예를 들어 사과가 아닌(NOT) 배와 같은 명제를 처리하는 것이다. 데이터베이스를 검색하는 경우 첫 번째 단어나 값(배)만 포함하고 두 번째(사과)는 포함하지 않는 문서가 검색된다. 마지막으로 다음 표는 부정 기호(-X)로 표시되는 NOT 연산에 대한 진리표다. NOT 연산은 입력과 반대되는 값으로 되돌리는 단일 연산으로 표현된다.

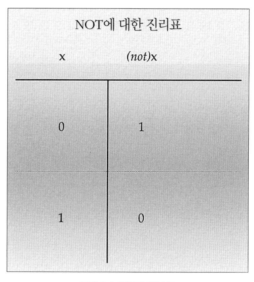

그림 2.4 'NOT' 연산 표

기본적인 부울 연산 AND, OR, NOT을 벤다이어그램으로 표현하면 다음과 같다.

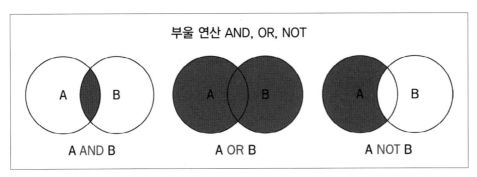

그림 2.5 벤다이어그램으로 표현한 부울 연산

방금 살펴본 세 가지 기본 연산 외에도 NAND, NOR, XOR 등 많은 논리 연산이 있다. 이런 연산은 모두 암호화의 기반을 제공한다. 예를 들어 NAND 논리 연산은 **동형 암호화**homomorphic encryption에 사용된다. 하지만 지금은 배타적 OR 연산이라고 하는 XOR 연산에 대해서만 살펴볼 것이다.

XOR은 ⊕로 표시한다.

A ⊕ B의 연산은 값이 1인 변수의 수가 홀수일 때 결과가 1이 된다. 다시 말해, 두 변수 A, B가 있을 때 두 변수의 값이 모두 TRUE이거나 FALSE이면 결과 값은 FALSE가 된다. 다음의 표에서 볼 수 있듯이 A = 1이고 B = 1이면 결과는 0(FALSE)이 된다.

수학적으로 XOR 연산은 덧셈에 대한 모듈러 2 연산이라고 할 수 있다. 즉 그림 2.6에서 볼 수 있듯이 1과 0의 조합에 mod 2를 적용하는 것을 배타적 OR 연산(간단히 XOR)이라고 한다.

$$
\begin{array}{ccc}
\textbf{XOR 표} \\
\end{array}
$$

A	⊕	B	[A (XOR) B]
0	⊕	0	= 0
0	⊕	1	= 1
1	⊕	0	= 1
1	⊕	1	= 0

그림 2.6 0과 1에 대한 XOR 연산

XOR 논리 연산은 암호화 알고리듬에서뿐만 아니라 패리티 검사기로도 사용된다. 8비트 워드의 패리티 검사를 위해서 논리 회로에서 XOR을 실행하면 워드 안에 있는 1의 총 개수가 짝수인지 홀수인지 확인할 수 있다.

부울 논리에서의 연산을 살펴봤으니 이제는 첫 번째 대칭키 암호화 알고리듬인 DES를 분석해볼 차례다.

⠿ DES 알고리듬

2장에서 소개하는 첫 번째 알고리듬은 DES^Data Encryption Standard다. DES의 역사는 1973년 NIST^National Institute of Standards and Technology의 전신인 NBS^National Bureau of Standards가 국가 표준으로 채택할 알고리듬이 필요해지면서 시작됐다. 1974년 IBM은 대칭키 알고리듬인 **루시퍼**^Lucifer를 제안했으며 그것은 NIST에서 NSA^National Security Agency로 전달됐다. 이후 분석과 일부 수정 과정을 거쳐서 DES로 명명됐다. DES는 1977년 국가 표준으로 채택돼 금융 분야와 같은 전자 상거래 환경에서 데이터 암호화를 위해 많이 사용됐다.

학계와 암호학자들의 전문 커뮤니티에서 DES의 안정성에 대한 주목할 만한 논쟁이 벌어졌다. 그것은 키의 길이가 짧고 알고리듬이 트랩도어^trapdoor에 노출될 수 있어서 NSA가 암호화된 통신을 감시하기 위해서 DES에 분명히 트랩도어를 삽입했을 것이라는 당혹감에 기인한 것이었다.

DES에 대한 비판에도 불구하고 1976년 11월에 연방 표준으로 승인됐으며 1977년 1월 15일 모든 미분류 데이터에 사용할 수 있도록 **FIPS PUB 46** 표준이 됐다. 이후 1983년에 표준으로 재확인됐으며, 1988년에 **FIPS-46-1**로 개정됐다. 1993년에는 **FIPS-46-2**로 개정됐고 1999년에는 3DES(Triple DES라고도 하며 이에 대해서는 이후에 살펴볼 것이다)로 알려진 **FIPS-46-3**이 공개됐다. 2002년 5월 26일에 DES는 마침내 **AES**^Advanced Encryption Standard로 대체됐다. 이에 대해서는 2장의 뒷부분에서 설명할 것이다. DES는 **블록 암호화** 알고리듬이다. 이는 평문이 64비트의 블록으로 분할돼 각 블록이 개별적으로 암호화된다는 것을 의미한다. 암호화 프로세스는 루시퍼를 개발한 IBM 팀원 중 한 명인 호르스트 파이스텔^Horst Feistel을 기리기 위해 **파이스텔 시스템**이라고도 부른다.

현대 대칭키 알고리듬의 개략적인 역사를 살펴봤으므로 이제는 논리적이고 수학적인 관점에서 살펴보도록 하자.

Simple DES

Simple DES는 DES의 단순화된 버전이다. DES가 어떻게 동작하는지 살펴보기에 앞서 단순화된 DES 버전을 먼저 살펴보자.

일반적인 DES와 마찬가지로 이 단순화된 DES 알고리듬 또한 블록 암호화 알고리듬이다. 즉 암호화를 수행하기 전에 먼저 평문을 블록으로 분할한다. 분할된 각 블록은 개별적으로 암호화되기 때문에 하나의 블록만을 분석해볼 것이다.

키 [K]는 9비트로 만들어지고 메시지 [M]은 12비트로 구성된다.

DES와 마찬가지로 Simple DES의 핵심은 **S-Box**이며, 여기서 **S**는 **Substitution**(대체)의 약자다. S-Box에 대칭키 알고리듬의 진정한 복잡성과 비선형성이 있다. 알고리듬의 나머지 부분은 일반적인 컴퓨터가 자동으로 수행할 수 있는 비트에 대한 치환과 시프트 연산이다.

Simple DES의 S-Box는 입력이 6비트이고 출력이 4비트인 4 X 16 행렬이다.

S-Box는 DES, 3DES, 블루피시Bluefish, AES와 같은 모든 최신 대칭키 암호화 알고리듬에 존재한다.

4개의 행은 다음과 같이 2비트로 표시된다.

```
00
01
10
11
```

16개의 열은 다음과 같이 4비트로 구성된다.

```
0000 0001 0010 ...... ...... ...... ...... 1111
```

행렬은 0에서 15 사이의 임의의 수로 구성되며, 이는 동일한 행에는 절대로 동일한 수가 반복되지 않는다는 것을 의미한다.

S-Box가 어떻게 구현되고 동작하는지 더 잘 이해하기 위해서 011011을 예로 들어서 살펴보자. 011011은 시작과 끝이 01이고 중간은 1101이다.

이 경우(N2 표기법을 사용해 이진 시스템에서 작업) $(01)_2$는 두 번째 행에 해당하고 $(1101)_2$는 13번째 열에 해당한다. 그리고 해당 행과 열이 교차되는 지점의 값($(1001)_2$)을 구한다.

다음은 S-Box 행렬에서 $(1001)_2$를 구하는 방법을 보여 주고 있다.

그림 2.7 2진수로 표현된 4X16 S-Box 행렬

동일한 S-Box 행렬을 10진수로 표현하면 다음과 같다.

	0	1	2	3	4	5	6	7	8	9	10	11	12	13	14	15
1	2	12	4	1	7	10	11	6	8	5	3	15	13	0	14	9
2	14	11	2	12	4	7	13	1	5	0	15	10	3	9	8	6
3	4	2	1	11	10	13	7	8	15	9	12	5	6	3	0	14
4	11	8	12	7	11	14	2	3	6	15	0	9	10	4	5	3

그림 2.8 10진수로 표현된 4X16 S-Box 행렬

행렬에서 9는 두 번째 행과 13번째 열이 교차되는 지점의 값이다. 따라서 이진 시스템에서 $(1001)_2$로 표시되는 값은 두 번째 행과 13번째 열이 교차하는 10진수 9에 해당하는 값이다.

S-Box가 어떻게 설계되는지에 대해서 살펴봤으므로 이제는 알고리듬이 어떻게 동작하는지에 대해서 알아볼 차례다.

비트 초기화

12비트로 구성된 메시지 M은 L_0와 R_0 두 부분으로 나뉜다. 여기서 왼쪽 절반인 L_0는 메시지의 처음 6비트이고 오른쪽 절반인 R_0는 마지막 6비트다.

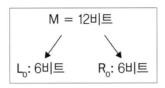

그림 2.9 메시지(M)은 왼쪽 6비트, 오른쪽 6비트로 나뉜다.

S-Box와 비트 초기화에 대해서 살펴봤으므로 다음 처리 과정인 비트 확장과 키 생성, 암호화에 대해서 알아보자.

비트 확장

각각의 왼쪽과 오른쪽 비트 블록은 일반적으로 f라고 하는 특정 함수에 의해서 확장된다.

DES 알고리듬은 평문을 분할한 각 6비트 블록 입력을 8비트(1바이트)로 확장한다.

또한 DES는 ECB^{Electronic CodeBook}라는 파티션 방식을 사용해 64비트의 평문을 8X8 비트의 블록으로 나누고 각 블록에 대한 암호화(E)를 수행한다.

함수 f는 다르게 구현될 수 있다. 예를 들어 첫 번째 입력 비트를 첫 번째 출력으로 만들고, 세 번째 입력 비트를 네 번째와 여섯 번째 출력으로 만드는 등 다양한 형태로 구현할 수 있다. 다음 예와 마찬가지로 6비트 L_0: 011001를 확장 함수 Exp로 확장하고 싶다고 가정해보자. 결과는 다음과 같다.

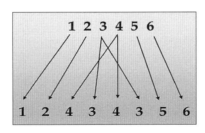

그림 2.10 비트 확장 함수 [EXP]

L_0 = $(011001)_2$는 f[12434356] 패턴으로 확장됐다.

결국 L_0: 011001은 다음과 같이 $(01010101)_2$로 확장된다.

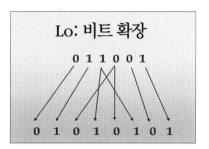

그림 2.11 L_0 $(011001)_2$가 8비트로 확장

6비트 R_0: $(100110)_2$ 또한 동일한 8비트 f[12434356] 패턴으로 확장된다.

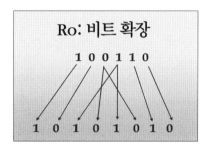

그림 2.12 R_0 $(100110)_2$가 8비트로 확장

그리고 결국 R_{i-1}은 $(10101010)_2$이 된다.

키 생성

앞에서도 언급했듯이 마스터 키 [K]는 9비트로 구성된다. 각 라운드마다 마스터 키의 8비트로 생성되는 암호화 키 [K_1](i번째 라운드에 사용되는 암호화 키)가 사용된다.

K_4(네 번째 라운드에 사용되는 키)가 어떻게 생성되는지 확인해보자.

- K = 010011001(9비트 키, 마스터 키)

- K_4 = 01100101(K로부터 만들어진 8비트 키)

다음 그림을 보면 K₄가 어떻게 만들어지는지 이해하게 될 것이다.

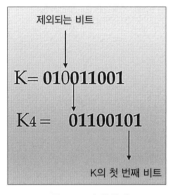

그림 2.13 키 생성 예

앞의 그림에서 볼 수 있듯이 네 번째 암호화를 처리하기 위한 키를 생성하기 위해서 마스터 키 [K]의 네 번째 비트부터 시작해서 [K4]를 생성한다.

비트 암호화

비트 암호화 (E)를 수행하기 위해서 비트 확장된 R_{i-1}= (100110)$_2$와 K_i = (01100101)$_2$에 대한 XOR 연산을 수행한다.

암호화된 결과를 E(K_i)라고 한다면,

```
Exp(Rᵢ₋₁) ⊕ Ki = 10101010 ⊕ 01100101 = E(Kᵢ) (11001111)
```

이때 8비트의 E(K_i)를 왼쪽 4비트와 오른쪽 4비트로 나눈다.

```
L(EKi)= (1100)₂          R(EKᵢ)= (1111)₂
```

이제는 3비트로 구성된 2개의 S-Box 2 X 8 행렬로 왼쪽 4비트와 오른쪽 4비트를 처리한다. 이때 S-Box에 대한 입력은 4비트다. 첫 번째 비트는 어떤 행을 이용할 것이지 결정하는 것이고, 나머지 3비트는 어느 열을 이용할 것인지 결정한다. 따라서 첫 번째 비트가 0이면 첫 번째 행을 이용하고, 1이면 두 번째 행을 이용하게 된다. 그리고 나머지 3비트가 000이면 첫 번째 열을, 001은 두 번째 열을 이용하게 된다.

2개의 S-Box를 각각 S1, S1라고 부른다면 그림 2.14는 오른쪽과 왼쪽 4비트에 대해서 S-Box의 어떤 값이 선택되는지 보여 주고 있다.

	101	010	001	110	011	100	111	000
S1	001	100	110	010	**000**	111	101	011
S2	100	000	110	101	111	001	011	010
	101	011	000	111	110	010	001	**100**

그림 2.14 S-Box 예

L (E(K_1)) = $(1100)_2$는 S1으로 처리된다. 즉 S1의 두 번째 행($(1)_2$)과 네 번째 열($(100)_2$)이 교차되는 지점의 값($(000)_2$)이 출력 값이 된다.

R (E(K_1)) = $(1111)_2$는 S2로 처리된다. 즉 S2의 두 번째 행($(1)_2$)과 일곱 번째 열($(111)_2$)이 교차되는 지점의 값($(100)_2$)이 출력 값이 된다.

마지막 단계는 두 출력 값을 연결하는 것이며 연결한다는 의미는 ||로 표기한다.

```
S1(L(E(K₁))) = (000)₂      ||      S2(R(E(K₁))) = (100)₂
000 || 100 = (0001000)₂f (R_{i-1}, K₁) = (0001000)₂
```

그림 2.15는 함수 f의 첫 번째 라운드(오른쪽 그림) 암호화가 수학적으로 어떻게 작동하는지 보여 주고 있다.

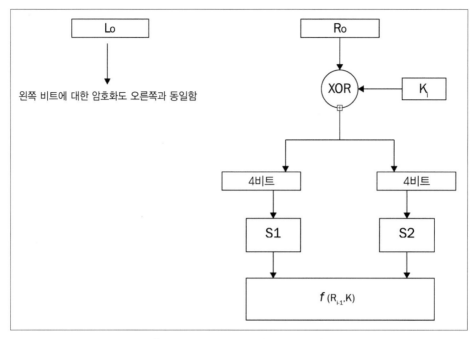

그림 2.15 Simple DES 암호화의 첫 번째 라운드

이제 Simple DES가 어떻게 작동하는지 이해했고 대칭키 암호화의 기본을 다뤘으므로 DES 알고리듬의 작동 원리를 이해하기 쉬워질 것이다.

지금까지 봐 왔듯이 치환과 XOR, **시프트** 연산의 조합은 **파이스텔 시스템**의 핵심이다.

DES

DES는 16라운드의 암호화/복호화 대칭키 알고리듬이며 64비트 블록 단위로 암호화를 수행한다. 즉 메시지 [M]을 64비트 블록으로 나눠서 개별적으로 암호화를 수행한다. 키 또한 64비트다. 하지만 실질적으로는 56비트라고 할수 있다. 나머지 8비트는 오류를 확인하기 위한 패리티([8th, 16th, 24th...])를 위해서 사용된다. 출력 (c) 또한 64비트다.

DES 암호화를 완전히 이해하려면 그림 2.15의 DES 암호화 처리 흐름에 초점을 맞춰야 한다.

DES에서의 키 생성

섀넌의 혼동과 확산의 원리에 따라 DES는 대부분의 대칭키 알고리듬처럼 이 두 가지 효과를 얻기 위해서 비트 스크램블링^{bit scrambling}을 이용한다.

앞서도 언급했듯이 DES의 마스터 키는 64비트다. 키의 비트를 그림 2.16과 같이 1부터 64까지 열거할 수 있으며 표에서 강조 표시된 모든 여덟 번째 비트는 무시된다.

DES 의 입력 키

1	2	3	4	5	6	7	**8**
9	10	11	12	13	14	15	**16**
17	18	19	20	21	22	23	**24**
25	26	27	28	29	30	31	**32**
33	34	35	36	37	38	39	**40**
41	42	43	44	45	46	47	**48**
49	50	51	52	53	54	55	**56**
57	58	59	60	61	62	63	**64**

그림 2.16 DES 마스터 키에서 무시되는 비트

무시되는 비트가 결정되면 새로운 키는 56비트가 된다.

이때 56비트 키의 첫 번째 치환이 계산된다. 그 결과는 비트 위치에 대한 혼동이 적용된 것이다. 그리고 키는 C0와 D0라는 2개의 28비트 하위 키로 분할된다.

그다음에는 그림 2.17에서 보여 주는 바와 같이 순환 시프트가 수행된다.

라운드	1	2	3	4	5	6	7	8	9	10	11	12	13	14	15	16
시프트되는 비트 수	1	1	2	2	2	2	2	2	1	2	2	2	2	2	2	1

그림 2.17 DES에서 각 라운드에서 시프트되는 키의 비트 수

그림 2.17을 보면 라운드 1, 2, 9, 16일 때는 왼쪽으로 1비트만 시프트되고 나머지 라운드에서는 왼쪽으로 2비트가 시프트된다는 것을 알 수 있다.

다음과 같이 2진수로 표기된 C0와 D0(키의 왼쪽 28비트와 오른쪽 28비트)를 예로 들어서 살펴보자.

```
C0 = 1111000011001100101010101001
D0 = 0101010101100110011110001111
```

C0와 D0에서 다음과 같이 C1과 D1이 만들어진다.

```
C1 = 1110000110011001010101010011
D1 = 1010101011001100111100011110
```

C0 --> C1 생성 과정을 자세히 보면 작동 방식을 더 잘 이해할 수 있을 것이다. 즉 C0의 모든 비트를 왼쪽으로 1비트 이동시킨 것이 C1이다.

```
C0 = 1111000011001100101010101001
C1 = 1110000110011001010101010011
```

순환 시프트를 수행한 후에는 56비트에서 48비트를 선택하는 과정을 수행한다. 방법은 간단하다. 예를 들어 그림 2.18의 첫 번째 값 14는 14번째 비트를 첫 번째 비트로 위치시키라는 의미이고 마지막 값 32는 32번째 비트를 마지막 비트(48번째 비트)로 위치시키라는 의미가 된다. 테이블을 보면 18과 같은 일부 비트 값은 배제돼 있다. 따라서 배제된 비트 값의 위치에 있는 비트는 새로운 키를 만들 때 배제되는 것이다. 결국 이와 같은 비트 압축 과정이 끝나면 8비트는 제거되고 48비트만 남게 된다.

14	17	11	24	1	5	3	28	15	6	21	10
23	19	12	4	26	8	16	7	27	20	13	2
41	52	31	37	47	55	30	40	51	45	33	48
44	49	39	56	34	53	46	42	50	36	29	32

그림 2.18 48비트로 변환 및 압축하기 위한 테이블

그림 2.19에서는 **패리티 드롭**parity drop과 **왼쪽 시프트**shift left, **압축**compression 과정을 포함한 **키 생성**을 위한 전체 과정을 보여 주고 있다.

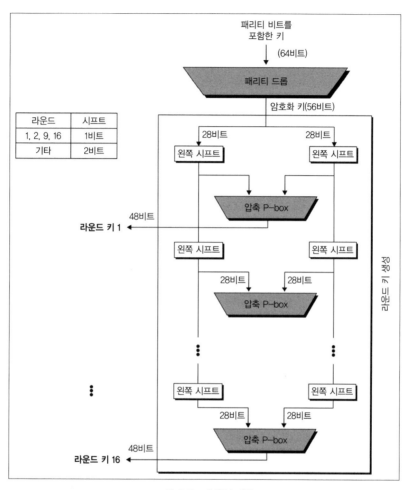

그림 2.19 키 생성 과정

DES는 이와 같은 압축/혼동/치환 기술을 적용해서 라운드당 하나의 48비트 하위 키를 생성한다. 이로 인해서 DES를 크랙하는 것이 어려워진다.

암호화

키를 생성한 후에는 메시지 [M]에 대한 암호화를 진행할 수 있다. DES의 암호화는 세 단계로 구성된다.

- **1단계 - 초기 치환**: 먼저, 메시지 [M]의 비트가 IP[Initial Permutation]라고 하는 함수에 의해서 치환된다. 암호학적 관점에서 봤을 때 이 작업은 알고리듬의 보안성을 강화한다고 볼 수는 없다. 치환 이후에는 Simple DES의 경우처럼 64비트가 L0와 R0라는 2개의 32비트로 나뉜다.

- **2단계 - 암호화 라운드**: $0 \leq i \leq 16$에 대해서 다음과 같은 연산이 수행된다.

```
Li = Ri - 1
```

Ri = Li-1 ⊕ f(Ri-1, Ki)

여기서 Ki는 키 K에서 파생된 48비트이고 f는 Simple DES에서 설명한 f와 유사한 확장 함수다.

기본적으로 i = 1(첫 번째 라운드)일 때 다음과 같은 작업이 수행된다.

```
L1 = R0
R1 = L0 ⊕ f(R0, K1)
```

- **3단계 - 최종 치환**: 알고리듬의 마지막 단계(16번째 라운드)에서는 다음과 같은 작업이 수행된다.

    a. (R16, L16)을 얻기 위해 왼쪽 부분 L16을 오른쪽 부분 R16과 교환한다.

    b. IP의 역(INV)을 적용해서 암호문 c를 얻는다. 즉 c = INV(IP (R16, L16))

DES 암호화 수행 로직은 그림 2.20과 같다.

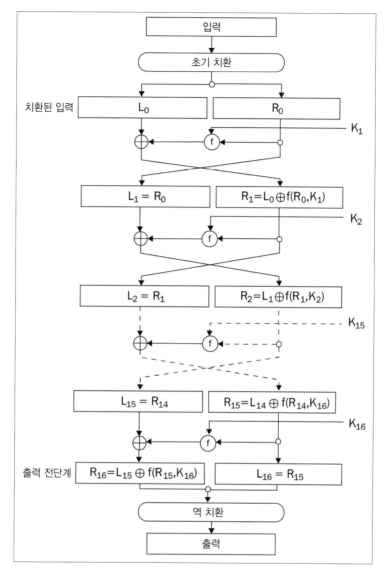

그림 2.20 DES 암호화 과정

DES의 암호화 과정을 요약하면, 64비트의 마스터 키에서 48비트 하위 섹션 키를 선택하는 복잡한 키 생성 과정을 수행하고 IP, 라운드별 암호화, 최종 치환이라는 세 단계를 거쳐서 메시지를 암호화한다.

DES의 암호화 과정을 살펴봤으므로 이제는 DES의 복호화 과정을 살펴볼 차례다.

복호화

DES 복호화는 이해하기 쉽다. 실제로 암호화 과정을 반대로 수행하면 된다.

복호화는 암호화와 정확히 같은 방식으로 수행되며, 사용되는 키의 순서$(K_1...K_{16})$를 반대 $(K_{16}...K_1)$로 적용하면 된다.

그림 2.21은 복호화 과정을 순서도로 표현한 것이다.

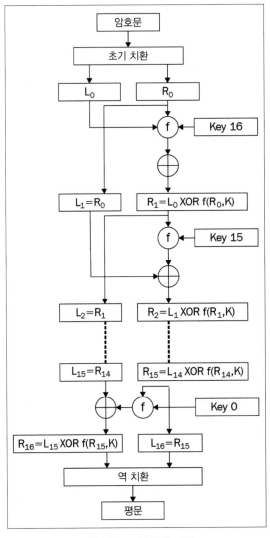

그림 2.21 DES 복호화 과정

복호화 과정을 설명하면, 암호문을 가져와서 첫 번째로 IP를 수행한 다음 R0 = f(R0, K16)에 대한 XOR L0를 수행한다. 그렇게 각 라운드별로 계속해서 최종적인 치환을 수행해서 일반 텍스트를 얻게 된다.

지금까지 DES 알고리듬의 수행 과정을 살펴봤으니 이제는 DES 알고리듬과 그것의 취약점에 대해서 분석해볼 차례다.

DES 알고리듬 분석

DES 알고리듬의 세부 내용을 살펴보면 몇 가지 흥미로운 사실을 발견할 수 있다.

DES 알고리듬의 가장 흥미로운 부분은 각 라운드의 하위 키(K1, K2...K16)와 메시지 [M]의 절반 부분 사이에 XOR 연산을 수행하는 단계다.

이 단계에서 S-Box를 이용한다. 앞에서도 설명했듯이 S-Box는 DES를 위해서 NSA가 만든 4개의 행과 16개의 열로 이뤄진 행렬(4 X 16)이다.

i								S_i								
1	14	4	13	1	2	15	11	8	3	10	6	12	5	9	0	7
	0	15	7	4	14	2	13	1	10	6	12	11	9	5	3	8
	4	1	14	8	13	6	2	11	15	12	9	7	3	10	5	0
	15	12	8	2	4	9	1	7	5	11	3	14	10	0	6	13
2	15	1	8	14	6	11	3	4	9	7	2	13	12	0	5	10
	3	13	4	7	15	2	8	14	12	0	1	10	6	9	11	5
	0	14	7	11	10	4	13	1	5	8	12	6	9	3	2	15
	13	8	10	1	3	15	4	2	11	6	7	12	0	5	14	9
3	10	0	9	14	6	3	15	5	1	13	12	7	11	4	2	8
	13	7	0	9	3	4	6	10	2	8	5	14	12	11	15	1
	13	6	4	9	8	15	3	0	11	1	2	12	5	10	14	7
	1	10	13	0	6	9	8	7	4	15	14	3	11	5	2	12
4	7	13	14	3	0	6	9	10	1	2	8	5	11	12	4	15
	13	8	11	5	6	15	0	3	4	7	2	12	1	10	14	9
	10	6	9	0	12	11	7	13	15	1	3	14	5	2	8	4
	3	15	0	6	10	1	13	8	9	4	5	11	12	7	2	14
5	2	12	4	1	7	10	11	6	8	5	3	15	13	0	14	9
	14	11	2	12	4	7	13	1	5	0	15	10	3	9	8	6
	4	2	1	11	10	13	7	8	15	9	12	5	6	3	0	14
	11	8	12	7	1	14	2	13	6	15	0	9	10	4	5	3
6	12	1	10	15	9	2	6	8	0	13	3	4	14	7	5	11
	10	15	4	2	7	12	9	5	6	1	13	14	0	11	3	8
	9	14	15	5	2	8	12	3	7	0	4	10	1	13	11	6
	4	3	2	12	9	5	15	10	11	14	1	7	6	0	8	13
7	4	11	2	14	15	0	8	13	3	12	9	7	5	10	6	1
	13	0	11	7	4	9	1	10	14	3	5	12	2	15	8	6
	1	4	11	13	12	3	7	14	10	15	6	8	0	5	9	2
	6	11	13	8	1	4	10	7	9	5	0	15	14	2	3	12
8	13	2	8	4	6	15	11	1	10	9	3	14	5	0	12	7
	1	15	13	8	10	3	7	4	12	5	6	11	0	14	9	2
	7	11	4	1	9	12	14	2	0	6	10	13	15	3	5	8
	2	1	14	7	4	10	8	13	15	12	9	0	3	5	6	11

그림 2.22 DES에서 사용되는 S-Box 행렬

DES의 다섯 번째 라운드에서 S-Box의 내용을 살펴보자.

```
2, 12, 4, 1, 7, 10, 11, 6, 8, 5, 3, 15, 13, 0 14, 9
14, 11, 2, 12, 4, 7, 13, 1, 5, 0, 15, 10, 3, 9, 8, 6
4, 2, 1, 11, 10, 13, 7, 8, 15, 9, 12, 5, 6, 3, 0, 14
11, 8, 12, 7, 11, 14, 2, 13, 6, 15, 0, 9, 10, 4, 5, 3
```

알아차렸겠지만, S-Box에 포함돼 있는 수는 0과 (R_{i-1}) 16-1 = 15 사이의 수다.

따라서 48비트의 입력은 [K_i]로 XOR 연산을 수행하면 정확히 48비트의 출력이 된다.

또한, 좀 더 주의 깊게 관찰하면 14번째 열의 수는 0, 9, 3, 4임을 알 수 있는데, 이는 매우 작은 수다. 이와 같은 수의 조합이 보안에 문제가 될까?

S-Box 내부의 작은 숫자는 문제가 되지 않을 것이라고 말하면 당황스러울지도 모르겠다.

자연스럽게 떠오르는 또 다른 질문은, 키가 64비트가 아니라 56비트인 이유는 무엇인가 하는 것이다. 이미 언급했듯이 나머지 8비트가 페어링에 사용되기 때문이다.

실제로 초기의 마스터 키는 길이가 64비트이므로 키의 여덟 번째 비트마다 버려진다. 그래서 키의 길이는 다음 그림과 같이 56비트가 된다.

1	2	3	4	5	6	7	8	9	10	11	12	13	14	15	16
17	18	19	20	21	22	23	24	25	26	27	28	29	30	31	31
33	34	35	36	37	38	39	40	41	42	43	44	45	46	47	48
49	50	51	52	53	54	55	56	57	58	59	60	61	62	63	64

그림 2.23 DES 키 생성 알고리듬에서의 비트 제거

DES에서 채택한 암호화 방식에는 또 다른 문제가 있다. IP 이후에는 f(R_{i-1}, K_i) 함수에 의해서 오른쪽의 비트만 암호화된다. 이 방식이 모든 비트를 암호화하는 방식보다 안전하지 않다고 의문을 품을 수도 있을 것이다. 암호화 과정을 분석해보면 각 라운드에서 비트가 왼쪽에서 오른쪽으로 교환된 다음 암호화된다는 것을 알 수 있을 것이다. 이로 인해서 오른쪽 부분만이 아니라 모든 비트가 암호화된다고 할 수 있다.

초기 치환과 최종 치환 함수에 대해서 다음과 같이 질문할 수 있을 것이다. "초기와 최종 역치환을 만들 때 최종 결과가 중립적이지 않은가?" 이미 언급했듯이 비트의 치환을 수행하는 데에는 암호학적 의미가 없다. 1970년대에 하드웨어에 비트를 삽입하는 것이 지금보다 훨씬 복잡했기 때문이다. 결론적으로, DES에서 채택한 대체, 치환, E-확장, 비트 시프트는 혼동과 확산을 만들어 낸다고 말할 수 있다. 클로드 섀넌의 논문「A Mathematical Theory of Communication」에서 언급한 보안 암호 원칙인 혼동과 확산에 대해서는 2장의 시작 부분에서 언급했다.

DES에 대한 공격

DES가 만들어진 이후에 DES를 크랙하기 위해서 수행된 공격의 역사는 풍부하다. 1975년 학계에서는 56비트라는 키 길이의 견고성에 대한 회의론이 생기기 시작했으며 그와 관련된 많은 글이 발표됐다. 그중에서도 흥미로운 것은 2,000만 달러(1977년)를 들여서 컴퓨터를 만들면 하루만에 DES 알고리듬을 깰 수 있다는 위트니 디피Whitney Diffie와 마틴 헬만Martin Hellman(3장에서 설명하는 디피와 헬만의 키 교환에 등장하는 당사자다)의 예측이다.

20여 년 후인 1998년 EFFElectronic Frontier Foundation는 DES 알고리듬을 깨기 위한 DES 크랙커DES Cracker라는 전용 컴퓨터를 개발했다. EFF는 25만 달러를 들여서 26개의 전자 기판에 37,050개의 장치가 내장된 슈퍼 컴퓨터를 만든 것이다. 그 슈퍼 컴퓨터는 56시간 만에 챌린지에서 제시된 암호문을 복호화했고 1만 달러의 보상을 받았다. 사용된 방법은 2^{56}개(약 7.2경)의 가능한 키 조합에 대한 단순한 무작위 대입 공격Brute-force attack이었다. EFF는 4.5일의 실행 시간 동안 40MHz의 1,500개 마이크로칩을 통합한 하드웨어를 사용해 DES를 해독할 수 있었다. 단 하나의 마이크로칩만으로는 전체 키를 알아내는 데 38년이 걸린다.

따라서 당국에서는 새로운 대칭키 알고리듬으로 교체하기로 결정했고 그로 인해서 AES가 만들어졌다. AES를 살펴보기에 앞서 DES에 대한 몇 가지 가능한 공격에 대해서 살펴보자.

설명할 DES에 대한 공격 방법은 대부분의 대칭키 알고리듬을 공격하는 데에도 사용될 수 있다. 공격 방법에는 블록 암호에만 유효한 것이 있는 반면 스트림 암호에도 유효한 것도 있다. 두 암호화 방식의 차이점은 스트림 암호에서는 한 번에 1바이트가 암호화되지만 블록 암호에서는 ~128비트(블록)가 암호화된다는 것이다.

- **무작위 대입 공격**: 이 기본적인 공격 방법은 알려진 모든 암호화 알고리듬에 대해 수행할 수 있으며 키를 찾기 위해서 모든 가능성을 시도하는 것이다. DES의 경우, 키 길이가 56비트이기 때문에 공격자는 72,057,594,037,927,936(2^{56})가지의 키 조합을 시도하게 된다. 이는 가볍게 받아들일 수 있는 계산량이 아니지만 그럼에도 DES는 이 방법으로 1990년대 초반부터 깨졌다.

- **선형 암호 분석**linear cryptanalysis: 이는 이미 알려진 평문을 기반으로 한 통계적인 공격 방법이다. 매번 공격이 성공하리라는 보장은 없지만 대부분의 경우에는 효과가 있다. 아이디어는 알려진 입력(평문)에서 시작해서 암호화 키를 결정하는 것으로써 결과적으로 해당 키로 만들어지는 모든 출력을 조사하는 것이다.

- **차분 암호 분석**differential cryptanalysis: 이 방법은 기술적이며 DES 내부의 일부 취약점을 관찰해야 한다(다른 대칭키 알고리듬의 경우도 유사). 이 공격 방법은 선택한 평문에서 시작해 평문이나 키를 찾으려고 시도한다. 거의 알려지지 않은 알려진 일반 평문에서 시작하는 선형 암호 분석과 달리 공격자는 잘 알려진 일반적인 평문을 갖고 시작하게 된다.

마지막으로, DES의 취약점 중에는 약한 키weak key라는 것이 있다. 그런 키를 이용하면 평문을 추출할 수 있기 때문에 매우 위험하며 어떤 암호화도 수행해서는 안 된다. 또한 암호학에서는 그런 키가 잘 알려져 있기 때문에 피해야 한다.

키를 생성하는 과정에서 16번째 키까지 모두 동일하게 만들어질 때 문제가 된다.

예를 들면 다음과 같다.

- **모든 비트가 동일한 경우**: 0000000000000000 또는 1111111111111111
- **비트 값이 모두 반전되는 경우**: 010101010101 또는 1010101010101010

예로 든 네 가지 경우 모두 암호화 수행 자체가 복호화를 수행하는 결과를 낳는다. 즉 동일한 암호문에 암호화를 두 번 수행하면 원래의 평문을 얻게 된다.

3DES

앞에서도 언급했듯이 DES의 가장 큰 약점은 키의 길이가 56비트라는 것이다. 그래서 키의 길이와 라이프 사이클을 늘리는 새로운 버전의 DES 알고리듬인 **3DES**가 제안됐다.

3DES의 알고리듬 로직은 DES와 동일하다. 차이점은 3개의 다른 키를 이용해서 알고리듬을 세 번 수행한다는 것이다.

그림 2.24는 3DES의 알고리듬을 표현한 것이다.

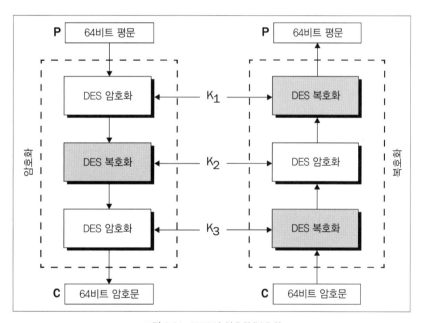

그림 2.24 3DES의 암호화/복호화

3DES의 암호화와 복호화를 어떻게 수행되는지 살펴보자.

3DES에서 암호화는 다음과 같은 순서로 수행된다.

1. 키 [K_1]과 DES 알고리듬으로 평문 블록을 암호화

2. 키 [K_2]와 DES 알고리듬으로 1번 단계의 출력을 복호화

3. 키 [K_3]과 DES 알고리듬으로 2번 단계의 출력을 암호화

3번 단계의 출력이 최종적인 암호문(C)이 된다.

3DES의 복호화

3DES의 복호화 과정은 암호화 과정을 반대로 수행하면 된다. 즉 키 [K_3]으로 복호화를 하고 키 [K_2]로 암호화를 수행하고 마지막으로 키 [K_1]으로 복호화를 수행하면 된다.

DESX

DES를 기반으로 한 알고리듬 중에서 마지막으로 살펴볼 알고리듬은 DESX다. DESX는 로널드 리베스트^{Ronald Rivest}(RSA의 동일한 공동 저자 중 한 명)가 제안한 알고리듬이며 DES의 키를 강화한 것이다.

이전과 동일하게 DES의 암호화/복호화가 동일하게 유지되며 3개의 키([K_1], [K_2], [K_3])가 사용된다.

암호화는 다음과 같은 로직으로 수행된다.

```
C = [K₃] ⊕ EK₁ ([K₂] ⊕ [M])
```

먼저 메시지 [M]과 [K_2]를 XOR 연산한다. 그리고 XOR 연산 결과를 56비트 키 [K_1]으로 DES 암호화를 수행한다. 마지막으로 암호화한 것은 키 [K_3]로 XOR 연산한다. 결과적으로 사용되는 키의 길이를 56비트에서 64 + 56 + 64 = 184비트의 가상 키로 확장시킨 효과를 얻게 된다.

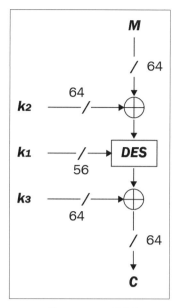

그림 2.25 DESX 암호화

DES, 3DES, DESX 알고리듬을 살펴봤으니 이제는 대칭키 알고리듬의 또 다른 기둥인 AES에 대해서 살펴보자.

⠸ AES Rijndael

Rijndael이라고도 알려진 **AES**는 암호학자 커뮤니티에서 3년 간의 테스트 기간을 거친 후 2001년 미국 표준기술연구소[NIST, National Institute of Standards and Technology]에 의해 채택됐다.

최고의 알고리듬 자리를 놓고 15개가 경쟁했으며 그중 5개가 최종 후보(MARS(IBM), RC6(RSA 연구소), Rijndael(조안 데먼(Joan Daemen)과 빈센트 라이멘(Vincent Rijmen)), Serpent(로스 앤더슨(Ross Anderson) 등), Twofish(브루스 슈나이어(Bruce Schneier) 등))로 선택됐다. 모든 후보가 매우 강력했지만 결국 Rijndael 이 최종 선택됐다.

Rijndael에 대한 첫 번째 궁금증은 이름에 관한 것이다. 과연 Rijndael을 어떻게 발음해야 할까? 그것은 난해하다. 알고리듬을 만들어 낸 두 사람의 웹페이지에서 이름을 발음하려는 사람의 국적과 모국어에 따라서 발음하는 방법 몇 가지를 확인할 수 있다.

AES는 블록 암호화 알고리듬이기 때문에 다양한 모드(ECB(DES에서 이미 살펴봤다), CBC(Cipher Block Chaining), CFB(Cypher Feedback Block), OFB(Output Feedback Block), CTR(Counter))로 동작할 수 있다. 각 모드 간의 차이점에 대해서는 살펴볼 것이다.

AES는 여러 가지 크기의 키(128비트, 192비트, 256비트)를 이용할 수 있다. NIST에서는 128비트 블록의 입력에서도 동작해야 하고 스마트 카드에서 사용되는 8비트 프로세서에서부터 일반적인 PC에서 사용되는 32비트 프로세서 모두에서 동작해야 하는 등 몇 가지 강력한 특징을 갖고 있는 알고리듬을 찾고 있었다. 또한 속도가 빠르고 견고한 특징을 필요로 했다.

나는 특정 조건(나중에 알게 되겠지만)에서는 AES가 최고의 알고리듬 중 하나라고 생각한다. 실제로 나는 **CSE**^{Crypto Search Engine}에서 AES 256을 구현하기로 결정했다. CSE에 대해서는 9장에서 살펴볼 것이며, 데이터를 암호화하고 저장하는 가상 머신^{VM, Virtual Machine} 간에 전송되는 데이터를 보호하기 위해서 AES를 채택했으며, CSE에 대해서는 9장에서 살펴볼 것이다.

AES 알고리듬

AES를 제대로 설명하려면 별도의 장이 필요하다. 여기서는 AES 알고리듬에 대한 개요만을 설명할 것이며 내 의견과 제안을 제공할 것이다. AES 알고리듬을 좀 더 자세히 알고 싶다면 NIST가 제공하는 'FIPS PUB 197'(2001년 11월 26일 발행)이라는 제목의 문서를 참고하기 바란다.

혼동을 피하기 위해서 다른 논문에서는 볼 수 없는 다른 방식으로 AES를 분석할 것이다. 그리고 기본적으로 알고리듬을 여러 단계로 세분화해서 설명하는 방식을 취할 것이다. 즉 **키 확장**^{KE, Key Expansion}과 **최초 라운드 키 생성**^{F-ARK, First Add Round Key} 단계를 거친 후 이후의 각 단계는 네 단계(SubBytes 변환, ShiftRows 변환, MixColumn, AddRoundKey)로 세분화된다. 중요한 것은 알고리듬의 체계를 이해하는 것이다. 각 라운드는 유사하게 동작하며, 128비트 키의 경우에는 10회, 192비트의 경우에는 12회, 256비트의 경우에는 14회의 라운드가 진행된다.

키 확장은 다음과 같이 동작한다.

1. 128비트의 고정 키 입력은 AES의 크기에 따라 128, 192, 256비트의 키로 확장된다.

2. 각 라운드에서 암호화를 수행하기 위한 서브키$([K_1], [K_2],...[K_n])$를 생성한다.

3. AES는 짧은 마스터 키를 일정한 수의 라운드 키로 확장하기 위해 Rijndael의 키 스케줄이라는 방법을 사용한다.

최초 라운드 키 생성은 다음과 같이 동작한다.

알고리듬은 첫 번째 키 $[K_1]$을 가져와서 AddRoundKey에 추가한다. 이때 확장된 키의 일부와 현재 블록에 대한 XOR 비트 연산을 수행한다.

라운드 R_1부터 R_{n-1}까지는 다음과 같이 동작한다.

마지막 라운드를 제외한 각 라운드는 다음과 같은 4단계의 작업을 수행한다.

1. **SB**^{SubBytes} **변환**: 이 단계는 특정 S-Box를 이용해 실행되는 비선형 단계다(S-Box가 DES에서 어떻게 적용되는지는 이미 봤다). AES S-Box는 그림 2.26에서 볼 수 있다.

2. **SR**^{ShiftRows} **변환**: 이 단계에서는 여러 라운드에서 확산을 일으키기 위해서 비트를 섞는다.

3. **MC**^{MixColumns} **변환**: 이 단계는 SR과 유사한 작업을 수행하지만 대상이 비트의 열이다.

4. **ARK**^{AddRoundKey}: 단계의 결과와 라운드 키에 대한 XOR 연산을 수행한다.

다음 그림은 16진수로 표현된 S-Box Rijndael을 보여 주고 있다.

		Y														
		0	1	2	3	4	5	6	7	8	9	a	b	c	d	e	f
X	0	63	7C	77	7B	F2	6B	6F	C5	30	01	67	2B	FE	D7	AB	76
	1	CA	82	C9	7D	FA	59	47	F0	AD	D4	A2	AF	9C	A4	72	C0
	2	B7	FD	93	26	36	3F	F7	CC	34	A5	E5	F1	71	D8	31	15
	3	04	C7	23	C3	18	96	25	9A	07	12	80	E2	EB	27	B2	75
	4	09	83	2C	1A	1B	6E	5A	A0	52	3B	D6	B3	29	E3	2F	84
	5	53	D1	00	ED	20	FC	B1	5B	6A	CB	BE	39	4A	4C	58	CF
	6	D0	EF	AA	FB	43	4D	33	85	45	F9	02	7F	50	3C	9F	A8
	7	51	A3	40	8F	92	9D	38	F5	BC	B6	DA	21	10	FF	F3	D2
	8	CD	0C	13	EC	5F	97	44	17	C4	A7	7E	3D	64	5D	19	73
	9	60	81	4F	DC	22	2A	90	88	46	EE	B8	14	DE	5E	0B	DB
	a	E0	32	3A	0A	49	06	24	5C	C2	D3	AC	62	91	95	E4	79
	b	E7	C8	37	6D	8D	D5	4E	A9	6C	56	F4	EA	65	7A	AE	08
	c	BA	78	25	2E	1C	A6	B4	C6	E8	DD	74	1F	4B	BD	8B	8A
	d	70	3E	B5	66	48	03	F6	0E	61	35	57	B9	86	C1	1D	9E
	e	E1	F8	98	11	69	D9	8E	94	9B	1E	87	E9	CE	55	28	DF
	f	8C	A1	89	0D	BF	E6	42	68	41	99	2D	0F	B0	54	BB	16

그림 2.26 S-Box Rijndael

마지막 라운드에서는 세 번째 단계(MC)를 제외한 나머지 단계들을 수행한다. 위 단계들이 **n번**(키의 크기에 따라서 다르다. 키가 256비트이면 14번의 라운드가 수행된다) 실행되면 암호문(C)이 만들어진다.

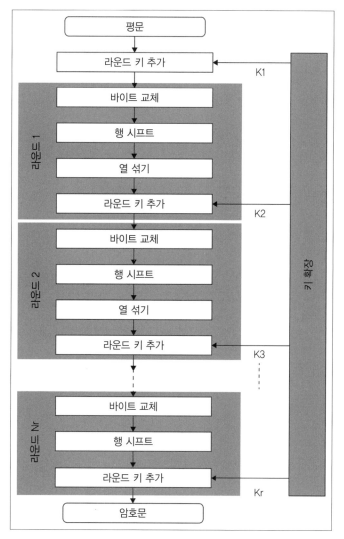

그림 2.27 AES의 암호화 수행 흐름

AES 암호화의 전체 과정을 그림 2.28과 같이 수학적인 함수로 도식화할 수 있다.

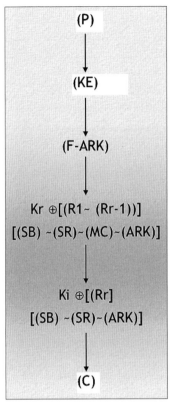

그림 2.28 수학적인 함수로 도식화한 AES의 암호화 과정

수학적으로 도식화한 내용은 다음과 같다.

- $K_r \oplus [(R_1 \sim (R_{r-1}))]$는 첫 번째 라운드부터 시작해서 마지막 라운드의 바로 전 라운드까지 각 라운드의 라운드 키, (K_r), XOR 연산을 수행하는 내부 함수 사이의 모든 수학적인 과정을 나타낸다. 그리고 [(R1~ (Rr-1))] 내부는 [(SB)~(SR)~(MC)~(ARK)] 함수로 구성된다.
- 마지막 라운드에는 MC를 수행하지 않는다.

그림 2.29를 통해서 AES의 암호화와 복호화의 전체 과정을 볼 수 있다.

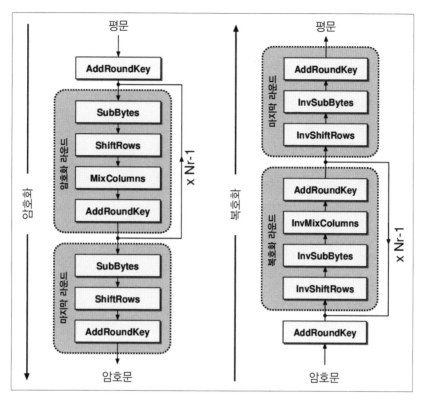

그림 2.29 AES의 암호화와 복호화 과정

AES의 암호화와 복호화 과정을 살펴봤으니 이제는 AES에 대한 공격과 취약점에 대해서 분석해보자.

AES에 대한 공격과 취약점

NSA와 NIST의 문서에서는 알려진 모든 공격에 대해 AES가 안전하다고 여겼다.

하지만 AES에는 취약점이 있다. 사실 구현할 수 있는 모든 시스템에는 취약점이 존재한다.

NIST 문서에는 각 후보 알고리듬은 128, 192, 256비트 크기의 키를 지원해야 한다고 언급돼 있다. 만일 키의 크기가 128비트라면 가능한 키 값의 조합은 340,000,000,000,000,000,000,000,000,000,000,000,000개(340뒤에 0이 36개)가 된다.

AES 알고리듬이 이론적으로 안전하다고 할지라도 세상에 있는 가능한 모든 무차별 대입 공격(9장에서 설명하는 AES에 대한 분석을 통해서 알게될 것이다)을 이용한다면 어떤 알고리듬이든 깨지지 않을 수 없다. 구현 단계에서 취약점이 발견되는 것은 일반적이다. 예를 들어 ECB 모드로 AES를 구현하면 어떤 일이 발생하는지 주의를 기울여서 볼 필요가 있다. ECB 모드는 이미 DES에서 살펴봤다. ECB 모드에서는 평문을 블록으로 나누고, 나뉜 각 평문 블록 P를 암호화해서 암호문 C를 만든다.

```
C = Encr (P)
```

그림 2.30에서 ECB 모드의 암호화 흐름을 볼 수 있다.

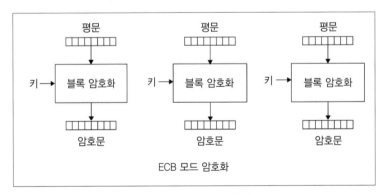

그림 2.30 ECB 모드 암호화

그림 2.30에서 볼 수 있듯이 AES가 ECB 모드로 구현된 경우 중간에(원본과 다른 모드로 암호화된 사이) 심각한 문제가 있을 수 있다. 예를 들어 체르비노^{Cervino} 산의 이미지를 ECB 모드로 암호화한다면 암호화됐음에도 불구하고 내용을 식별하는 것이 가능하다.

원본 사진   ECB 모드로 암호화   다른 모드로 암호화

그림 2.31 체르비노 산의 원본 사진, ECB 모드로 암호화된 이미지, 다른 모드로 암호화된 이미지

즉 ECB 블록 모드는 세 번째 이미지(다른 블록 모드로 암호화)처럼 원본을 알 수 없게 만드는 암호화 효과가 없다.

ECB 모드에 대한 또 다른 공격으로는 **블록-리플라이**^{block-reply}라는 것이 있다. 이는 평문-암호문 쌍을 알고 있다면 키를 알지 못하더라도 누군가가 암호문을 반복적으로 재전송할 수 있다는 것이다.

크리스토퍼 스웬슨^{Christopher Swenson}의 책인 『Modern Cryptanalysis(현대 암호 분석)』(Wiley, 2008)에는 ECB 모드에 대한 흥미로운 예제가 나온다. 공격자인 이브^{Eve}가 정보 교환 단계에서 밥과 앨리스를 속이기 위해서 알려진 평문에 대한 암호문을 재전송할 수 있다.

ECB 공격과 관련해서 다음과 같은 가상의 시나리오를 생각해보자.

앨리스는 은행 계좌를 갖고 있고 돈을 인출하기 위해서 ATM으로 간다. ATM을 통한 앨리스와 은행 간의 통신은 AES/ECB 모드로 암호화된다고 가정하자.

앨리스와 은행 간의 메시지는 다음과 같이 암호화(키 [K])된다.

1. ATM: [K]로 메시지 내용(이름: 앨리스 스미스, 계좌 번호: 12345, 금액: $200)을 암호화

2. 다음과 같은 형태로 메시지에 대한 AES 암호화를 수행

```
CF  A3  1C  F4  67  T3  2D  M9......
```

3. 은행은 해당 계좌를 확인한 후 [OK]를 전송

만일 이브가 통신을 감청해서 암호화된 메시지를 가로챈다면 앨리스의 계좌에 있는 돈이 모두 없어질 때까지 동일한 작업을 여러 번 반복할 수 있다. 은행 입장에서는 앨리스가 ATM 출금을 여러 번 반복하고 있다고 생각해서 이 공격에 대한 아무런 조치도 취하지 않을 것이다. 결국 피해자(앨리스)는 자신의 계좌에 있는 돈을 모두 잃게 될 것이다. 이 공격은 이브가 복사한 동일한 메시지를 여러 번 보낼 수 있기 때문에 가능하다. 암호화 세션마다 매번 키 [K]를 변경하지 않기 때문에 이브의 공격이 성공하게 되는 것이다. 이 공격에 대한 효과적인 해결책은 세션마다 서로 다른 암호화 알고리듬을 적용하고 대칭키 암호화 알고리듬을 사용하지 않는 것이다. 또 다른 방법으로는 AES의 다른 암호화 모드 중 하나인 CBC를 사용하는 것이다.

CBC는 이전 블록의 값을 기반으로 출력을 만들어 내는 블록 암호화를 수행한다.

9장에서 설명하는 CSE가 AES 암호화를 CBC 모드로 구현하기 때문에 CBC 모드에 대해서는 9장에서 설명할 것이다.

여기서는 CBC 모드가 어떻게 동작하는지에 대해서만 알아볼 것이다.

CBC 모드는 평문을 64비트 블록으로 나눠서 64비트 암호문 블록을 만들고 초기화 벡터(IV, Initialization Vector)를 이용한다. 기본적으로 IV는 블록을 계산하기 위해 일반 텍스트에 XOR 연산을 수행하는 난수(때로는 솔트라고도 함)다.

다음 사항만 기억하자.

- E = Encryption(암호화)

- D = Decryption(복호화)

- C = Ciphertext(암호문)

CBC 모드의 암호화:

1. 초기화 벡터 IV를 만들고 그것을 평문의 첫 번째 블록 P_0와 XOR 연산한 결과를 암호화해서 C_0를 만든다.

   $C_0 = E (P_0 \oplus IV)$

2. 이어지는 평문 블록에 대해서는 바로 전 단계에서 암호화된 블록과 평문 블록을 XOR 연산하고 그 결과를 암호화한다.

   $C_i = E (P_i \oplus C_{i-1})$

CBC 모드의 복호화:

1. 평문 블록 P_0를 얻기 위해서 첫 번째 암호화된 블록 C_0를 복호화한 다음 초기화 벡터 IV와 XOR 연산한다.

   $P_0 = D (C_0) \oplus IV$

2. 다른 평문 블록 P_i를 얻기 위해서 암호화된 블록 C_i를 복호화하고 그것을 바로 전단계의 암호화 블록 C_{i-1}과 XOR 연산한다.

   $P_i = D (C_i) \oplus C_{i-1}$

그림 2.32는 CBC 모드 암호화 과정을 보여 준다.

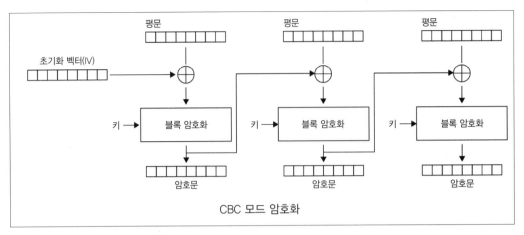

그림 2.32 CBC 모드 암호화

AES는 2009년까지는 견고한 대칭키 알고리듬이었다. 그때까지는 사이드 채널 공격(또는 부채널 공격) 이외에는 AES에 대한 공격이 성공한 적이 없었다. 사이드 채널 공격은 대부분 특정 애플리케이션에서 AES를 구현하는 것과 밀접한 관련이 있다.

다음은 사이드 채널 공격의 종류를 설명한 것이다.

- **캐시 공격**: 일반적으로 정보 중 일부는 메모리 캐시(컴퓨터에서 일종의 2차 메모리)에 저장된다. 공격자가 원격에서 캐시 메모리에 접근해서 모니터링한다면 키나 평문이 탈취될 수 있다. 이를 방지하려면 메모리 캐시를 깨끗하게 유지해야 한다.

- **타이밍 공격**: 타이밍과 파라미터 값 간의 상관관계를 기반으로 암호화를 수행하는 시간을 악용하는 방법이다. 공격자가 메시지의 일부 또는 키의 일부를 알고 있다면 실제 암호화 실행 시간과 모델링된 실행 시간을 비교할 수 있다. 본질적으로 이것은 논리적 공격이라기보다는 잘못된 코드 구현에 대한 물리적 공격이라고 할 수 있다. 어쨌든 이 공격은 AES뿐만 아니라 RSA, D-H 등 파라미터들의 상관관계에 의존하는 다른 알고리듬에서도 언급된다.

- **전력 모니터링 공격**: 타이밍 공격과 마찬가지로 하드웨어 구현에 내재된 잠재적인 취약점이 있을 수 있다. 아두이노^Arduino 우노^Uno에 구현된 AES 128비트의 전력 소비 상관관계와 관련된 다음 링크에서 흥미로운 공격 실험을 찾을 수 있다. 즉 알고

리듬의 ARK와 SB 함수에 대한 장치의 전력 소비를 모니터링해서 16바이트 암호키를 얻는 공격이다. 하드웨어를 사랑하는 독자라면 이 공격 방법에 흥미를 느낄 것이다.

https://www.tandfonline.com/doi/full/10.1080/23742917.2016.1231523

- **전자기 공격**: 이는 알고리듬의 구현에 대한 또 다른 형태의 공격이다. 안테나에서 방출되는 방사선을 오실로스코프로 측정하는 FPGA에 대한 공격 시도가 있었다.

마지막으로 AES의 진짜 문제는 키 교환이다. AES는 대칭키 알고리듬이기 때문에 앨리스와 밥은 필요한 암복호를 수행하기 위해서 키를 공유해야만 한다. AES의 몇 가지 애플리케이션이 키 교환 없이 구현될 수 있다고 하더라도 대부분의 경우에는 키 전송을 위해서 비대칭키 알고리듬을 필요로 한다. 이에 대해서는 비대칭키 암호화를 설명하는 3장에서 좀 더 잘 이해하게 될 것이다. 또한 9장에서 CSE를 설명할 때 키 교환이 필요하지 않은 애플리케이션을 보게 될 것이다.

⁑ 요약

2장에서는 대칭키 암호화 알고리듬에 대해서 살펴봤다. 대칭키 암호화와 KE, S-Box를 이용하는 데 필요한 부울 연산에 대해서도 알아봤다. 그리고 Simple DES, DES, 3DES, DESX가 어떻게 동작하고 어떤 취약점과 공격 방법이 있는지에 대해서도 자세히 설명했다.

그다음에는 AES(Rijndael)의 구현 부분과 알고리듬을 튼튼하게 만들기 위한 각 단계의 로직에 대해서도 분석해봤다. AES에 대한 공격 및 취약점과 관련해 ECB 모드와 CBC 모드의 차이점이 블록 암호 알고리듬을 어떻게 취약하게 만드는지도 이해했다.

마지막으로 대부분의 암호화 알고리듬에 유효하면서 잘 알려진 사이드 채널 공격에 대해서도 살펴봤다.

이제는 대칭키 암호화 알고리듬의 구현 방법과 그 특성에 대해서 익숙해졌을 것이다. 9장에서는 클라우드에서 암호화된 파일을 전송하기 위한 알고리듬 중 하나로 AES를 채택한 CSE에 대해서 설명할 것이다. 대칭키 암호화의 기본적인 내용을 배웠으므로 이제는 비대칭키 암호화에 대해서 알아볼 차례다.

03

비대칭키 암호화

비대칭키 암호화는 서로 다른 키 쌍을 사용해서 메시지를 암호화하고 복호화하는 것을 의미한다. 비대칭키 암호화의 동의어는 공개키/개인키 암호화이지만 비대칭키 암호화와 공개키/개인키 암호화 사이에는 몇 가지 차이점이 존재한다. 이에 대해서는 이후에 살펴볼 것이다. 이 혁신적인 암호화/복호화 방법에 대한 간략한 역사를 시작으로 다양한 유형의 비대칭키 알고리듬과 그런 알고리듬이 신용 카드나 ID, 데이터를 보호하는데 어떻게 도움이 되는지 살펴볼 것이다.

3장에서는 다음과 같은 내용을 다룬다.

- 공개키/개인키 암호화와 비대칭키 암호화
- 디피–헬만D-H, Diffie-Hellman 키 교환과 관련된 중간자man-in-the-middle 문제
- RSA와 국제적인 보안 위협에 대한 흥미로운 애플리케이션
- RSA에 대한 전통적이거나 비전통적인 공격 소개
- PGPPretty Good Privacy

- ElGamal과 그것의 잠재적인 취약점

그럼, 시작해보자!

⠿ 비대칭키 암호화

개인키/공개키 암호화의 가장 중요한 기능은 두 당사자 간의 키 교환이며 그것을 바탕으로 안전한 정보 처리를 제공하는 것이다.

비대칭키 암호화를 완전히 이해하려면 그 배경을 먼저 이해해야 한다. 이와 같은 종류의 암호화는 일상생활에서 특히 중요한 역할을 한다. 신용 카드와 온라인 계좌 정보와 같은 금융 비밀 정보를 보호하고 비밀번호를 생성하거나 민감한 데이터를 다른 사람에게 안전하게 공유하고 개인 정보를 보호하는 데 사용된다. 이와 같이 매혹적인 암호화 알고리듬의 역사에 대해서 조금 더 알아보자.

비대칭 암호화의 이야기는 1970년대 후반에 시작됐지만 인터넷과 디지털 경제의 출현으로 가정에 컴퓨터가 도입되기 시작한 1980년대에 더욱 발전했다. 1970년대 후반과 1980년대는 스티브 잡스Steve Jobs가 애플Apple을 설립한 시기이며 미국과 소련 사이의 냉전시대였다. 또한 이탈리아, 프랑스, 독일과 같은 많은 서방 국가가 경제적인 호황을 누리는 시기이기도 했다. 그리고 마침내 인터넷이 도래한 시기였다. 미국 동맹국과 소련 동맹국이 서부와 동부 진영으로 나뉘어 대결하고 있었으며, 분단된 도시 베를린에 거점을 둔 두 진영의 적대적인 첩보 네트워크가 만들어졌다. 그 당시 대칭키 암호화에서 사용되는 키 전송을 담당하던 미국 정부의 **통신 보안국**COMSEC, COMmunications SECurity에서는 매일 수많은 키를 전송하고 있었다. 그리고 그런 문제적인 상황은 한계점에 도달했다. 예를 들어 DES 알고리듬을 사용하던 1970년대에 은행은 택배로 키를 직접 전달했다. 미국의 **국가 안전보장국**NSA, National Security Agency는 세계 최고의 컴퓨팅 리소스를 이용할 수 있음에도 불구하고 키 배포 문제로 많은 어려움을 겪었다. 키 배포 문제는 미래의 문제를 관리하고 중단점 실패를 방지하기 위해 만들어진 또 다른 강력한 기관인 랜드RAND와 같이 세계의 미래와 관련된 어려운 문제를 해결하는 데 전념하는 대기업조차도 해결할 수 없는 것처럼 보였다. 경우에 따라서는 문제를 해결할 수 있는 다른 방법은 따로 있다. 비대칭키 암호화의 경우 얼핏 보기에는 많은 정부 자금과 무한한 계산 능력을 갖고 있는 슈퍼컴퓨터라면 쉽게 풀 수 있다고 생각되지만 실상은 그렇지 않았다.

이제 비대칭키 암호화가 해결하는 주요 문제인 키 교환(RSA 알고리듬에서 이 문제가 메시지의 직접 전송 문제로 변환되는 것을 볼 수 있을 것이다)에 대해서 살펴봤으니 이 암호화 분야의 역사에 등장하는 개척자들에 대해서 자세히 살펴보자.

개척자들

암호 전문가는 종종 이상한 사람처럼 보일 수 있다. 때로는 내향적으로 때로는 외향적으로 보인다. 정부나 대기업에 고용되지 않고 활동하는 독립적인 자유 사상가인 횟필드 디피Whitfield Diffie가 그런 경우라고 할 수 있다. 나는 디피가 그의 유명한 동료인 마틴 헬만Martin Hellmann과 로널드 리베스트Ronald Rivest와 암호학에 대해서 논의하고 있던 2016년 샌프란시스코의 콘퍼런스에서 그를 만났다. 인상 깊었던 것 중 하나는 큰 키와 긴 흰머리와 수염 그리고 우아한 흰옷차림이었다. 그는 여전히 1960년대의 젊은이처럼 보였으며 동시에 월스트리트 증권 거래소의 에이전트나 인도의 성자처럼 보이기도 했다. 그는 현대 암호학의 아버지 중 한 사람이며 그의 이름은 공개키/개인키 암호화의 역사에 영원히 각인될 것이다. 디피는 1944년에 태어났으며 1965년 보스턴의 매사추세츠 공과대학MIT, Massachusetts Institute of Technology을 졸업했다. 졸업 후 그는 사이버 보안 분야에서 일했으며 이후 1970년대의 가장 저명하고 독립적인 암호학자 중 한 명이 됐다. 그는 1960년대와 1970년대의 뉴 웨이브new wave 공상 과학 운동을 기리기 위해서 인공두뇌, 인공지능 그리고 하류 생활과 첨단 기술의 결합에 초점을 맞추는 경향이 있는 디스토피아적 미래주의와 결합된 해커 문화인 사이버펑크cyberpunk로 묘사돼 왔다.

1960년대에 미 국방부는 ARPA라고도 불리는 DARPADefense Advanced Research Projects Agency라는 통신 분야의 새로운 연구 프로그램에 자금을 지원하기 시작했다. ARPA 프로젝트의 주요 목표는 통신에 있어서 보다 탄력적인 보안 등급을 만들어서 군용 컴퓨터를 연결하는 것이었다. 이 프로젝트는 핵 공격이 발생할 경우 통신이 두절되는 것을 방지하기 위한 것이었지만 해당 네트워크를 이용해서 과학자들 간에 정보를 전송하고 네트워크에 연결된 컴퓨터의 가용 리소스를 활용해 계산을 수행할 수 있었다. ARPANET^Advanced Research Projects Agency Network^은 단 4개의 사이트를 연결한 상태로 1969년에 공식적으로 시작됐으며 1982년에는 인터넷을 탄생시켰을 정도로 빠르게 성장했다. 1980년대 말에는 많은 일반 사용자가 인터넷에 연결됐고 그 이후 그 수가 폭발적으로 증가했다.

ARPANET이 성장하는 동안 디피는 언젠가는 모든 사람이 컴퓨터를 갖고 전자 메일을 주고받을 것이라고 생각하기 시작했다. 그는 또한 인터넷을 통해 상품을 판매할 수 있고 실제 현금 대신 신용 카드가 이용되는 세상을 상상했다. 그는 개인 정보 보호와 데이터 보안이 매우 중요하다고 생각했고, 그로 인해 케이블의 반대편에 있는 사람이 누구인지 전혀 모른 채 서로 의사소통하는 방법에 대해서 집착하게 됐다. 일반 대중이 정보를 숨기고 다른 사람과 비밀을 공유하는 데 데이터를 암호화하기 시작했고, 따라서 매우 중요한 정보를 보낼 때는 메시지와 문서를 암호화하는 경우가 많았다. 즉 암호화가 보편화되기 시작한 시기였으며, 그것은 비단 군대나 정부, 학계에 국한되지 않았다.

해결해야 할 주요 문제는 2명의 완벽히 낯선 사람이 인터넷을 통해 만났을 때 공유할 문서 자체를 제외하고 추가적인 정보 교환 없이 공유할 문서를 어떻게 암호화/복호화할 것인가다. 이는 간단히 말해서 키 교환 문제다.

1974년 어느 날 디피는 IBM의 토마스 왓슨^Thomas Watson^ 연구소에서의 강연을 요청받았다. 그는 키 분배 문제를 공격하기 위한 다양한 전략에 대해 이야기했지만 그것을 들은 사람들은 그의 솔루션에 대해 매우 회의적이었다. 그의 생각에 동의한 사람은 단 한 명이었다. 그는 IBM의 수석 암호학자였으며 최근 스탠퍼드 대학^Stanford University^의 교수가 연구소를 방문했을 때 동일한 문제에 대한 유사한 생각을 갖고 있었다고 언급했다. 그 교수가 바로 마틴 헬만이다.

디피는 너무 열성적이어서 같은 날 저녁에 헬만 교수를 만나기 위해 미국 반대편에 있는 캘리포니아 팔로알토^Palo Alto^로 차를 몰고 갔다. 디피와 헬만 간의 협업은 암호학 분야에서 가장 아름답고 유명한 알고리듬 중 하나인 **디피-헬만 키 교환**^Diffie-Hellman Key Exchange^ 알고리듬을 만들어 냈다.

다음 절에서는 이 선구적인 알고리듬을 분석해볼 것이다.

⠿ 디피-헬만 알고리듬

디피-헬만^{D-H, Diffie-Hellman} 알고리듬을 이해하기 위해서 이른바 사고 실험^{thought experiments}이나 아인슈타인^{Einstein}이 자주 사용한 이론의 정신적 표현^{mental representation}에 의존할 수 있다.

사고 실험은 문제에 직면하게 되는 순수한 이론적인 방법보다 더 실제적인 상황으로 정신적으로 자신을 옮기는 가상의 시나리오다. 예를 들어 아인슈타인은 상대성 이론을 설명하기 위해 매우 유명한 사고 실험을 사용했다. 그는 기차 내부와 외부의 다양한 위치에서 관찰하는 움직이는 기차에 대한 은유를 사용했다.

이 책에서 이처럼 정신적 비유 표현을 종종 사용할 것이다.

앨리스와 밥은 (종이로) 메시지를 교환하고 싶지만 도시의 주요 우체국에서 모든 편지의 내용을 검사한다고 가정해보자. 그래서 앨리스와 밥은 편지의 내용을 숨긴 채 비밀리에 편지를 보내기 위해서 여러 가지 방법을 모색했다. 예를 들면, 금속 상자에 암호화 키를 넣고 그것을 밥에게 보내는 것이다. 하지만 밥은 상자를 열 수 있는 열쇠가 없어서 앨리스는 열쇠를 주기 위해서 먼저 어딘가에서 밥과 만나야 했다. 여전히 키 교환 문제가 되풀이된 것이다.

수많은 시도 끝에 이 문제를 해결할 논리적 해결책에 도달하는 것이 불가능해 보였지만 마침내 어느 날 디피와 헬만의 지원으로 해결책을 찾았다.

앨리스와 밥이 키를 교환하기 위해서 무엇을 해야 하는지 살펴보자.

- **1단계**: 앨리스는 금속 상자에 비밀 메시지를 넣고 철제 자물쇠로 잠근 다음 그것을 밥에게 보내지만 열쇠는 자신이 갖고 있다. 즉 앨리스가 상자를 열쇠로 잠근 다음 그 열쇠를 밥에게 주지 않는다는 것을 기억하기 바란다.

- **2단계**: 밥은 자신의 개인 열쇠로 상자를 한 번 더 잠그고 상자를 앨리스에게 다시 보낸다. 밥은 상자를 처음 받았을 때 그것을 열지 못하고 상자에 자물쇠를 하나 더 추가했을 뿐이다.

- **3단계:** 앨리스가 상자를 두 번째로 받았을 때 상자는 밥의 열쇠로 추가적으로 안전하게 잠겨 있는 상태이기 때문에 그녀는 자신의 열쇠로 자신이 잠근 자물쇠를 열어도 된다. 그리고 상자를 마지막으로 밥에게 보낸다. 메시지는 항상 상자 안에 있다는 것을 기억하기 바라며, 현재 상자는 밥의 열쇠로만 잠겨진 상태다.

- **4단계:** 밥은 상자를 받았을 때 그것은 자신의 열쇠로 잠근 자물쇠만 달려 있기 때문에 상자를 열 수 있다. 마지막으로 밥은 상자 안에 포함된 메시지의 내용을 읽는다.

앨리스와 밥은 자물쇠 키를 교환하기 위해 서로 만나지 않았다. 이 예에서 상자는 앨리스에서 밥으로 두 번 전달됐지만 실제 알고리듬에서는 그렇지 않다.

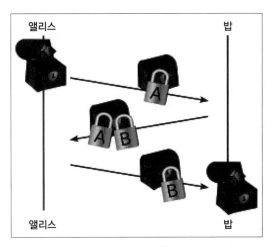

그림 3.1 앨리스와 밥 예제를 이용한 D-H 알고리듬

앨리스와 밥의 예제는 실제 알고리듬과 일치하지는 않지만 키 교환 문제라는 전혀 풀리지 않을 것처럼 보이는 문제에 대한 현실적인 해결책을 제공했다.

이제는 이 실용적인 논증을 논리적-수학적 표현으로 옮길 차례다.

먼저, 유한체에서 수행되는 연산의 몇 가지 속성을 활용하는 모듈러 연산을 살펴볼 것이다.

이산 로그

나는 독자를 혼란스럽게 만들거나 책이 무거운 수학적 논문으로 채워지길 바라지 않기 때문에 과도한 표기법을 사용하지 않고 암호화의 기반을 제공하는 수학을 설명하려고 노력할 것이다.

유한체$^{finite\ field}$에서 정수 (n)에 대한 유한 그룹을 (Zn)이라고 하자. 정수 유한 그룹은 표준 정수 연산과 같은 수학 법칙이 모두 동일하게 적용된다. 여기에서 (modulo n)이라는 유한체에 대해서 논하고 있기 때문에 모듈러 연산을 포함한 몇 가지 중요한 문제를 고려해야 한다. 2장에서 봤듯이 모듈러^{modular} 연산을 한다는 것은 집합의 끝에 도달할 때마다 첫 번째 수로 다시 래핑^{wrapping}된다는 것을 의미한다. 이는 마치 시계가 12시에 도달하면 다시 1부터 시작한다는 것과 같다.

본질적으로 유한체에는 연산 결과와 숫자가 반복되는 숫자 구간이 있음을 기억하기 바란다. 예를 들어 7개의 정수 집합 {0, 1, 2, 3, 4, 5, 6}이 있다면 그것을 (Z7)으로 표현하고 이 유한체 내에서 수행되는 모든 연산은 집합의 내부 값으로 다시 매핑된다.

다음은 덧셈과 곱셈의 유한체$^{(Z7,\ +,\ ×)}$ 내 연산의 간단한 예다. 모든 연산 (modulo 7)의 결과는 다시 유한체 Z7의 내부 값이 된다. 연결의 결과가 7을 초과할 때마다 0으로 다시 변경되기 때문이다.

```
1 x 1 ≡ 1 (mod 7)
2 x 4 ≡ 1 (mod 7)
3 + 5 ≡ 1 (mod 7)
3 x 5 ≡ 1 (mod 7)
```

따라서 초등학교에서 배운 = 표기법이 ≡과 동일하다고 생각하자. 그리고 modulo 3 유한 필드에서는 2 + 2 = 4가 올바르지 않다.

```
2 + 2 ≡ 1 (mod 3)
```

고등학교 수학에서 [log a(z)] 로그는 (a)가 밑수가 되는 함수라는 것을 기억하기 바란다. 우리는 수 (z)를 얻기 위해 (a)의 지수를 결정해야 한다. 예를 들어 a = 10이고 z = 100이면 로그의 값은 2가 되며 로그 10의 100은 2라고 한다. 매스매티카^{Mathematica}를 사용해 로그를 계산하는 경우에는 Log[10, 100] = 2처럼 다른 표기법을 사용해야 한다. 일반적인 로그를 사용하면 더 복잡해지기 때문에 이산 로그를 사용하기 시작했다.

다음과 같은 식을 풀어야 한다고 생각해보자.

```
a^[x] ≡ b (mod p)
```

이는 이산 로그(이산 대수) 문제로서 (a)와 (b)의 값을 알고 있더라도 [x]를 알아내는 효율적인 알고리듬이 없기 때문에 매우 어렵다.

NOTE

> 대괄호를 사용해 [x]가 비밀이라고 표현했다. 기술적으로 [x]는 이산 거듭제곱이지만 이산 로그와 이산 거듭제곱을 찾는 문제는 계산상의 어려움이 동일하다.

이제는 좀 더 자세히 살펴보기 위해서 다음을 계산해보자.

```
2^4 ≡ (x) (mod 13)
```

먼저 2^4 = 16을 계산하고 16을 13으로 나누면 몫은 1이고 나머지는 3이 된다. 따라서 x = 3이다.

이산 로그는 단순한 역 연산이다.

```
2^[y] ≡ (x) (mod 13)
```

이 경우에는 2를 알고 있는 상태에서 [y]를 알아내야 한다. (x)를 만드는 [y]가 무한히 많다는 것을 증명하는 것이 가능하다.

앞의 예제를 적용해보면 다음과 같다.

```
2^[y] ≡ 3 (mod 13)
```

위 식을 만족하는 y 중 하나는 4다. 하지만 그것만 존재하는 것이 아니다.

모든 정수 (n)에 대해서 결과 3을 만족하는 [y]는 다음과 같은 식으로 구할 수 있다.

```
[y] = [y + (p-1)*n]
```

n = 1인 경우를 계산해보자.

```
2^[4+(13-1)*1] ≡ 2^16 (mod 13)
2^16 ≡ 3 (mod 13)
```

n = 2인 경우도 마찬가지다.

```
2^[4 +(13-1)*2] ≡ 2^28 (mod 13)
2^28 ≡ 3 (mod 13)
```

따라서 모든 정수 n (n ≥ 0)에 대해서 위 식을 만족하는 해는 무한히 많다.

```
[y] ≡ 2^[4 + 12 n] (mod 13)
```

다항식 시간에 이산 로그 문제를 푸는 방법은 아직 없다. 따라서 공격자가 많은 계산 능력을 갖고 있더라도 수학적으로(암호학에서도 마찬가지) 이산 로그 문제는 해결하기가 매우 어려운 것으로 간주된다.

마지막으로 (g)가 전체 그룹(Zp)을 생성한다고 말할 때 (g)를 생성자라고 하며, (p)가 소수라면 (g)는 1과 p-1 사이의 어떤 값도 될 수 있다.

D-H 알고리듬 설명

D-H는 정확히 비대칭키 암호화 알고리듬은 아니지만 공개키/개인키 알고리듬으로 정의될 수 있다. 비대칭키 암호화 알고리듬과 공개키/개인키 알고리듬 간의 차이는 형식적인 면에서뿐만 아니라 상당한 차이가 있다. 둘 간의 차이에 대해서는 이후에 비대칭키 암호화 알고리듬인 RSA를 설명할 때 이해할 수 있을 것이다. D-H를 통해서 메시지 [M]을 대칭키 암호화할 수 있는 공유키를 얻게 된다.

대칭키 알고리듬으로 수행되는 암호화는 D-H에 의한 공유키 전송과 결합돼 암호문 C를 만들게 된다.

```
대칭키 알고리듬 E((D-H[k]), M) = C
```

즉 D-H 알고리듬으로 공유 비밀키 [k]를 만들고 그것을 이용해서 메시지 [M]을 AES나 다른 대칭키 알고리듬으로 암호화를 수행한다.

따라서 D-H는 메시지를 직접 암호화하는 알고리듬은 아니다. 단지 두 당사자 간에 공유되는 키를 결정할 뿐이다. 다음 단락에서 보겠지만 이것이 중요한 점이다.

이산 필드상에서 이산 로그 문제를 적용해서 키를 공유할 때 공격자로부터 키를 보호하기 위해서 디피와 헬만은 암호학에서 가장 강력하고 유명한 알고리듬 하나를 구현했다.

D-H 알고리듬의 동작 방식은 다음과 같다.

- **1단계:** 앨리스와 밥은 먼저 파라미터(링(Ring)에서의 생성자 (g), 소수, p (mod p))를 합의한다.

- **2단계:** 앨리스는 비밀 값 [a]를 선택하고 밥은 비밀 값 [b]를 선택한다. 앨리스는 $A \equiv g^a \pmod p$를 계산하고 밥은 $B \equiv g^b \pmod p$를 계산한다.

- **3단계:** 앨리스는 (A)를 밥에게 전달하고 밥은 (B)를 앨리스에게 전달한다.

- **4단계:** 앨리스는 $ka \equiv B^a \pmod p$를 계산하고 밥은 $kb \equiv A^b \pmod p$를 계산한다. [ka = kb]이기 때문에 결국 앨리스와 밥은 공유키를 갖게 된다.

다음은 알고리듬에 실제로 수치를 적용해 본 예다.

- **1단계**: 앨리스와 밥은 먼저 파라미터(g = 7, (mod 11))를 합의한다.

- **2단계**: 앨리스는 비밀 값으로 (3)을 선택하고 밥은 (6)을 선택한다. 앨리스는 7^3 (mod 11) ≡ 2를 계산하고 밥은 7^6 (mod 11) ≡ 4를 계산한다.

- **3단계**: 앨리스는 (2)를 밥에게 전달하고 밥은 (4)를 앨리스에게 전달한다.

- **4단계**: 앨리스는 4^3 (mod 11) ≡ 9를 계산하고 밥은 2^6 (mod 11) ≡ 9를 계산한다.

결국 [9]가 앨리스와 밥 간의 공유 비밀키 [k]가 된다.

알고리듬 분석

알고리듬의 2단계에서 앨리스는 A ≡ g^a (mod p)를 계산하고 밥은 B ≡ g^b (mod p)를 계산한다. 그리고 앨리스와 밥은 단방향 함수의 결과인 공개 파라미터 (A)와 (B)를 교환한다. 공개 파라미터인 (A)에서 비밀 값 [a]를 계산해 내는 것이 불가능하기 때문에 단방향 함수라고 부른다((B)에서 [b]를 계산하는 것 또한 불가능하다. 이산 로그 절 참고).

모듈러 제곱 연산의 또 다른 특징은 다음과 같이 B^a 및 A^b(mod p)를 작성할 수 있다는 것이다.

```
B^a ≡ (g^b)^a (mod p)
A^b ≡ (g^a)^b (mod p)
```

그리고 모듈러 연산의 지수는 다음과 같은 속성을 갖는다.

```
g^(b*a) ≡ g^(a*b) (mod p)
```

예를 들면 다음과 같은 수학적인 트릭을 D-H 알고리듬이 이용하는 것이다.

- **앨리스**: (7^6)^3 ≡ 7^(6*3) ≡ 9 (mod 11)

- 밥: (7^3)^6 ≡ 7^(3*6) ≡ 9 (mod 11)

이제 알고리듬을 이해했으므로 알고리듬의 결함과 잠재적인 공격 방법에 대해서 알아보자.

D-H 알고리듬에 대한 공격 및 암호 분석

D-H 알고리듬에 대한 가장 일반적인 공격은 **중간자**(MiM, Man-in-the-Middle) 공격이다.

중간자 공격은 공격자가 통신 채널에 침투해서 발신자와 수신자 간의 통신을 감시, 차단 또는 변경하는 공격 방법이다. 일반적으로 공격은 대화 당사자 2명 중 1명인 것처럼 가장(이브)해서 수행된다.

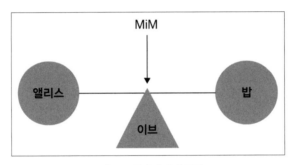

그림 3.2 중간자(이브) 공격

D-H 알고리듬의 3단계에서 앨리스와 밥은 공개 파라미터 (A)와 (B)를 교환한다.

즉 앨리스는 밥에게 (A)를 전달하고 밥은 앨리스에게 (B)를 전달한다.

이제 이브(공격자)는 앨리스로 가장해서 통신에 간섭한다.

MiM 공격은 다음과 같이 이뤄진다.

- **3단계**: 앨리스는 밥에게 (A)를 전달하고 밥은 앨리스에게 (B)를 전달한다.

- **이때 MiM 공격이 수행된다**: 이브는 밥에게 (E)를 전달하고 밥은 이브에게 (B)를 전달한다.

그리고 앨리스는 그대로 A ≡ g^a (mod p)를 계산하고 밥은 B ≡ g^b (mod p)를 계산하게 된다. 일반적인 산술 연산이 아니라 유한 필드에서의 연산이라는 점이 중요하다.

이산 로그에 대한 공격 중에서 가장 유명한 공격 중 하나인 생일 공격이라는 것도 있다. 한 집단에서 적어도 2명의 생일이 같다면 순환 그룹으로 생각할 수 있고 순환 그룹에서 이산 로그 문제를 풀기 위한 동일한 값(충돌)을 찾는 것이 가능하다는 것을 이용한다.

> **NOTE**
>
> 여기서 (E)는 암호화가 아니라 이브의 개인키로 생성된 공개 파라미터를 의미한다.

알고리듬의 마지막 부분까지 진행되면 MiM 공격은 효과를 발휘하기 시작한다.

앨리스와 밥이 D-H를 사용해 다음과 같은 메시지를 암호화하기 위한 공유키를 만든다고 가정해보자.

앨리스의 메시지: 밥, $10,000.00를 내 계좌 번호 1234567로 송금해 줘.

밥과 이브(앨리스로 가장한 공격자)가 공개 파라미터를 교환하는 3단계 이후 이브는 앨리스의 메시지를 가로채서 내용을 수정하고 그것을 공유키로 암호화한 다음 밥에게 전달한다.

이브가 전달한 암호화된 메시지가 bu3fb3440r3nrunfjr3umi4gj57*je라고 가정하자.

밥은 암호화된 메시지(앨리스가 보낸 것이라고 생각)를 받아서 D-H 공유키로 복호화한다.

이브는 MiM 공격 이후 메시지를 다음과 같이 변경했다.

이브의 메시지: 밥, $10,000.00를 내 계좌 번호 3217654로 송금해 줘.

눈치챘겠지만, 변경된 계좌 번호는 이브의 것이다. 이는 상당히 파괴적인 공격이 될 수 있다.

그렇다면 밥은 3단계에게 전달받은 (A)가 앨리스가 보낸 것이라고 어떻게 확신할 수 있을까?

D-H 알고리듬에 의하면 답은 '알 수 없다'다. 즉 밥은 (A)가 이브(공격자)가 아닌 앨리스가 보낸 것이라고 확신할 수 없다. 또한 앨리스 역시 (B)가 밥이 전달한 것인지 확신할 수

없다. 두 당사자의 신원에 대한 추가적인 정보 없이 수신된 파라미터에만 의존한다면 D-H 알고리듬은 MiM이라는 신원 위장 공격으로부터 자유롭지 못하다.

이 예는 발신자(앨리스)와 수신자(밥)의 신원을 확인할 수 있는 방법과 공개키 (A)와 (B)가 각각 앨리스와 밥으로 부터 전달된 것인지 확신할 수 있는 방법이 필요하다는 것을 보여 준다. MiM 공격을 방지하고 통신 채널의 사용자를 식별하기 위해서 가장 널리 사용되는 기술 중 하나가 디지털 서명이다. 디지털 서명에 대해서는 4장에서 자세히 설명할 것이다.

디지털 서명을 이용하면 공개키/개인키 알고리듬은 각 당사자를 식별하고 MiM 공격을 방지할 수 있다.

이 책의 4부에서는 비대칭키 알고리듬은 아니지만 다양한 서명 방법을 지원하는 새로운 형태의 공개키/개인키 알고리듬을 설명할 것이다.

마지막으로 D-H 알고리듬은 타원 곡선을 이용해서 구현할 수 있다. 이에 대해서는 7장에서 설명할 것이다.

⸭ RSA

암호화 알고리듬 중 RSA는 별처럼 빛난다. 그 아름다움은 논리적인 단순함이며 그 안에 숨겨진 힘은 40년이 지난 후에도 여전히 전 세계 전자 상거래의 80% 이상을 보호하고 있다.

RSA라는 이름은 **리베스트**[Rivest], **샤미르**[Shamir], **아델먼**[Adleman]이라는 3명의 발명가의 이름을 이용해서 만들어졌다. **RSA**를 우리는 완벽한 비대칭키 알고리듬이라고 부른다. 실제로 1997년 영국 암호화 기관인 CESG[Communications-Electronics Security Group]는 공개키 암호화 발명의 공로를 1970년의 제임스 앨리스[James Allis]에게 돌렸고 1973년 클리포드 콕스[Cliff ord Cocks]가 RSA 알고리듬의 유사한 버전을 보여 주는 문서를 작성했다고 선언했다.

비대칭키 알고리듬의 본질적인 개념은 암호화와 복호화를 위한 키가 다르다는 것이다.

D-H 알고리듬을 설명할 때 예로 든 자물쇠 비유를 떠올려 보면 누구나(앨리스와 밥뿐만 아니라 아무나) 상자를 자물쇠로 잠글 수 있다는 것을 알 것이다. 이는 자물쇠가 앨리스와 밥에게 만 귀속되지 않기 때문에 MiM 공격을 가능하게 해준다.

이와 같은 문제를 해결하기 위해서 상황을 좀더 다르게 만들어서 흥미로운 실험을 해볼 수 있다.

앨리스가 자물쇠를 여러 개 만들고 자물쇠를 여는 열쇠를 비밀 장소에 숨긴 상태에서 자물쇠들을 전국의 모든 우체국에 보냈다고 가정해보자.

밥이 앨리스에게 비밀 메시지를 보내려면 우체국에 가서 앨리스의 자물쇠를 받아서 메 시지를 상자 안에 넣고 잠근다.

밥(송신자)은 상자를 잠그는 순간부터 상자를 열 수 없지만 앨리스는 상자를 받으면 자신의 고유한 열쇠로 상자를 열 수 있다.

기본적으로 RSA(D-H와 반대)에서 밥은 앨리스의 공개키로 메시지를 암호화하는 것이다. 암 호화 과정 후에 밥은 메시지를 복호화할 수 없지만 앨리스는 자신의 개인키를 사용해 메시지를 복호화할 수 있다.

이는 비대칭키 암호화의 개념을 단순한 이론에서 실용적인 예로 전환한 것이다. RSA에 서는 수신자의 공개키로 메시지를 암호화하고 개인키로 복호화한다. 이를 가능하게 하 려면 RSA에 특정 수학 함수가 필요하며 해당 함수에 대해서는 알고리듬을 자세히 살펴 볼 때 설명할 것이다.

앞에서도 언급했듯이 이 알고리듬을 만든 사람은 3명이다. 당시(1970년대 후반) 그들은 모두 보스턴에 있는 MIT의 연구원이었다. D-H 알고리듬이 만들어진 후 로널드 리베스트 Ronald Rivest는 그 새로운 종류의 암호화 알고리듬에 매료됐다. 그는 처음에는 수학자인 레 너드 아델먼Leonard Adleman과 함께했으며 이후에 컴퓨터 공학부의 에이드 샤미르Aid Shamir 가 추가로 합류했다. 리베스트가 만들고 싶었던 것은 비밀 메시지를 공개키로 암호화해 서 보내고 수신자의 개인키로 그것을 복호화는 수학적인 방법이었다. 하지만 D-H 알고 리듬에서는 동일한 공유키가 교환된 후에만 메시지를 암호화할 수 있다. 문제는 메시지 를 공개키로 암호화해서 보내고 개인키로 복호화하는 방법을 찾는 것이었다. 그러나 앞서 말했듯이 그것은 매우 특정한 수학적인 역함수를 필요로 한다. 이것이 바로 RSA 발명의 진정한 가치라고 할 수 있다.

리베스트가 말했듯이 이 발견에 대한 이야기는 재미있다. 리베스트와 아델먼이 부활절을 맞아 한 학생의 집에서 만난 것은 1977년 4월이었다. 그들은 와인을 너무 많이 마셨고 자정쯤에 리베스트는 집으로 돌아갔다. 그는 거의 1년 동안 그를 괴롭히던 문제에 대해 생각하기 시작했다. 그는 침대에 누워 수학책을 폈다. 그리고 그들의 목표에 딱 맞는 함수를 발견했다.

그가 발견한 함수는 인수 분해 문제와 관련된 모듈러 수학의 특정 역함수였다.

1장에서도 설명했듯이 2개의 큰 소수를 곱해 만든 수를 인수 분해하는 문제는 엄청난 계산 능력을 가진 컴퓨터라고 할지라도 매우 풀기 어려운 것으로 간주된다.

RSA 설명

알고리듬을 이해하기 위해서 앨리스와 밥이 비밀 메시지를 교환하는 시나리오를 생각해보자.

밥이 앨리스에게 비밀 메시지를 전달하기 위한 파라미터는 다음과 같다.

- M: 비밀 메시지

- e: 공개 파라미터(일반적으로 고정된 값)

- c: 암호문

- p, q: 2개의 큰 임의의 소수(앨리스의 개인키)

다음은 공개키와 개인키를 생성하는 과정이다. RSA의 핵심은 앨리스의 개인키인 [d]를 생성하는 것이다.

키 생성:

앨리스의 공개키 (N)은 다음과 같이 만든다.

```
N = p*q
```

앞서도 언급했듯이 2개의 큰 소수를 곱해서 만든 값 (N)을 인수 분해하는 것은 상당히 어렵기 때문에 공격자가 [p]와 [q]를 알아내는 것 또한 상당히 힘들다.

앨리스의 개인키 [d]는 다음과 같이 만든다.

```
[d] * e ≡ 1 (mod[p-1]*[q-1])
```

밥은 암호화를 다음과 같이 수행한다.

```
c ≡ M^e (mod N)
```

밥은 암호문 (c)를 앨리스에게 보낸다. 앨리스는 자신의 개인키 [d]를 이용해서 (c)를 복호화한다.

```
c^d ≡ M (mod N)
```

이게 전부다.

NOTE

볼드체로 표시한 M, d, p, q는 공개되는 정보가 아니다.

키 생성 예제:

```
M = 88
e = 9007
p = 101
q = 67
N = 6767
```

1단계: 밥은 다음과 같이 암호화를 수행한다.

```
88^9007 ≡ 6621 (mod 6767)
```

앨리스는 암호문 c = 6621를 전달받는다.

2단계: 앨리스는 다음과 같이 복호화를 수행한다.

```
9007* d ≡ 1 (mod (101-1)*(67-1))
d = 3943
6621^3943 ≡ 88 (mod 6767)
```

보는 바와 같이 비밀 메시지 [M] = 88을 앨리스의 개인키 [d] = 3943으로 구했다.

RSA 분석

RSA를 이해하기 위해서는 몇 가지 요소를 설명해야 하지만 그중에서도 가장 중요한 것은 (c)를 복호화해서 [M]을 얻기 위해서 사용되는 함수의 작동 원리를 이해하는 것이다.

```
M ≡ c^[d] (mod N)
```

이는 2단계에서 복호화를 위해서 사용되는 식이다. 앞에서와의 차이점은 [M]을 왼쪽으로 옮긴 것이다. 이것이 동작하는 이유는 키 생성 방식에 숨겨져 있다.

```
[d] * e ≡ 1 (mod [p-1]*[q-1])
```

[d]는 앨리스의 개인키다. 오일러 정리$^{Euler's\ theorem}$의 경우 숫자 [p]와 [q]가 매우 크고 [M]과 (N)이 서로소$^{co-prime}$이기 때문에 함수가 검증될 것이다. 이 방정식이 검증되면 암호화 과정을 다음과 같이 다시 작성할 수 있다.

```
(M^e)^d (mod N)
```

위 식은 다시 다음과 같이 쓸 수 있다.

```
M^(e*d) (mod N)
de ≡ 1 (mod (p-1)*(q-1))
```

결국 M^1 = M (mod N)이 된다. 따라서 앨리스는 복호화 과정에서 [d]를 이용해 [M]을 얻을 수 있다.

알고리듬에 대한 전통적인 공격

이 절에서 설명하는 전통적인 공격은 이미 잘 알려진 것이다. RSA에 대한 세 가지 공격 방법은 (mod N) 공개 파라미터와 관련이 있다.

N = p*q에 대한 공격을 수행하기 위해서 공격자는 다음을 수행할 수 있다.

- 효과적인 인수 분해 알고리듬을 사용해 p와 q를 찾는다.

- 특정 조건에서 숫자를 찾을 수 있는 새로운 알고리듬을 사용한다.

- (미래에) 양자 컴퓨터를 사용해 N을 인수 분해한다.

위의 세 가지 경우를 각각 생각해보자.

- 첫 번째 경우를 위한 효과적인 인수 분해 알고리듬은 아직 알려지지 않았다. 일반적인 인수 분해 알고리듬은 다음과 같다.

    - General Number Field Sieve 알고리듬

    - Quadratic Sieve 알고리듬

    - Pollard 알고리듬

- 두 번째 경우 (n)이 N = p*q의 자릿수이고 공격자가 [p] 또는 [q]의 첫 번째(n/4) 자릿수 또는 마지막(n/4) 자릿수를 알고 있으면 (N)을 효과적으로 인수 분해할 수 있다. 예를 들어 [p]와 [q]가 100자리이고 [p]의 처음(또는 마지막) 50자리를 알고 있으면

N을 인수 분해하는 것이 가능하다. 어쨌든 공격자가 그와 같은 정보를 알 가능성은 매우 희박하다.

보다 자세한 내용은 인수 분해에 대한 코퍼스미스^{Coppersmith} 공격을 참고하기 바란다. 이 절의 뒷부분에서도 설명하겠지만 코퍼스미스 공격은 지수 (e) 또는 [d] 심지어 평문 [M]이 매우 짧은 경우와 관련이 있다.

- 공격자가 양자 컴퓨터를 사용한다면 이론적으로 쇼어^{Shor}의 알고리듬으로 단시간에 N을 인수 분해하는 것이 가능하며, 미래에는 그보다 더 효율적인 다른 양자 알고리듬이 등장할 것이라고 확신한다. 이에 대해서는 양자 컴퓨팅과 양자 암호에 대해서 다루는 8장에서 좀 더 자세히 설명할 것이다.

마지막으로 평문 [M]이 매우 짧고 지수 (e)도 짧으면 RSA가 깨질 수 있다. M^e가 N보다 작을 수 있기 때문이다.

따라서 다음과 같은 상황이 발생한다면,

```
M^e < N
```

]M[을 알아내기 위해서 (c)의 e번째 근을 이용하면 충분하다.

> **NOTE**
>
>]M[은 복호화된 메시지라는 의미다.

예제:

```
M= 2
e= 3
N = 77
2^3 ≡ 8 (mod 77)
```

e = 3이므로 단순히 3차 루트($\sqrt[3]{}$)를 수행하면 일반 텍스트 메시지를 얻을 수 있다.

```
8^(1/3) = 2
```

이는 더 이상 모듈러 수학이 아닌 선형 수학이다.

문제점을 보완하기 위해서 메시지에 임의의 비트를 추가해서 메시지의 길이를 늘리는 방법이 있다. 이 방법은 암호학과 사이버 보안에서 매우 일반적이며 **패딩**^{padding}이라고 부른다.

패딩을 수행하는 방법은 여러 가지가 있지만 여기서는 **비트 패딩** 방법을 설명할 것이다. 1장에서 설명했지만 아스키 코드를 이용하면 텍스트를 바이너리 코드로 변환할 수 있다. 즉 메시지 [M]을 비트열로 변환하면 된다. 임의의 비트를 추가하면(보통 끝에 추가하지만 처음에 추가할 수도 있음) 다음과 같은 형태가 될 것이다.

```
... | 1011 1001 1101 0100 0010 0111 0000 0000 |
```

보는 바와 같이 볼드체로 표시된 것이 패딩이다.

이 방법은 원본 메시지의 비트 길이에 상관없이 패딩이 추가된 메시지의 길이를 바이트 길이로 만들 수 있다. 예를 들어 23비트의 메시지를 32비트 블록으로 만들려면 9비트를 추가하면 된다.

이제는 RSA와 모듈러 수학의 속성에 좀 더 익숙해졌으므로 이 알고리듬으로 구현된 첫 번째 흥미로운 적용 예를 살펴볼 것이다.

국제 조약 검증을 위한 RSA 적용

알파라는 나라가 베타라는 나라의 지진 데이터를 모니터링해서 베타가 핵폭탄 실험을 하는지 확인하려고 한다고 가정해보자. 그래서 베타의 영토에 센서를 설치해서 지진 활동을 모니터링하고 모니터링한 내용에 암호화를 적용했다. 그렇게 암호화한 데이터는 위성을 통해서 알파로 전송된다.

이때 다음과 같은 상황을 위해서 RSA를 적용할 수 있다.

- 알파 (A)는 베타 (B)가 데이터를 수정하지 않았는지 확인하고 싶다.

- 베타는 (스파이 목적으로) 알파에게 전달되는 데이터를 확인하고 싶다.

센서에서 수집되는 데이터를 [x]라고 했을 때 프로토콜은 다음과 같이 동작한다.

키 생성:

1. 알파는 2개의 큰 소수를 곱해서 (N= p*q)을 만들고 (e)를 선택한다.

2. 알파는 (N, e)를 베타에 전달한다.

3. 알파는 개인키 [d]를 비밀로 유지한다.

핵 실험에 대한 위협을 검증하기 위한 프로토콜은 다음과 같다.

- **1단계**: 지구 깊숙이 설치된 센서는 데이터 [x]를 수집하고 그것을 개인키 [d]로 암호화한다.

  ```
  x^d ≡ y (mod N)
  ```

- **2단계**: 처음에는 파라미터 (x)와 (y)가 모두 센서에서 베타로 전송돼 정보의 진실성을 확인할 수 있다. 베타는 다음을 확인한다.

  ```
  y^e ≡ x (mod N)
  ```

- **3단계**: 확인 후 베타는 (x, y)를 알파에게 전달하고 알파는 (x)의 결과를 확인할 수 있다.

  ```
  x ≡ y^e (mod N)
  ```

$y^e \equiv x \pmod{N}$ 식이 검증되면 알파는 베타에서 보낸 데이터가 정확하고 메시지를 수정하거나 센서를 조작하지 않았다고 확신할 수 있다. 메시지 (x)를 암호화한 (y)는 개인 키 [d]를 아는 사람만이 실제로 만들 수 있기 때문이다.

만일 베타가 (x)의 값을 변경해서 센서를 포함하고 있는 상자의 암호화를 조작하려고 시도했다면 베타는 의미 있는 메시지를 얻는 것이 매우 어려워질 것이다.

앞서도 언급했듯이 이 경우는 일반적인 RSA 암호화 방식과 반대로 수행된다. 즉 공개 파라미터인 (e)대신 개인키 [d]로 암호화한다.

근복적으로 베타가 암호화를 수정하는 것이 어려운 이유는 그렇게 하면 의미 있는 숫자나 메시지를 얻지 못하기 때문이다.

파라미터 (x)를 미리 알고 있다고 하더라도 암호문 (y)를 수정하는 것은 이산 로그 문제(이는 이미 언급했듯이 매우 풀기 어려운 문제다)를 푸는 것과 동일한 복잡도를 갖는다.

지금까지 설명한 과정을 시각화하면 그림 3.3과 같다.

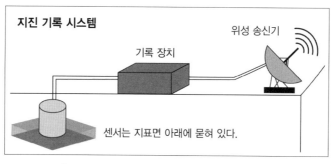

그림 3.3 지하에 묻힌 센서와 위성을 통해 전송되는 데이터

이제 RSA 알고리듬으로 국제 조약을 검증하는 방법을 배웠으므로 이후 6장에서 자세히 설명할 RSA 알고리듬과 유명한 라이브러리인 OpenSSL에 대한 비전통적인 공격에 대해서 소개할 것이다.

비전통적인 공격

이번에 설명할 공격은 내가 구현한 것이고 테스트를 거치거나 공개되지 않은 것이기 때문에 비전통적인 것이라고 하겠다.

그리고 RSA에 대한 이 비전통적인 공격unconventional attack이 다른 비대칭키 암호화 알고리듬에도 유효하다는 것을 알게 될 것이다. 이 비전통적인 공격은 2011년과 2014년 사이에 구현됐으며 앨리스의 복호화 키 [d]와 비밀 소수 [p]와 [q] 그리고 (N)을 모르더라도 비밀 메시지 [M]을 알아내는 것을 목적으로 하고 있다. 이번 절에서 비전통적인 공격을 설명하겠지만 6장에서 좀 더 자세히 설명할 것이다.

여기서 설명하는 알고리듬은 RSA에 대한 공격으로 사용할 수 있지만 3장에서 설명하는 대부분의 비대칭키 알고리듬에도 적용될 수 있다.

미래에 인수 분해 문제를 해결할 수 있는 새로운 알고리듬으로는 NextPrime이 있다. 그것은 내 친구인 제라르도 이오반Gerardo Iovane이 발견한 유전 알고리듬genetic algorithm에서 파생된 것이며 내게 2009년에 그 메커니즘을 설명해 줬다. 그는 논문 「The Set of Prime Numbers」에서 패턴에서 소수가 아닌 수를 버리는 간단한 알고리듬으로 시작해서 결국 모든 소수를 알아내는 방법을 설명하고 있다.

> **NOTE**
>
> 제라르도 이오반의 유전 알고리듬에 대한 보다 정확하고 철저한 논의를 위해서 그의 논문인 「The Set of Prime Numbers」(https://arxiv.org/abs/0709.1539)를 참고하기 바란다.

수년간의 작업과 고민 끝에 곡선을 나타내는 수학적 함수를 도출할 수 있었다. 해당 곡선상의 각 위치는 소수를 나타내며 각 위치들 사이에는 2개의 소수로 만들어지는 반소수semiprime (N)이 위치한다. 해당 곡선은 기하학적으로 우주의 모든 소수를 나타낸다. (N)

의 위치는 곡선상에서 항상 두 소수 [p]와 [q]의 위치 사이에 있고 (N)은 두 소수의 위치에서 거의 같은 거리에 있다는 것이 밝혀졌다. 또한 소수가 매우 명확한 순서를 갖고 있고 무작위로 위치하거나 무질서하게 위치하지 않는다는 것을 보이는 것도 가능하다.

(N)은 두 소수 [p]와 [q]의 곱으로 결정되며 두 소수 사이의 거리^{distance}는 두 소수 사이에 존재하는 소수의 수와 같다. 예를 들면 소수 17과 19 사이의 거리는 0이고 1과 100 사이의 거리는 25, 10,000과 10,500 사이의 거리는 55다.

현재 이 알고리듬은 한정된 조건하에서만 효율적이다. 예를 들어 [p]와 [q]의 거리(다항식 거리)가 서로 가까울 때 효율적이라고 할 수 있다. 하지만 흥미로운 점은 두 소수가 얼마나 큰지는 중요하지 않다는 것이다. 실제로 10^1,000자리의 소수를 사용해 이 알고리듬에 대한 몇 가지 테스트를 수행했다.

테스트를 수행한 수가 얼마나 큰지 명확히 가늠해 보려면 우주에 존재하는 입자의 수인 10^80과 비교해보면 될 것이다. 예를 들어 10^1,000자리의 반소수는 RSA의 공개키 길이가 약 3,000비트(현재 암호화에 사용되는 가장 큰 공개키 중 하나)에 해당한다. 만일 두 소수의 거리가 가깝다면 NextPrime 알고리듬으로 몇 초 만에 처리할 수 있다.

이 책을 쓰고 있는 지금 나는 양자 컴퓨터 기반의 NextPrime 알고리듬에 대한 작업을 수행하고 있다. 그것은 차세대 양자 컴퓨팅 인수 분해 알고리듬이 될 수도 있을 것이다(8 장에서 살펴볼 쇼어 알고리듬과 유사).

이제 RSA를 공격할 수 있는 또 다른 방법을 알아보자.

그림 3.4에서 볼 수 있듯이 알고리듬에는 두 가지 공격 지점이 존재한다. 하나는 (N)의 인수 분해 부분이고 다른 하나는 이산 거듭제곱 [M^e] 부분이다.

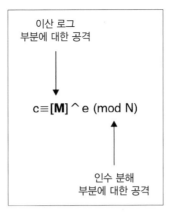

그림 3.4 RSA를 공격할 수 있는 부분

암호학자들의 전통적인 분석은 대부분 인수 분해 (N)에 초점을 맞추고 있다. 그러나 RSA에 대한 공격은 인수 분해뿐만 아니라 지수 (e)와 연결된 또 다른 경로가 존재하며 그것에 대해서는 6장에서 설명할 것이다. 이는 본질적으로 송신자의 비밀 파라미터인 [d], [p], [q]를 몰라도 메시지 [M]을 복원할 수 있는 백도어 ^{backdoor}가 될 수 있다. 이와 같은 공격 방법을 분석해보면 RSA 알고리듬과 그것의 주요 라이브러리인 OpenSSL 내부에 백도어를 만드는 것과 동일하다는 것을 6장에서 이해하게 될 것이다.

지금까지 살펴본 RSA의 패러다임은 밥_(송신자)은 일단 전달된 메시지를 되돌릴 수 없다는 것이다. 하지만 RSA를 깨기 위해서 비전통적인 공격 방법을 적용하면 이 패러다임은 더 이상 유효하지 않다. 밥은 앨리스의 공개키로 암호화한 메시지 [M]을 앨리스에게 전달할 때 '가짜 암호 메시지'를 만들어서 전달할 수 있으며 앨리스는 전달된 가짜 암호를 복호화할 수 있다.

이 방법은 합리적이지 않고 실제 상황을 대변하지도 않으며 실용적이지 않다고 생각할 수 있다.

이에 대한 답은 6장을 위해서 남겨 두겠다. 이번에는 RSA를 기반으로 구현된 유명한 소프트웨어인 PGP에 대해서 살펴보자.

∴ PGP

PGP^{Pretty Good Privacy}는 아마도 가장 널리 사용되는 암호화 소프트웨어일 것이다.

PGP는 냉전 시대에 필립 짐머만^{Philip Zimmermann}에 의해서 구현됐다. 필립은 핵 공격이 발생할 경우 다른 나라와 멀리 떨어져 있는 뉴질랜드는 핵무기로 인한 피해가 적을 것이라고 생각해서 가족을 뉴질랜드로 데려갈 계획을 세웠다. 뉴질랜드로의 이민을 계획하던 어느 날 그는 마음을 바꿔 미국에 남기로 결정했다.

반핵 운동가였던 그는 친구들과 소통하기 위해 인터넷을 통해 전송되는 메시지와 파일을 안전하게 보호하는 PGP를 개발했다. 그는 PGP를 비상업적 목적에 무료로 사용할 수 있도록 오픈 소스로 공개했다.

당시에는 40비트 이상의 암호 시스템이 전략적 군사 물품으로 취급됐다. 즉 암호화는 여전히 군사 무기로 간주됐던 것이다. 새로운 암호 시스템에 대한 특허를 취득하려면 국방부의 승인을 필수적으로 받아야 하는 요구 사항이 있다. PGP는 128비트 이상의 키를 사용했기 때문에 문제가 됐다. 법적 요구 사항을 위반하는 경우 그에 따른 처벌과 형사 기소가 매우 가혹하기 때문에 그는 미국 정부의 조사가 종료될 때까지 수년 동안 기다려야만 했다.

PGP는 알고리듬이 아니라 프로토콜이다. PGP의 혁신은 비대칭키와 대칭키 암호화를 병합한 것이었다. 즉 PGP는 비대칭키 암호화 알고리듬을 사용해서 키를 교환하고 대칭키 암호화 알고리듬을 사용해서 메시지를 암호화했다. 또한 사용자를 식별하고 MiM 공격을 피하기 위해서 디지털 서명이 적용됐다.

PGP 프로토콜의 동작 방식은 다음과 같다.

- **1단계**: 비대칭키 알고리듬^(ElGamal, RSA)을 사용해서 키를 전송한다.

- **2단계**: 비대칭키 알고리듬으로 전달된 키는 대칭키 알고리듬^(DES, 3DES, IDEA, AES)을 위한 세션 키가 된다.

- **3단계**: 사용자를 식별하기 위해서 디지털 서명을 이용한다(RSA 디지털 서명에 대해서는 4장에서 설명할 것이다).

- **4단계**: 대칭키를 이용해서 복호화를 수행한다.

PGP는 개인 정보 보호 및 상업용 비밀 전송 보안을 위한 매우 훌륭한 프로토콜이다.

⊪ ElGamal 알고리듬

이 알고리듬은 D-H 알고리듬의 비대칭 버전이다. ElGamal은 MiM 공격의 문제점과 D-H에서 키 소유권에 대한 서명이 불가능하다는 점을 극복하기 위해서 만들어졌다. 또한 ElGamal(RSA와 마찬가지로)은 사전에 키를 교환하지 않고 메시지를 암호화하기 때문에 진정한 비대칭키 알고리듬이라고 할 수 있다.

ElGamal은 이산 로그 문제를 푸는 것이 어렵다는 점, 그리고 이후에 설명할 인수 분해와 관련된 문제를 이용한다.

ElGamal에서는 송신자가 임의로 선택해서 비밀로 유지하는 임의의 정수 [k]라는 새로운 요소를 이용한다. [k]가 암호화 기능을 예측할 수 없게 만든다는 의미에서 [k]는 중요하고 혁신적인 요소라고 할 수 있다. 게다가 5장에서 영지식 프로토콜을 설명할 때 그것과 관련해서 이 새로운 요소를 자주 보게 될 것이다.

ElGamal의 구현 방법과 비밀 메시지 [M]이 어떻게 전달되는지에 대해서 살펴보자.

앨리스와 밥이 있고, 앨리스는 송신자이고 밥은 수신자라고 가정해보자. 그림 3.5는 ElGamal 알고리듬이 동작하는 방식을 표현한 것이다.

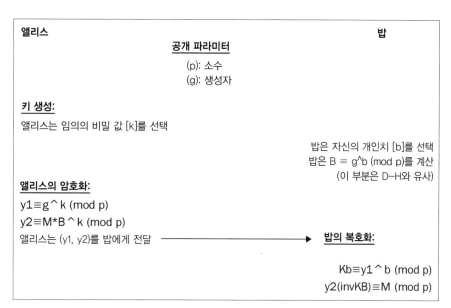

앨리스   밥

공개 파라미터

(p): 소수

(g): 생성자

키 생성:

앨리스는 임의의 비밀 값 [k]를 선택

밥은 자신의 개인치 [b]를 선택
밥은 $B \equiv g^b \pmod p$를 계산
(이 부분은 D–H와 유사)

앨리스의 암호화:

$y1 \equiv g \wedge k \pmod p$

$y2 \equiv M*B \wedge k \pmod p$

앨리스는 (y1, y2)를 밥에게 전달   ⟶   **밥의 복호화:**

$Kb \equiv y1 \wedge b \pmod p$

$y2(invKB) \equiv M \pmod p$

그림 3.5 ElGamal 알고리듬의 암호화/복호화

밥이 복호화를 수행하는 마지막 단계에서는 역곱^{inverse multiplication}을 수행한다. 이런 종류의 연산은 유한 필드에서 수행된다면 본질적으로는 나누기 연산이다. 따라서 A의 역이 B라면 A*B = 1 (mod p)이 된다. 다음 예제는 매스매티카를 사용한 역모듈러 함수의 구현을 보여 준다.

알고리듬을 설명했으니 이제는 실제로 예를 들어서 살펴보자.

공개 파라미터:

공개 파라미터는 p(큰 소수)와 g(생성자)다.

```
p = 200003
g= 7
```

키 생성:

앨리스는 임의의 수 [k]를 선택하고 그것을 비밀로 유지한다.

k = 23 (앨리스의 개인키).

밥은 자신의 개인키를 이용해서 공개키 (B)를 계산한다.

[b]: b = 2367 ^(밥의 개인키):

```
B ≡ 7^2367 (mod 200003)
B = 151854
```

앨리스의 암호화:

앨리스는 메시지 [M]을 만든다.

```
M = 88
```

그다음 앨리스는 밥에게 전달한 2개의 공개 파라미터 (y1, y2)를 계산한다.

```
y1 ≡ 7^23 (mod 200003)
y1 = 90914
y2 ≡ 88 * 151854^ 23 (mod 200003)
y2 = 161212
```

앨리스는 계산한 공개 파라미터^(y1 = 90914; y2 = 161212)를 밥에게 전달한다.

밥의 복호화:

먼저 밥은 y1 = 90914과 자신의 개인키 [b] = 2367을 이용해서 (Kb)를 계산한다.

```
Kb ≡ 90914^2367 (mod 200003)
Kb = 10923
```

Inverted Kb를 계산한다^(이는 매스매티카에서 [Reduce[Kb*x == 1, x, Modulus -> p]로 계산한다).

```
Inverted Kb ≡ 192331 (mod 200003)
```

마지막으로 밥은 Inverted Kb에 (y2)를 곱해서 메시지 [M]을 얻는다.

```
y2* InvKb ≡ M (mod 200003)
```

메시지 [M]은 다음과 같다.

```
161212 * 192331 ≡ 88 (mod 200003).
```

ElGamal 암호화는 무료 소프트웨어인 **GnuPG**^{GNU Privacy Guard}에서 사용된다. 수년에 걸쳐 GnuPG는 많은 인기를 얻었고 개인 통신과 디지털 서명을 위한 사실상의 무료 표준 소프트웨어가 됐다. GnuPG는 최신 버전의 PGP를 사용해 암호화 키를 교환한다. 자세한 내용은 해당 소프트웨어의 웹 페이지^(https://gnupg.org/software/index.html)를 참고하길 바란다.

NOTE

앞에서도 언급했듯이 ElGamal 알고리듬은 근본적으로 이산 로그 문제를 이용한다. 이미 봤듯이 공개 파라미터와 키 모두가 이산 로그 문제에 의존하는 방정식으로 정의되기 때문이다.

예를 들면 $B ≡ g^b$ (mod p); $Y1 ≡ g^k$ (mod p) 그리고 $Kb ≡ y1^b$ (mod p)은 모두 이산 로그 문제와 관련된 함수들이다.

이산 로그 문제가 ElGamal에서 중요한 부분이지만 인수 분해 문제 또한 포함돼 있다. 암호화 함수 (y2)를 다시 살펴보자.

```
y2 ≡ M*B^k (mod p)
```

암호화 함수에는 곱하기 연산이 포함돼 있다는 것을 알 수 있다. 따라서 공격자는 인수 분해를 통해 메시지를 알아내려 시도할 수도 있다. 함수를 간략하게 만들면 좀 더 명확해질 것이다.

```
H ≡ B^k (mod p)
```

결국 암호화 함수는 다음과 같이 표현할 수 있다.

```
y2 ≡ M* H (mod p)
```

최종적으로 메시지는 다음 식으로 구할 수 있다.

```
M ≡ y2/H (mod p)
```

보는 바와 같이 (y2)는 [M*H]의 결과라고 할 수 있다. 누군가 (y2)의 인수를 찾을 수 있다면 아마도 [M]을 찾을 수 있을 것이다.

⁝➤ 요약

3장에서는 비대칭키 암호화와 관련된 몇 가지 기본적인 주제를 다뤘다. 특히 D-H, RSA, ElGamal과 같은 유명한 비대칭키 암호화가 어떻게 동작하는지 그리고 이산 로그가 어떻게 동작하는지에 대해서 배웠다. 또한 두 국가 간의 민감한 데이터 교환과 관련된 RSA의 흥미로운 적용 예제를 살펴봤다. 4장에서는 디지털 서명에 대해서 설명할 것이다.

비대칭키 암호화의 기본에 대해서 배웠으므로 이제는 디지털 서명에 대해서 살펴볼 차례다. PGP의 경우에서 이미 봤듯이 이 모든 주제는 서로 매우 밀접하게 관련돼 있다.

04

해시 함수와 디지털 서명

예전부터 사람이나 그룹 간의 계약은 대부분 종이에 작성됐고 계약 당사자를 확인하기 위해서 계약서 끝에 직접 서명을 했다. 그것은 계약 당사자가 서명을 하는 순간에 동일한 장소에 있었기 때문에 가능했다. 그리고 서명자는 일반적으로 제3의 신뢰할 수 있는 사람(공증인 또는 법인)이 당사자들의 신원을 보장하기 때문에 서로를 신뢰할 수 있었다.

요즘에는 계약을 하고자 하는 사람들이 서로 모르는 경우가 많으며 서명할 문서를 이메일로 공유하는 경우가 많다. 또한 신원 보증을 위한 신뢰할 수 있는 제3자 없이 서명하는 경우도 많다.

제3자와의 계약을 체결하기 위해서 인터넷으로 계약서를 보낸다고 상상해보자. 이제는 제3자를 신뢰할 수 없는 것으로 간주하고 다른 사람이 문서의 내용을 볼 수 없도록 인터넷과 같은 보안되지 않은 채널이 아닌 안전한 방법으로 보내고 싶다고 생각해보자. 그런 경우 서명이 정확하고 수용 가능한지 여부를 어떻게 확인할 수 있을까?

또한 문서의 내용을 노출시키지 않고 문서에 서명을 할 수 있게 만드는 방법은 없을까?

이를 가능하게 만드는 것이 디지털 서명이다. 3장에서는 또한 문서의 내용을 노출하지 않고 누구나 디지털 서명자를 식별할 수 있게 하는 데 매우 유용한 해시 함수에 대해서 설명할 것이다.

3장은 다음과 같은 내용을 다룬다.

- 해시 함수

- RSA와 ElGamal을 이용한 디지털 서명

- 블라인드[Blind] 서명

먼저 해시 함수에 대해서 알아보자. 그다음에는 디지털 서명 알고리듬에 대해서 자세히 알아볼 것이다.

⠿ 해시 함수

해시 함수는 많은 애플리케이션에서 사용된다. 해시 함수가 적용되는 대표적인 예는 전달되는 메시지에 대한 디지털 서명이다. 이것이 의미하는 것이 무엇일까? 앨리스와 밥이 비대칭키 알고리듬을 이용해서 메시지를 교환할 때 보낸 사람을 식별하려면 일반적으로 서명이 필요하다. 그러면 일반적으로 메시지 [M]에 서명이 됐다고 말할 수 있다. 나중에 설명하겠지만, 비밀 메시지에 직접 서명하는 것은 권장되지 않기 때문에 메시지 송신자는 먼저 메시지 [M]을 모든 사람이 볼 수 있는 함수 (M')으로 변환해야 한다. 이때 사용되는 함수를 **M에 대한 해시 함수**라고 하며 앞으로는 해시 함수를 f(H) 또는 h[M]으로 표기할 것이다.

4장의 뒷부분에서는 해시 함수와 디지털 서명 간의 관계에 대해서 좀 더 자세히 다룰 것이다. 해시 함수는 블록 체인의 분산 해시 테이블[distributed hash table]과 같이 다양한 곳에 적용되지만 무엇보다 디지털 서명에 있어서 중요한 역할을 하기 때문에 4장에서 해시 함수를 다룬다. 해시 함수는 검색 엔진 분야에서도 사용된다.

첫 번째 질문은 '해시 함수란 무엇인가?'다. 질문에 대한 답은 용어의 의미에서 찾을 수 있다. 즉 메시지의 내용이나 기타 정보를 더 작게 만들어서 축소시키는 것이다.

임의의 길이의 메시지 [M]이 입력으로 주어졌을 때 그것이 해시 함수 f(H)를 통과하면 고정된 길이의 출력(메시지 다이제스트, (M'))을 얻게 된다.

2장에서 설명한 비트 확장을 기억한다면 그것은 개념적으로 해시에 가깝다고 할 수 있다. 비트 확장 함수는 확장시켜야 하는 비트를 입력 값으로 받아서 동작한다. 반대로 해시 함수는 입력된 데이터가 결과 값인 해시 값보다 더 큰 경우라고 할 수 있다.

해시 함수(또는 단순히 해시)를 단방향 함수unidirectional function라고도 부른다. 이후에 단방향이라는 속성이 해시 함수를 분류하는 데 중요한 요소라는 것을 알게 될 것이다.

단방향 또는 단방향 함수라는 것은 한 방향으로 결과를 계산하는 것은 쉽지만, 반대로 함수의 결과에서 입력 메시지를 계산해 내는 것은 매우 어렵다(불가능하지는 않더라도)는 의미다.

해시 함수의 속성을 정리해보면 다음과 같다.

- 입력 메시지 [M]이 있을 때 그것의 다이제스트 메시지 h(M)은 매우 빠르게 계산될 수 있다.

- h(M)으로 계산된 출력 (M')에서 원래 메시지 (M)을 알아내는 것은 거의 불가능하다.

- 다음과 같은 조건을 만족하는 2개의 서로 다른 입력 메시지 [m1]과 [m2]를 찾는 것은 매우 어려워야 한다.

```
h(m1) = h(m2)
```

이 경우 함수 f(h)는 충돌이 거의 없다고 말할 수 있다.

예를 들어 위키피디아Wikipedia의 전체 내용에 대한 메시지 다이제스트message digest는 그림 4.1과 같이 고정된 길이가 된다.

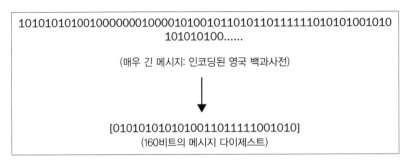

그림 4.1 해시 다이제스트의 예

입력이 평문이고 출력은 고정된 길이의 해시를 설명하는 또 다른 비유로는 그림 4.2와 같은 고기 분쇄기를 생각해볼 수 있다.

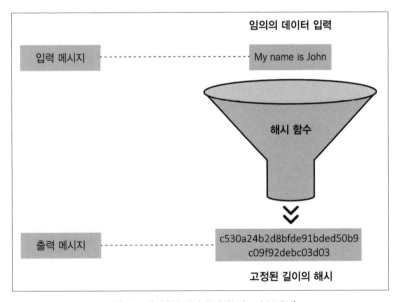

그림 4.2 해시 함수처럼 동작하는 '고기 분쇄기'

해시 함수에 대해서 생각할 수 있는 또 다른 질문은 '해시 함수를 왜 사용하고 어디에 사용하는가?'다.

암호학에서 해시 함수는 다양한 분야에 광범위하게 사용된다.

- 해시 함수는 디지털 서명을 수집할 때 그것의 원본 메시지 [M]이 노출되는 것을 방지하기 위해서 비대칭키 암호화에서 일반적으로 사용된다(4장의 뒷부분에서 이에 대해서 설명할 것이다). 원본 메시지의 해시 (M')은 송신자의 신원을 증명한다.

- 해시는 메시지의 무결성을 검증하기 위해서 사용된다. 원본 메시지의 디지털 해시 (M')을 기반으로 원본 메시지 [M]을 누군가 변경했는지 여부를 쉽게 감지할 수 있다. 실제로 영국 백과사전 [M]의 전체 내용 중 단 1비트만 변경해도 해시 함수 h(M)은 이전 해시 값과 완전히 다른 해시 값 h(M')을 만들어 낸다. 이와 같은 해시 함수의 특성 때문에 원본 내용이 수정됐는지 확인하는 데 해시 함수가 필수적으로 사용된다.

- 해시 함수는 데이터베이스 인덱싱에도 사용된다. 이와 관련해서는 8장과 암호화 검색 엔진을 구현하는 9장에서 자세히 설명할 것이다. 실제로 해시 함수는 양자 내성 기술의 후보 중 하나다. 즉 해시 함수는 특정 조건에서는 양자 컴퓨터의 공격을 극복할 수 있다.

- 해시 함수 동작의 기본적인 개념은 출력 h(M)이 주어졌을 때 그것을 이용해서 원래의 메시지를 알아내는 것이 어렵다는 것이다.

이와 비슷한 특징이 있는 게 이산 로그다. 이산 로그는 비대칭키 암호화를 설명할 때 이미 다뤘다.

```
g^[a] ≡ y (mod p)
```

기억하고 있겠지만, 출력 (y)를 알고 있고 (g)도 알고 있을 때 비밀 개인키 [a]를 알아내는 것은 매우 어렵다.

하지만 이는 너무 느려서 실제 구현에 쓰기는 무리다. 해시의 특성 중 하나는 계산이 빠르다는 것이다. 지금까지 해시 함수가 무엇이고 어떤 특성을 갖고 있는지 살펴봤으므로 이제는 해시 함수를 구현하는 주요 알고리듬에 대해서 살펴보자.

⁝⁝⁝ 주요 해시 알고리듬

해시 알고리듬은 가변 길이의 입력을 받아서 고정된 길이의 출력을 만들어 내는 특별한 형태의 수학적 함수이기 때문에 충돌이 발생하면 안 된다. 즉 동일한 입력에 대해서 두 가지의 출력이 만들어지거나 그 반대의 경우가 발생하면 안 된다.

해시 알고리듬에는 여러 가지 유형이 있지만 그중에서도 가장 일반적이고 중요한 것은 MD5, SHA-2, CRC32이며 4장에서는 **SHA**^{Secure Hash Algorithm} 계열의 해시 알고리듬을 중점적으로 다룰 것이다.

마지막으로 1990년대 초 유럽연합 과학자들이 개발한 알고리듬인 **RIPEMD-160**이 있다. 그것은 160비트, 256비트, 320비트의 해시를 만들어 내며, SHA 계열의 알고리듬만큼 성공하지는 않았지만 지금까지 한 번도 깨진 적이 없기 때문에 충분히 보안에 적합한 해시 알고리듬 후보가 될 수 있다.

NSA에서 개발한 SHA 계열의 해시 알고리듬은 4장의 주요 분석 대상이며, SHA 알고리듬의 동작 방식을 이해하고 배우는 데 필요한 지식을 제공할 것이다. 특히 **SHA-256**은 현재 비트코인^{Bitcoin}에서 암호 화폐 채굴 시 **작업 증명**^{PoW, Proof of Work}으로 사용되는 해시 함수다. 새로운 비트코인을 생성하는 과정을 채굴^{mining}이라고 한다. 그것은 매우 복잡한 수학 문제를 해결함으로써 이뤄지는데 그 문제는 SHA-256을 기반으로 한다. 비트코인 채굴은 모든 트랜잭션^{transaction}이 채굴자^{miner}에게 이관되는 시스템이다. 만일 1메가바이트의 트랜잭션을 처리해야 한다면 채굴자는 그것을 SHA-256의 입력 데이터로 이용해서 네트워크가 원하는 특별한 형태의 해시 값을 찾아내야 한다. 원하는 특정 해시 값을 만들어 낸 첫 번째 채굴자는 일정량의 비트코인을 보상으로 받는다. 이후에 SHA 계열의 해시 알고리듬을 좀 더 자세히 살펴볼 것이기 때문에 지금은 MD5와 같은 다른 해시 함수를 먼저 살펴보자.

간단한 MD5 해시 예제를 살펴봄으로써 해시 함수에 익숙해지는 것으로 시작해보자.

MD5 생성기를 이용해서 파일의 해시 값을 만들어 보기 바란다. 내 이름에 대한 MD5 해시 값은 그림 4.3과 같은 16진수로 표현된다.

Massimo Bertaccini
(MD5 해시)
=
f38e1056801af5d079f95c48fbfd2d60
(비트 변환)
1111100111000111000010000010101101000000000011010111110101
1101000001111001111110010101110001001000111110111111111010
010110101100000

그림 4.3 MD5 해시 함수 예제

앞서 언급했듯이 MD 계열의 해시 알고리듬은 안전하지 않은 것으로 판명됐다. MD5에 대한 공격은 차등 분석과 2개의 서로 다른 입력 메시지 간의 충돌을 만들어 내는 것을 기반으로 이뤄지며 그것은 RIPEMD에도 유효하다.

해시 함수 이면에 있는 수학과 그것이 어떻게 구현되는지에 대해서 알아보자.

해시 함수 구현을 위한 로직과 표기법

이번 절에서는 해시 함수 내에서 수행되는 작업과 표기법에 대해서 설명할 것이다.

여기서는 2장에서 이미 본 것보다 더 많은 기호와 몇 가지 기본적인 개념을 알아볼 것이다. 2장에서 봤듯이 부울 논리로 연산한다는 것은 비트 단위 연산을 수행한다는 의미가 된다. 예를 들어 2개의 10진수를 2진수로 변환해서 수학적인 논리 연산을 수행한다면 다음과 같은 결과를 얻게 된다.

- $X \wedge Y$ = AND **논리곱** – 이는 비트 곱셈 (mod 2)다. 따라서 두 비트가 모두 1일 때 결과는 1이 되고 그 외의 경우에는 결과가 0이 된다.

```
X=60   ------->   00111100
Y=240  ------->   11110000
AND=48 ------->   00110000
```

- X ∨ Y = OR **논리합** – 이는 비트 중 하나라도 1이라면 그 결과는 1이 되고 그 외의 경우에는 결과가 0이 되는 비트 연산(mod 2)이다.

```
X=60 ?????-?>    00111100
Y=240 ??????>    11110000
OR=252 ?????>    11111100
```

- X ⊕ Y = XOR **비트합** (mod 2) – XOR 연산은 앞에서 다뤘다. 비트의 값이 서로 다르면 그 결과가 1이 되고 그 외의 경우에는 결과가 0이 된다.

```
a=60 ------->    00111100
b=240 ------>    11110000
XOR=204 ----->   11001100
```

해시 함수 구현에 있어서 유용하게 사용되는 기타 연산은 다음과 같다.

- ¬X: 이는 비트 1을 0으로 바꾸고, 비트 0을 1로 바꾸는 NOT(또는 반전 연산자 ~)이다.

  따라서 다음과 같은 바이너리 값은

```
01010101
```

  다음과 같이 변환된다.

```
10101010
```

- X << r: 이는 왼쪽 시프트 연산자다. 즉 (X)를 왼쪽으로 r 비트만큼 시프트시킨다.

  다음은 왼쪽으로 1비트 시프트시킬 때 어떤 일이 발생하는지 보여 주고 있다.

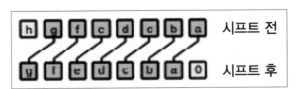

그림 4.4 왼쪽 시프트 연산

예를 들어 10진수 23이 있다면 그것은 2진수 00010111으로 표현된다. 그것을 왼쪽으로 1비트 시프트시키는 동작은 그림 4.5와 같다.

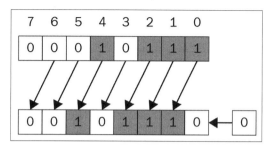

그림 4.5 왼쪽으로 1비트 시프트시키는 예

결과적으로 왼쪽 시프트 연산 결과는 (00101110)2 = 46이 된다.

- X >> r: 이는 오른쪽 시프트 연산자다. 왼쪽 시프트 연산과 유사하지만 시프트되는 방향이 오른쪽이다.

그림 4.6은 오른쪽으로 1비트 시프트시키는 것을 그림으로 표현한 것이다.

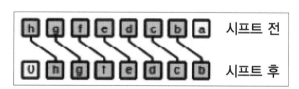

그림 4.6 오른쪽 시프트 연산

이전과 마찬가지로 2진수 표현이 00010111인 10진수 23에 대해서 생각해보자.

그림 4.7과 같이 23을 오른쪽으로 1비트 시프트시키면 10진수 11이 된다.

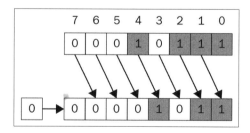

그림 4.7 오른쪽으로 1비트 시프트시키는 예

- X ↻ r: 이는 왼쪽 비트 회전이다. 이 연산자(<<<로도 표시함)는 시프트와 유사하지만 중요한 차이점은 비트를 순환 회전시킨다는 점이다. SHA-1 알고리듬에서 변수 A와 B를 각각 5비트와 30비트(A<<<5, B<<<30) 회전시킬 때 이 연산이 사용되며 다음 절에서 자세히 설명할 것이다.

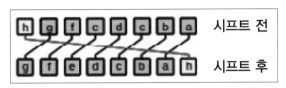

그림 4.8 왼쪽 비트 회전 연산

23을 왼쪽으로 1비트 회전시키는 것은 그림 4.9와 같이 수행된다.

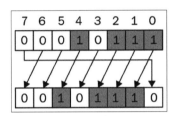

그림 4.9 왼쪽으로 1비트 회전시키는 예

이 경우에는 왼쪽으로 1비트 시프트시키는 것과 동일한 결과인 $(00101110)_2$ = 46을 얻게 된다.

하지만 오른쪽으로 1비트 회전시키면 결과는 그림 4.10과 같다.

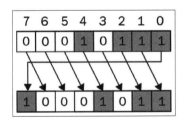

그림 4.10 오른쪽으로 1비트 회전시키는 예

이 경우에는 결과가 (10001011)₂ = 139이 된다.

- ⊞: 이 연산자는 모듈러 합 (X+Y) (mod 2^32)을 나타내며 이후에 SHA-1 알고리듬을 설명할 때 보게 될 것이다(그림 4.14).

해시 함수를 수행하는 데 사용되는 논리 연산자를 살펴본 후에는 두 가지 문제를 더 고려해야 한다.

- SHA 알고리듬에는 0에서 n의 값을 갖는 상수 (Kt)가 사용된다(이에 대해서는 다음 절에서 살펴볼 것이다).

- SHA 알고리듬에는 주로 16진수 표기법이 사용된다.

16진수 시스템이 어떻게 작동하는지 살펴보자.

16진수 시스템에서는 0~9까지의 수는 4개의 바이너리 비트로 표현한다.

```
0= 0000
1= 0001
2= 0010
.........
9= 1001
```

그리고 10에서 16까지의 수는 알파벳 대문자 A, B, C, D, E, F로 표현한다. 결국 16진수 시스템은 16개의 수로 이뤄진다.

```
A= 1010
B= 1011
.........
F= 1111
```

좀 더 정확하고 명확한 이해를 위해 그림 4.11에서 2진수, 16진수, 10진수를 비교해서 정리했다.

2진수	16진수	10진수
b=2	b=16	b=10
0000	0	0
0001	1	1
0010	2	2
0011	3	3
0100	4	4
0101	5	5
0110	6	6
0111	7	7
1000	8	8
1001	9	9
1010	A	10
1011	B	11
1100	C	12
1101	D	13
1110	E	14
1111	F	15

그림 4.11 2진수, 16진수, 10진수 시스템 비교

16진수 시스템은 바이트를 나타내는 데 사용되며, 1바이트는 8자리의 2진수를 의미한다. 예를 들면 1바이트(8비트)는 (1111 0010)2 = [F2]16 = 242가 된다.

지금까지 해시 함수에 사용되는 논리 연산에 대해서 살펴봤으니 이제는 SHA 계열 중에서 가장 간단한 모델인 SHA-1 알고리듬 구현에 대해서 알아보자.

SHA-1 알고리듬

SHA-1[Secure Hash Algorithm 1]은 NSA에 의해서 설계됐다. SHA-1은 2005년부터 안전하지 않은 것으로 간주돼 후속 알고리듬인 SHA-2와 SHA-3로 대체됐다. 이번 절에서는 해시 함수 구현 방법을 이해하기 위해서 SHA-1을 예로 들어서 살펴볼 것이다.

SHA-1은 반복적인 연산을 통해 160비트의 해시를 만들어 낸다. 이 개념은 잠시 후에 바로 이해될 것이다.

다른 해시 함수의 경우 가변 길이의 입력 메시지 [m]을 512비트의 고정된 길이의 블록으로 나눈다.

```
m = [m1,m2,m3,...ml]
```

이 절의 마지막 부분에서는 2,800비트의 입력 메시지 [m]이 어떻게 512비트의 블록 [m1,m2,...ml]으로 변환되는지 알게 될 것이다.

블록은 이전 라운드의 결과와 현재 블록을 결합하는 압축 함수 f(H)(알고리듬 3단계에서보다 자세히 설명할 것이다)를 통해서 정규화된다. 라운드는 총 4개이며, 각 라운드의 변수 (t)는 다시 그림 4.12처럼 4개의 t-라운드로 나뉜다. 각각의 t-라운드는 20단계로 이뤄진다(결국 총 80단계가 된다). 각 라운드는 20개의 값으로 구성된 범위의 값에 따라서 반복 실행된다. 그림 4.12와 그림 4.13에서 볼 수 있듯이 각 라운드는 해당 라운드의 상수 값 (Kt)와 ft (B, C, D) 연산을 사용한다.

각 라운드는 하위 레지스터 (A, B, C, D, E)를 차례로 업데이트한다. 네 번째 라운드가 끝나면, 즉 t = 79일 때 하위 레지스터 (A, B, C, D, E)를 또 다른 하위 레지스터 (H0, H1, H2, H3, H4)에 더해서 최종적으로 160비트의 해시 값을 만들어 낸다.

이제는 SHA-1의 상수 문제를 살펴보자.

상수는 특정 기준으로 정의된 16진수의 고정 값이다. SHA에서 상수를 선택하는 중요한 기준은 충돌을 피하는 것이다. 충돌은 해시 함수가 각기 다른 상수를 이용하는 2개의 블록에 대해서 동일한 결과를 만들어 낼 때 발생한다. 따라서 누군가가 상수 값을 변경하는 것이 좋다고 생각할 수도 있지만 그러면 충돌이 발생할 수 있기 때문에 변경하지 않는 것이 좋다.

예를 들어 SHA-1에는 그림 4.12와 같은 상수를 사용한다.

$$Kt = \begin{cases} \text{5A827999} & \text{if} & 0 \leq t \geq 19 \\ \text{6ED9EBA1} & \text{if} & 20 \leq t \geq 39 \\ \text{8F1BBCDC} & \text{if} & 40 \leq t \geq 59 \\ \text{CA62C1D6} & \text{if} & 60 \leq t \geq 79 \end{cases}$$

그림 4.12 SHA-1에서의 Kt 상수 값

(t)의 범위에 따라서 각기 다른 상수 (Kt)가 사용된다.

상수 값뿐만 아니라 (t)의 범위에 따라서 ft (B, C, D) 함수도 그림 4.13과 같이 다르게 정의된다.

$$f_t(B, C, D) = \begin{cases} (B \wedge C) \vee ((\neg B) \wedge D) & \text{if} & 0 \leq t \geq 19 \\ B \oplus C \oplus D & \text{if} & 20 \leq t \geq 39 \\ (B \wedge C) \vee (B \wedge D) \vee (C \wedge D) & \text{if} & 40 \leq t \geq 59 \\ B \oplus C \oplus D & \text{if} & 60 \leq t \geq 79 \end{cases}$$

그림 4.13 ft 함수

SHA-1의 첫 번째 초기 레지스터는 32비트의 5개의 하위 레지스터 (H0, H1, H2, H3, H4)에 의해 생성되는 160비트 해시 함수인 X0다. 이어서 보게될 2단계에서 이 하위 레지스터들을 16진수 상수 값으로 초기화한다.

최종적으로 160비트의 해시 값을 만들어내는 SHA-1 알고리듬은 다음과 같이 네 단계로 나눌 수 있다.

- **1단계** - 메시지 [m]을 메시지 블록으로 나눈다.

```
Y = m1 ‖ m2 ‖ m3 ‖ … ‖mL
```

‖은 512비트 크기의 메시지 블록을 연결한다는 의미다.

- **2단계** - 하위 레지스터를 초기화한다. 즉 H0 = 67452301, H1 = EFCDAB89, H2 = 98BADCFE, H3 = 10325476, H4 = C3D2E1F0

상수 값은 16진수이며 SHA 알고리듬을 설계한 NSA가 정한 값이다.

- **3단계** – j = 0, 1, ..., L-1에 대해서 다음 작업을 수행한다.

  a) mi = W0 ‖ W1.......... ‖W15

  (Wj)는 32비트

  b) t = 16, ..., 79에 대해서

  ```
  Wt = (Wt-3 ⊕ Wt-8 ⊕ Wt-14 ⊕ Wt-16) ⊇ 1
  ```

  c) A, B, C, D, E의 초기 값은

  ```
  A = H0, B = H1, C = H2, D = H3, E = H4
  ```

  (A, B, C, D, E) 각각은 32비트이며 합치면 160비트가 된다.

  d) 다음 작업을 80회 (0 ≤ t ≤79) 반복 수행한다.

  ```
  T = (A ⊇ 5) + ft((B, C, D) +E + Wt + KtE = D, D = C, C =
  (B ⊇ 30), B = A, A = T
  ```

  e) 하위 레지스터 (A, B, C, D, E)를 또 다른 하위 레지스터 (H0, H1, H2, H3, H4)에 더한다.

  ```
  H0 = H0 + A, H1 = H1 + B, H2 = H2 + C, H3 = H3 + D, H4 = H4 + E
  ```

- **4단계** – 최종 해시 값을 만들어 낸다.

  ```
  H0 ‖ H1 ‖ H2 ‖ H3 ‖ H4
  ```

이것이 160비트의 해시 값이다.

그림 4.14는 SHA-1에서의 하위 레지스터 A, B, C, D, E가 어떻게 사용되는지 보여 주고 있다.

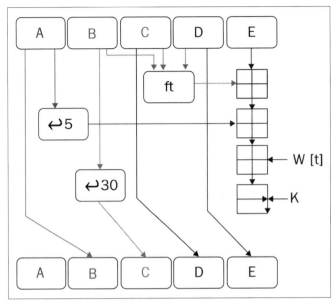

그림 4.14 SHA-1에서의 하위 레지스터 동작

NOTE

앞에서 X⊡r은 왼쪽 비트 회전이고 <<<로도 표현한다고 언급했다. 따라서 A⊡5는 왼쪽으로 5비트를 회전한다는 의미가 되고 B⊡30는 왼쪽으로 30비트 회전한다는 의미가 된다.

⊞: 이것은 모듈러 합(X+Y) (mod 2^32)을 나타낸다.

SHA-1에 대한 참고와 예제

이번 절에서는 SHA-1 알고리듬을 좀 더 자세히 분석해볼 것이다.

SHA-1 알고리듬의 1단계와 2단계에서는 단지 메시지와 하위 레지스터를 초기화하기 때문에 알고리듬의 핵심은 3단계에 있다. 3단계에서 비트 연결, XOR, 비트 시프트, 비트 전치와 비트 더하기 등 일련의 수학적 연산을 볼 수 있다.

마지막으로 4단계에서는 각 32비트 하위 레지스터 H0, H1, H2, H3, H4를 이용해서 160비트 해시 값을 만든다. 1단계에 입력되는 블록 메시지는 최소한 512비트가 돼야 한다. 메시지 [m]을 512비트 단위의 블록으로 나누거나 만일 메시지가 512비트보다 작다면 블록을 완성하기 위해서 패딩 작업을 적용해야 한다.

SHA-1은 가변 길이의 메시지를 입력으로 받아서 160비트의 메시지 다이제스트를 만드는 데 사용된다. 입력 메시지는 비트열이기 때문에 메시지의 길이는 메시지를 구성하는 비트 수다(즉 빈 메시지의 길이는 0임). 메시지의 비트 수가 8(1바이트)의 배수인 경우 간결함을 위해서 메시지를 16진수로 나타낼 수 있다. 반대로 메시지의 비트 수가 8의 배수가 아닌 경우에는 패딩을 적용해야 한다. 패딩의 목적은 메시지 비트의 길이를 512의 배수로 만드는 것이다. SHA-1은 메시지 다이제스트를 계산할 때 512비트 블록을 순차적으로 처리하기 때문에 보다 강력한 메시지 다이제스트를 만들기 위해서는 해시 함수가 최고 등급의 혼란/확산을 제공해야 한다.

패딩 작업은 다음과 같은 순서로 수행된다.

1. 원본 메시지를 가져와서 값이 1인 비트를 메시지에 추가하고 이후에 값이 0인 비트들을 추가한다.

2. 새로운 메시지의 길이가 512비트가 될 때까지 값이 0인 비트를 추가한다.

3. 새로운 메시지의 길이는 n*512가 된다.

예를 들어 원본 메시지의 길이가 2800비트라면 값이 1인 비트 하나를 추가하고 이후에 207비트를 추가한다. 그러면 새로운 메시지의 길이는 2800 + 1 + 207 = 3008비트가 된다. 3008 = 5 * 512 + 448이기 때문에 510의 배수로 만들기 위해서 추가적으로 값이 0인 64개의 비트를 추가한다. 결국 3008 + 64 = 3072가 돼 512(메시지 블록의 길이) 비트의 배수가 된다.

한 블록에 대한 SHA-1 적용 예제

이번에는 실질적인 예제를 통해서 이해해보자.

- **1단계 - 메시지 패딩**

  메시지 abc에 SHA-1을 적용한다고 가정해보자.

  ```
  abc = 01100001 01100010 01100011
  ```

  abc를 16진수로 표현하면 다음과 같다.

  ```
  abc = 616263
  ```

  그림 4.15에서도 볼 수 있듯이 메시지에 값이 1인 비트를 추가하고 메시지의 길이가 448비트가 될 때까지 값이 0인 비트를 추가한다. 원본 메시지 abc의 길이가 24비트이므로 426개의 값이 0인 비트가 추가된다. 그리고 메시지의 길이를 나타내는 64비트가 추가되면 메시지의 길이는 512비트가 된다.

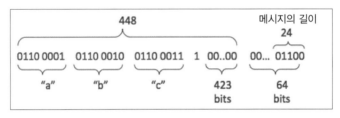

그림 4.15 SHA-1에서의 메시지 패딩

- **2단계 - 하위 레지스터 초기화**

  하위 레지스터 H0, H1, H2, H3, H4의 초기 해시 값은 다음과 같다.

  ```
  H[0] = 67452301
  H[1] = EFCDAB89
  H[2] = 98BADCFE
  H[3] = 10325476
  H[4] = C3D2E1F0
  ```

- **3단계 - 메시지 블록 내용**

```
W[0] = 61626380 W[1] = 00000000 W[2] = 00000000 W[3] =
00000000 W[4] = 00000000 W[5] = 00000000 W[6] = 00000000
W[7] = 00000000 W[8] = 00000000 W[9] = 00000000 W[10]
= 00000000 W[11] = 00000000 W[12] = 00000000 W[13] =
00000000 W[14] = 00000000 W[15] = 00000018
```

반복 수행에 따른 하위 레지스터의 값:

```
                A       B        C        D        E
t = 0: 0116FC33 67452301 7BF36AE2 98BADCFE 10325476
t = 1: 8990536D 0116FC33 59D148C0 7BF36AE2 98BADCFE
..........
Tt = 79: 42541B35 5738D5E1 21834873 681E6DF6 D8FDF6AD
```

하위 레지스터의 합산:

```
H[0] = 67452301 + 42541B35 = A9993E36
H[1] = EFCDAB89 + 5738D5E1 = 4706816A
H[2] = 98BADCFE + 21834873 = BA3E2571
H[3] = 10325476 + 681E6DF6 = 7850C26C
H[4] = C3D2E1F0 + D8FDF6AD = 9CD0D89D
```

- **4단계 - 결과**

4라운드를 수행한 후의 abc에 대한 최종 메시지 다이제스트 160비트는 다음과
같다.

```
A9993E36 4706816A BA3E2571 7850C26C 9CD0D89D
```

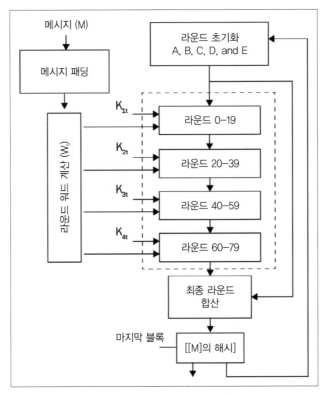

그림 4.16 SHA-1의 라운드 연산

지금까지 해시 함수에 대해서 배웠으니 이제는 디지털 서명에 대해서 알아보자.

인증과 디지털 서명

암호학에서 **인증**authentication 문제는 손에 꼽게 흥미로우면서 어려운 문제 중 하나다. 인증은 접근 통제에서 무척 민감한 기능(또한 많이 사용되는 기능) 중 하나다.

인증은 다음 세 가지 방법을 기반으로 구현된다.

- 사용자만 알고 있는 것(예: 비밀번호)

- 사용자가 갖고 있는 것(스마트 카드, 기기 또는 토큰)

- 사용자의 특징을 나타내는 것(예: 지문, 홍채 스캔, 일반적인 사람의 생체 인식 특성)

이 세 가지 방법 외에도 사용자의 고유한 특성인 뇌파와 관련된 방법이 하나 더 있다. 예를 들어 그림을 보거나 생각할 때 뇌에서 활성화되는 뇌파는 그 사람의 고유한 특성을 나타낸다.

이는 인간과 컴퓨터 간의 인증과 관련 있다. 즉 두뇌 암호$^{brain\ password}$를 사용하면 컴퓨터나 전화와 같은 기기의 잠금을 해제하고 웹 애플리케이션에 접근할 수 있다. 두뇌 암호에 대해서는 6장에서 소개할 것이다.

다음 절에서는 디지털 서명을 기반으로 한 인증 방법에 대해서 설명할 것이다.

또한 영지식을 기반으로 하는 다른 인증 방법이 있다는 점도 기억할 필요가 있으며 그것에 대해서는 5장에서 설명할 것이다.

공개키/비밀키 암호화를 이용한 디지털 서명 기반의 인증 방법을 살펴보자.

앨리스가 밥에게 메시지를 전송하려고 한다고 가정해보자. 앨리스는 밥의 공개키(RSA에서와 같이)를 알고 있으므로 앨리스는 RSA로 메시지 [M]을 암호화해서 밥에게 보낸다.

앨리스가 밥에게 메시지를 전송할 때 직면하게 되는 몇 가지 문제를 살펴보자.

1. 밥은 메시지가 앨리스로부터 온 것인지 어떻게 확인(인증 문제)할 수 있을까?

2. 밥이 메시지를 수신한 이후에 앨리스는 자신이 메시지를 전송한 것이 아니라고 언제나 부인할 수 있다(부인 방지 문제).

3. 가능한 또 다른 문제는 누군가가 메시지 [M]을 가로채서(MiM) 메시지의 내용을 조작할 수 있다는 것이다. 즉 메시지의 무결성 문제가 발생할 수 있다.

4. 마지막으로 공격자가 메시지를 가로채서 메시지 내용을 복호화한 다음 (메시지의 내용을 조작하지는 않고) 메시지 내용을 들여다볼 수 있다는 문제가 있다. 메시지 송신자와 수신자는 이러한 일이 발생하지 않았다고 어떻게 확신할 수 있을까? 예를 들어 통신 제공업체나 데이터를 호스팅하는 클라우드가 메시지를 감시하지 않는다는 것을 어떻게 확신할 수 있을까? 이를 스파이 문제라고 부른다.

마지막 문제에 대해서, 메시지 [M]은 암호화돼 있고 공격자가 키를 갖고 있지 않다면 메시지를 복호화하는 것은 불가능하다고 대답할 수 있을 것이다.

공격자가 복호화를 위한 비밀키를 알지 못하더라도 _(특정 조건에서는) 암호화된 메시지 내용을 염탐하는 것이 가능하다는 것을 이후에 살펴볼 것이다.

4장에서는 문제 1, 2, 3에 대해서 다룰 것이다. 문제 4를 위해서 6장에서 스파이 공격 방법과 그 문제를 해결하는 방법을 설명한다.

디지털 서명은 메시지 [M]의 송신자가 다음과 같은 내용을 수신자에게 증명하기 위해서 사용된다.

- 송신자의 신원 증명

- 메시지 [M]이 조작되지 않았다는 증명

- 메시지에 대한 부인 방지를 제공

디지털 서명이 이러한 모든 문제를 어떻게 해결하는지, 메시지에 서명하는 것이 어떻게 가능한지에 대해서 다양한 알고리듬 유형과 서명 방법을 기반으로 살펴보자.

먼저 RSA 디지털 서명을 살펴본 다음 공개키-개인키 알고리듬을 이용할 서명 방법을 살펴볼 것이다.

RSA 디지털 서명

앞서 언급했듯이 메시지를 서명하는 방법은 여러 가지가 있다. 이번에는 수학적으로 메시지를 서명하는 방법과 검증하는 방법에 대해서 설명할 것이다.

3장에서 설명한 RSA 알고리듬을 상기해보면 밥은 다음과 같은 암호화 과정을 수행하게 된다.

즉 앨리스의 공개키 (Na)를 이용해서 암호화를 수행한다.

```
[M]^e ≡ c (mod Na)
```

(Na)는 수신자(앨리스)의 공개키다.

밥이 앨리스의 공개키로 메시지 [M]을 암호화하면 앨리스는 자신의 개인키 [da]로 복호화를 수행한다.

```
c^[da] ≡ [M] (mod Na)
```

[da]는 앨리스의 개인키이며 다음 연산에 사용된다.

```
INV (e) ≡ [da] mod(p-1)(q-1)
```

디지털 서명 과정과 밥의 신원을 검증하는 과정은 다음과 같다.

- **1단계**: 밥은 2개의 큰 소수 [p1, q1]을 선택하고 그것을 비밀로 유지한다.

- **2단계**: 밥은 Nb = [p1] * [q1]을 계산하고 Nb를 공개키로 공유한다.

- **3단계**: 밥은 개인키 [db]를 계산한다.

  ```
  INV (e) ≡ [db] mod (p1-1)(q1-1)
  ```

- **4단계**: 밥은 서명을 수행한다.

  ```
  S ≡ [M]^[db] (mod Nb)
  ```

  (S)와 (Nb)는 공개되는 정보이고 [db]는 공개되지 않는 정보다.

  그렇다면 [M]은?

  메시지 [M]은 공개되면 안 되고 밥과 앨리스 사이에만 공유된다. 하지만 디지털 서명은 누구나 검증할 수 있어야 한다. 이에 대해서는 이후에 다룰 것이다. 지금은 서명 (S)를 검증하는 방법을 알아보자.

- **5단계**: 서명을 검증한다.

    서명을 검증하는 것은 앞의 작업을 거꾸로 수행하면 된다. 즉 앨리스는(또는 누구나) 다음과 같은 연산으로 서명을 검증할 수 있다.

    ```
    S^e ≡ [M] (mod Nb)
    ```

    만일 이 등식이 성립하면 앨리스는 메시지 [M]을 받아들인다.

[M]과 관련된 문제를 살펴보기 전에 실제 예제로 서명 알고리듬을 이해해보자.

예제:

3장의 RSA 예제를 되돌아보면 RSA 알고리듬에서는 다음과 같은 파라미터가 있다.

```
[M] = 88
e = 9007
```

앨리스의 파라미터는 다음과 같다.

```
[p] = 101
[q] = 67
Na = 6767
```

RSA를 이용해 디지털 서명하는 단계를 수행해보면 다음과 같다.

- **1단계** - 밥은 암호화를 수행한다.

    ```
    [M] ^e ≡ c (mod N)
    88^9007 ≡ 6621 (mod 6767)
    c = 6621
    ```

- **2단계** - 밥은 2개의 소수 [p, q]를 선택하고 메시지 [M]에 대한 서명을 만든다.

    ```
    [p] = 211
    [q] = 113
    Nb = 211*113 = 23843
    ```

```
9007 * [db] ≡ 1 (mod (211-1)*(113-1))
```

[db]에 대한 모듈식 방정식을 풀면 [db]는 다음과 같다.

```
[db] = 9103
```

밥은 서명을 수행한다.

```
[M]^[db] ≡ S (mod Nb)
88^9103 ≡ 19354 (mod 23843)
S = 19354
```

밥은 앨리스에게 (c, S) = (6621, 19354)를 전송한다.

- **3단계** – 앨리스는 복호화를 수행한다.

```
c^[da] ≡ [M] (mod Na)
```

복호화를 위해서 [da]를 계산한다.

```
9007 * [da] ≡ 1 (mod (101-1) * (67-1))
[da] = 3943
```

앨리스는 암호문 (c)를 복호화해서 메시지 [M]을 얻는다.

```
c^[da] ≡ [M] (mod Na)
6621^3943 ≡ 88 (mod 6767)
```

- **4단계** – 밥의 서명을 검증한다.

서명 (S)에 (e)로 거듭제곱해서 메시지 [M]이 계산되면 앨리스는 메시지가 밥이
보낸 것이라고 확신할 수 있다.

```
S^e ≡ [M] (mod Nb)
19354^9007 = 88 (mod 23843)
```

실제로 앨리스는 메시지 M=88을 얻었다.

NOTE

> (S, e, Nb)는 공개 파라미터이기 때문에 메시지 [M]은 앨리스뿐만 아니라 누구나 검증할 수 있
> 다. 따라서 밥이 서명 (S)를 얻기 위해서 메시지의 해시 h[M] 대신 원래 메시지 [M]을 사용한다
> 면 밥의 공개키를 알고 있는 사람은 누구나 메시지 [M]을 복호화할 수 있다.

비밀 메시지 [M]을 알아내려면 다음을 계산하면 된다.

```
S^e ≡ x (mod Nb)
```

(S, e, Nb)는 공개 파라미터다.

이 경우 해시 함수가 해결책이 될 수 있다. 밥은 메시지 [M] 대신 해시 함수 h[M]를 사용
해서 해시 값 (m)을 구한 다음 그것을 서명해서 (c, S)를 전달한다.

앨리스는 이미 암호화된 메시지 [M]을 수신했기 때문에 다음을 검증할 수 있다.

```
h[M] = m
```

위 등식이 성립하면 밥의 신원이 검증된 것이고 성립하지 않다면 밥의 신원 검증이 실
패한 것이다.

왜 디지털 서명이 유효한 것일까?

밥이 아닌 다른 사람이 서명을 사용하려고 한다면 이산 로그 문제로 어려움을 겪게 될
것이다. 실제로 다음 식에서 공격자가 [db]를 알아내는 것은 매우 어렵다.

```
m^[db] ≡ S (mod Nb)
```

또한 공격자가 (m, S)를 알고 있더라도 [db]를 계산해 내는 것은 여전히 어렵다. 이를
설명하기 위해서 3장에서 본 것과 같은 이산 로그 문제를 다룰 것이다.

이브(공격자)가 서명을 수정하려고 하면 어떻게 되는지 알아보자.

이브(공격자)는 [db] 대신 (de)를 사용해서 가짜 디지털 서명(S')을 만들어 낼 수 있다.

```
m^(de) ≡ S' (mod Nb)
```

만일 이브가 앨리스를 속여서 서명 (S')를 수락하도록 할 수 있다면, 이브는 자신이 밥인 척 가장해서 진짜 서명인 (S)를 (S')로 교체하는 MiM 공격을 수행할 수 있다.

하지만 앨리스가 서명 (S')를 검증할 때 그녀는 그것이 밥이 서명한 것이 아니라는 것을 알아낸다. 왜냐하면 메시지의 해시가 (m)이 아닌 (m')이라는 것을 알게 되기 때문이다.

```
(S')^e ≡ m' (mod Nb)
m' ≡? m
```

결국 앨리스는 디지털 서명을 거부하게 된다.

그렇기 때문에 암호 작성자는 해시 간의 충돌에도 많은 주의를 기울여야 한다.

이제 앨리스는 (m) 대신 (m')가 계산됐기 때문에 서명에 문제가 있다는 것을 인지하고 메시지 [M]을 수락하지 않게 되는 것이다.

이것이 서명 (S)의 역할이다.

여기서 설명한 공격은 단순한 것이지만 이후에 6장에서 비전통적인 공격을 설명할 때 좀 더 지능적이고 교활한 공격 방법을 보게될 것이다.

ElGamal 알고리듬을 이용한 디지털 서명

3장에서 설명한 **ElGamal**은 D-H 키 교환을 기반으로 한 공개키-개인키 알고리듬이다.

ElGamal의 경우에는 RSA와 다른 방식으로 메시지 서명을 수행하며 역시 유효한 서명을 만들어 낸다.

ElGamal의 암호화 알고리듬에서는 다음과 같은 요소가 사용된다.

- (g, p): 공개 파라미터

- [k]: 앨리스의 개인키

- [M]: 비밀 메시지

- B ≡ g^[b] (mod p): 밥의 공개키

- A ≡ g^[a] (mod p): 앨리스의 공개키

앨리스의 암호화:

```
y1 ≡ g^[k] (mod p)
y2 ≡ [M]*B^[k] (mod p)
```

NOTE

> 대괄호 안의 요소는 비밀 파라미터라는 것을 나타낸다. 그외 나머지는 모두 공개된다.

이제 앨리스가 메시지에 디지털 서명을 추가하려면 메시지 [M]을 보호하기 위해 메시지의 해시 h[M]를 만들고 그 결과를 밥에게 전송해서 그녀의 신원을 증명한다.

즉 메시지 [M]에 서명하기 위해서 앨리스는 먼저 메시지의 해시 h[M]을 계산해야 한다.

```
h[M] = m
```

이제 앨리스는 일반 텍스트에서 [M]—›(m)의 다이제스트 값으로 작업할 수 있다. 이전에 설명했듯이 암호화 해시 (m)에서 [M]을 알아내는 것은 거의 불가능하기 때문이다.

앨리스는 다음과 같은 단계를 수행해서 서명 (S)를 만들어 낸다.

- **1단계** – (mod p-1)에서 [k]의 역수를 구한다.

```
[INVk] ≡ k^(-1) (mod p-1)
```

- **2단계** – 다음 식을 수행한다.

```
S ≡ [INVk]* (m - [a] *y1) (mod p-1)
```

앨리스는 밥에게 공개 파라미터 (m, y1, S)를 전달한다.

- **3단계** – 검증을 위해서 밥은 V1을 계산한다.

```
V1 ≡ A^(y1) * y1^(S) (mod p)
```

복호화를 수행하고 h[M] = m라면 밥은 V2를 계산한다.

```
V2 ≡ g^m (mod p)
```

최종적으로 V1 = V2이면 밥은 메시지를 수락한다.

이제는 실제 예제를 통해서 알고리듬을 이해해보자.

예제:

비밀 메시지가 다음과 같다고 가정하자.

```
[M]= 88
```

공개 파라미터는 다음과 같이 정했다.

```
g= 7
p = 200003
h[M] = 77
```

가장 먼저 해야 하는 것은 공개키와 개인키에 대한 '키 초기화' 작업이다.

```
[b] = 2367(밥의 개인키)
[a] = 5433(앨리스의 개인키)
[k] = 23(앨리스가 선택한 임의의 수)
B = 151854(밥의 공개키)
A = 43725(앨리스의 공개키)
y1 ≡ g^[k] (mod p) = 7^23 (mod 200003) = 90914
```

초기화 작업이 완료되면 앨리스는 키의 역수(1단계)를 구하고 서명(2단계)을 만들어 낸다.

- **1단계** – 앨리스는 (mod p-1)에서 [k]의 역수를 구한다.

```
[INVk] ≡ [k]^(-1) (mod p-1) = 23^-1 (mod 200003 - 1) = 34783
```

- **2단계** – 앨리스는 서명 (S)를 만든다.

```
S ≡ [INVk]* (m - [a] *y1) (mod p-1)
S ≡ 34783 * (77 ? 5433 * 90914) (mod 200003 - 1)
S = 72577
```

앨리스는 밥에게 공개 파라미터 (m, y1, S) = (77, 90914, 72577)을 전달한다.

- **3단계** – 밥은 전달된 파라미터를 이용해서 V1과 V2를 계산한다. 만일 V2 = V1이면 밥은 디지털 서명 (S)를 수락한다.

```
V1 ≡ A^(y1) * y1^(S) (mod p)
V1 ≡ 43725 ^ (90914) * 90914 ^ 72577 (mod 200003) = 76561
V1 = 76561
```

밥은 (V2)를 검증한다.

```
V2 ≡ g^m (mod p)
V2 ≡ 7^ 77 (mod 200003) = 76561
V2 = 76561
```

밥은 V1= V2인지 확인한다.

이 서명 알고리듬이 유효한 이유는 이산 로그 문제를 이용하기 때문이다. 실제로 서명 검증 과정을 살펴보자.

```
V1 ≡ A^(y1) * y1^(S) (mod p)
```

검증에 사용되는 연산은 이산 로그 문제의 형태를 갖고 있으며, 우리가 이미 알고 있듯이 공격자 입장에서 이는 (현재로서는) 풀기 힘든 문제다. 이산 로그와 이산 거듭제곱이 이 알고리듬의 보안성을 보장한다고 말하는 것만으로는 충분하지 않다. 3장에서 봤듯이 다음과 같은 연산 또한 문제가 될 수 있다.

```
y2 ≡ [M]*B^[k] (mod p)
```

이는 곱하기가 추가된 형태다. [k]를 알아낼 수 있다면 [M]도 알아낼 수 있다.

따라서 이 알고리듬을 공격하려면 알고리듬은 대수 문제뿐만 아니라 인수 분해 문제도 해결해야 한다.

디지털 서명의 사용과 구현에 대해서 살펴봤으니 이제는 또 다른 흥미로운 암호화 프로토콜인 블라인드 서명을 살펴보자.

블라인드 서명

블라인드 서명[blind signature]은 데이비드 차움[David Chaum]이 만들었다. 그는 전자 지불[digital payment]을 익명화할 암호 시스템을 찾기 위해 많은 노력을 기울였다. 1990년 데이비드는 추적 불가능한 통화를 채택한 시스템인 eCash를 만들었다. 불행하게도 해당 프로젝트는 1998년 파산했다. 하지만 차움은 비트코인과 함께 디지털 화폐의 개척자이자 현대 암호 화폐의 아버지 중 한 명으로 영원히 기억될 것이다.

차움이 해결하고자 했던 근본적인 문제는 다음과 같다.

- 전자 지불에 대한 이중 지불 문제를 피할 수 있는 알고리듬

- 사용자의 개인 정보를 보장하기 위해서 디지털 시스템을 안전하고 익명으로 만드는 것

1982년 차움은 「Blind Signatures for Untraceable Payments」라는 제목의 글을 썼다. 다음은 해당 글에서 설명한 블라인드 서명의 작동 방식과 구현 방법이다.

블라인드 서명은 내용을 모른 채 무언가에 서명한다는 것을 의미한다. 블라인드 서명은 전자 지불뿐만 아니라 다른 곳에서 사용될 수 있다. 예를 들어 밥이 자신이 발명한 것에

대한 세부 내용을 다른 사람에게 알리지 않고 공개적으로 등록하고자 할 때 사용될 수 있다. 또 다른 적용 예로는, 누군가를 선택(대통령 선거 또는 정당 선거)하는 전자 투표 기계를 들 수 있다. 이 경우 투표의 결과(전송된 메시지)는 수신자가 명확히 알 수 있어야 하지만 투표자가 자신의 투표가 집계되는지 확인(이것이 블라인드 서명의 적절한 기능)하려면 투표자의 신원은 비밀로 유지돼야 한다.

개인키/공개키의 새로운 암호 알고리듬을 소개하는 6장에서 내가 2011년에 발명해서 특허를 받은 MBXI 암호를 비롯해서 MBXI 암호를 위한 혁신적인 블라인드 서명 체계를 설명할 것이다.

이제는 RSA를 이용한 데이비드 차움의 블라인드 서명이 어떻게 동작하는지 살펴보자.

RSA를 이용한 블라인드 서명

밥은 정해진 날짜까지 대중에게 공개하고 싶지 않은 중요한 비밀을 갖고 있다고 가정해 보자. 예를 들어 그는 코로나 바이러스에 대한 강력한 치료법을 발견했고 노벨상을 받고 싶다고 가장하자.

앨리스는 노벨상 위원회를 대표하고 있으며, 그녀는 2개의 큰 소수 [pa, qa]를 선택한다.

- [pa*qa] = Na, 앨리스의 공개키

- (e)는 이미 RSA에서 정의된 공개 파라미터

[da]는 앨리스의 개인키이며 다음 식으로 구한다.

```
INV (e) ≡ [da] mod(pa-1)(qa-1)
```

[M1]은 밥이 숨기고 싶은 비밀이라고 가정하자. 일반적인 [M]과 구별하기 위해서 [M1]이라고 명명했다.

밥은 임의의 수 [k]를 선택해서 비밀로 유지한다.

이제 밥은 [M1]에 대한 블라인드 서명 프로토콜을 수행한다.

- **1단계** – 밥은 [M1]을 암호화해서 (t)를 만든다.

```
t ≡ [M1] * [k]^e (mod Na)
```

밥은 (t)를 앨리스에게 전송한다.

- **2단계** – 앨리스는 다음 연산을 수행해서 블라인드 서명을 만든다.

```
S ≡ t^[da] (mod Na)
```

앨리스는 (S)를 밥에게 전송한다. 밥은 해당 서명이 [M1]에 대한 블라인드 서명인지 검증한다.

- **3단계** – 검증

밥은 (V)를 계산한다.

```
S/k ≡ V (mod Na)
```

다음 식으로 검증을 수행한다.

```
V^e ≡ [M1] (mod Na)
```

검증이 성공하면 앨리스가 보낸 것이 [M1]에 대한 블라인드 서명이라는 것을 확신한다.

```
[M1]^[da] ≡ V (mod Na)
```

앨리스를 제외한 누구도 이산 로그 문제(이에 대해서는 이미 3장에서 살펴봤다)를 풀 수 없기 때문에 (S)는 확실히 앨리스가 서명한 것이라고 확신할 수 있다. 이는 다른 변수가 발생할 때까지 유효하다. 예를 들어 이산 로그 문제를 풀 수 있는 논리적인 방법이 발견되거나 알고리듬을 깰 수 있는 충분한 큐빗을 갖춘 양자 컴퓨터(8장에서 설명)가 나오기 전까지는 유효하다.

실제 예를 들어서 좀 더 자세히 이해해보자.

예제:

1. 앨리스가 정의한 파라미터는 다음과 같다.

```
pa = 67
qa = 101
```

따라서 공개키 (Na)는 다음과 같이 계산된다.

```
67 * 101 = Na = 6767
da = 1/e (mod (pa - 1) * (qa - 1))
Reduce [e*e == 1, x, Modulus -> (pa - 1)*(qa - 1)]
[da] = 1553
e = 17
```

2. 밥은 임의의 수 [k]를 선택한다.

```
k = 29
```

밥은 (t)를 계산한다.

```
t ≡ M1* k^e ≡ 88 * 29^17 = 3524 (mod 6767)
```

3. 밥은 (t)를 앨리스에게 전달한다. 그러면 앨리스는 블라인드 서명을 수행할 수 있다.

```
S ≡ t^[da] ≡ 3524^1553 = 1533 (mod 6767)
```

4. 앨리스는 (S = 1553)를 밥에게 전달한다. 밥은 (S)를 검증한다.

```
S/k ≡ V (mod Na)
1533/29 = 2853 (mod 6767)
Reduce [k*x == S, x, Modulus -> Na]
x = 2853
V = 2853
if:
V^e ≡ [M1] (mod Na)
2853^17 ≡ 88 (mod 6767)
```

검증 후 밥은 서명 (S)를 수락한다.

예제와 블라인드 서명에 대한 설명을 통해서 알 수 있듯이 앨리스는 밥의 발명(코로나 바이러스 치료법)이 밥의 소유임을 확신할 수 있고 밥은 특정 날짜 이전까지 자신의 발명에 대한 정확한 내용을 공개하지 않고 그것을 유지시킬 수 있다.

블라인드 서명 프로토콜에 대한 고려 사항

[M1]을 다시 확인할 수 있기 때문에 앨리스가 [M1]의 값에 대해 전혀 알지 못한 채 실제로 [M1]에 서명했음을 알 수 있다.

```
M1^[da] ≡ V (mod Na)
88^1553 ≡ 2853 (mod 6767)
```

하지만 [M1]이 (t) 안에 숨겨져 있기 때문에 자신이 무엇에 서명하는 것인지 알지 못한다. 따라서 밥은 앨리스에게 100만 달러 수표에 서명하도록 설득할 수도 있다. 따라서 이와 같은 프로토콜을 채택하는 데에는 많은 위험이 있을 수 있다.

또 다른 고려 사항으로는 공격에 관한 것이 있을 수 있다.

다음 식은 인수 분해 문제를 내포하고 있다.

```
t ≡ M1* [k]^e (mod Na)
```

(t)는 [X*Y]의 결과다.

```
X = M1 <---- 인수 분해 문제
Y = k^e
```

예를 들어 [M1]이 작은 수라면 공격자는 항상 인수 분해를 통해 [M1]을 찾으려고 시도할 수 있으므로 공격자가 [k]를 결정할 수 없어도 문제가 되지 않는다. 만일 M1 = 0이라면 (t) 또한 0이 되기 때문에 공격자는 M = 0임을 알아낼 수 있다.

반면, (k^e)가 작은 수라면 [k]가 임의로 선택된 수이기 때문에 공격자는 다음과 같은 작업을 수행할 수 있다.

```
Reduce [(k^e)*x == t, x, Modulus -> Na]
x = MESSAGE
```

이 경우 불행하게도 [k^e] (mod Na)의 결과가 작은 수이기 때문에 공격자는 메시지 [M1] 을 알아낼 수 있다.

5장을 보면 알겠지만 블라인드 서명은 영지식 프로토콜의 전조라고 할 수 있다. 실제로 임의의 값 [k]와 블라인드 서명의 실행 그리고 수신자가 수행하는 마지막 단계의 검증 V = S/k는 영지식 프로토콜에 영감을 준 로직이라고 할 수 있다.

⁙ 요약

4장에서는 해시 함수, 디지털 서명, 블라인드 서명에 대해서 다뤘다. 해시 함수를 설명 하고 단방향 함수 뒤에 있는 수학적인 연산에 대해서 설명했으며 이어서 SHA-1에 대해 서 설명했다. 그다음에는 RSA와 ElGamal을 이용한 디지털 서명과 실제 예제 그리고 가능한 취약점에 대해서도 설명했다.

마지막으로 전자 투표와 전자 지불 시스템을 구현하기 위한 도구로서 블라인드 서명 프 로토콜에 대해서 설명했다.

따라서 이제는 해시 함수의 개념과 구현 방법에 대해서 이해했을 것이다. 또한 디지털 서명이 무엇인지, 특히 RSA와 ElGamal의 서명 체계에 대해서 이해하게 됐을 것이다. 디지털 서명이 노출될 수 있는 취약점과 그것에 대한 대응 방법에 대해서도 배웠다.

블라인드 서명이 어디에 유용하고 그것의 적용 분야에 대해서도 설명했다.

이 주제는 5장에서도 다루는데, 5장에서 설명하는 영지식 프로토콜과 6장에서 설명하는 알고리듬을 이해하는 데 특히 중요하다. 6장에서는 디지털 서명에 대한 새로운 공격 방법에 대해서 알아볼 것이다.

디지털 서명의 기본적인 지식을 배웠으니 이제는 영지식 프로토콜에 대해서 알아보자.

3부

새로운 암호화 알고리듬과 프로토콜

3부에서는 사이버 보안, 블록체인, ICT와 양자 컴퓨팅과 같은 새로운 환경에서 데이터 보호를 위해 주목받고 있는 새로운 프로토콜과 알고리듬에 대해 설명할 것이다.

설명 내용 중에는 내 특허와 발명도 일부 포함된다.

3부의 구성은 다음과 같다.

- 5장, 영지식 프로토콜
- 6장, 새로운 공개키/개인키 알고리듬
- 7장, 타원 곡선
- 8장, 양자 암호화

05

영지식 프로토콜

디지털 서명에서 이미 봤듯이 인증 문제는 가까운 장래에 암호화가 직면하게 될 중요하고 복잡하며 흥미로운 문제 중 하나다. 온라인상에서 자신을 모르는 사람에게 자신의 신원을 알려야 한다고 상상해보자. 먼저, 이름과 성, 주소를 제공해야 할 것이다. 더 깊이 들어가면 주민 등록 번호와 개인을 식별할 수 있는 다른 민감한 데이터를 요구할 수도 있다. 물론 인터넷을 통해 그러한 데이터를 노출하는 것은 누군가가 개인 정보를 이용해서 악의적인 목적으로 사용할 수 있기 때문에 매우 위험할 수 있다는 것을 알고 있을 것이다.

얼마 전 인상 깊은 영상을 본 적이 있다. 나는 그것을 개인 정보 보호 및 보안과 관련된 프레젠테이션에 삽입하기로 결정했고 실리콘 밸리^{Silicon Valley}의 스마트 시티^{Smart City}와 관련된 행사 강연을 요청받아서 그것을 발표하기도 했다. 그 영상은 도시 한가운데에 설치된 텐트로 사람들을 초대한 마술사의 등장으로 시작한다. 그 마술사는 한 사람 한 사람의 과거와 미래에 대한 내용을 하나씩 읽는다. 믿을 수 없는 사실은 마술사(이전에 그 마술사는 참가자 어느 누구와도 만난 적이 없다)가 말한 것은 참가자들의 삶을 자세히 알고 있어야만 하는 것들이었다.

그것이 어떻게 가능했을까? 그것은 정말 마법이었을까 아니면 그저 속임수였을까? 영상의 말미에 그 비법이 공개됐다. 마술사는 커튼 뒤에 앉아 참가자에 대해 가능한 모든 디지털 정보를 알아내기 위해 열심히 노력하는 테크노 해커techno-hacker 스태프 덕분에 참가자의 삶(재정, 소유 자산, 신용 카드 번호까지)에 대한 모든 것을 알고 있었던 것이다. 해커가 당신의 신원을 알고 있다면 그는 당신의 대부분의 디지털 생활에 대해 쉽게 알아 낼 수 있다.

또 다른 예를 들어 보면, 어떤 도둑 집단이 상업 센터에 가짜 ATM 기기를 설치했다는 뉴스 기사가 있었다. 사람이 카드를 삽입하고 PIN 번호를 입력할 때마다 컴퓨터에 그 정보가 기록됐고 ATM 기기는 작업을 거부했다. 카드에서 정보를 수집하고 PIN 번호를 알아낸 해커는 카드를 복제해서 알아낸 PIN 번호로 실제 ATM 기기에서 돈을 인출할 수 있었다.

이런 종류의 사기는 어떻게 차단할 수 있을까? 비밀번호나 기타 다른 개인 정보와 같이 민감한 정보가 필요한 상황은 많이 있다. 해커는 사람이나 기기와 관련된 정보를 입수하면 쉽게 신원을 도용해서 피해자에게 피해를 줄 수 있다.

이와 같은 종류의 문제를 해결하는 한 가지 방법은 어떤 민감한 정보도 공개하지 않는 것이지만 항상 그것이 가능한 것은 아니다. 또 다른 방법은 지식 증명을 제공해 개인 정보 노출을 피하는 것이다. 그런 암호 프로토콜을 **영지식 프로토콜**ZKP, Zero-Knowledge Protocol이라고 하며 5장에서 살펴볼 것이다.

5장은 다음과 같은 내용을 다룬다.

- 비대화형non-interactive ZKP와 대화형interactive ZKP(Schnorr 프로토콜)의 예와 가능한 공격
- SNARK 프로토콜과 Zcash
- 1라운드 ZKP
- ZK13과 제로 인증 프로토콜

ZKP의 세계와 그것이 무엇을 위해서 사용되는지 소개했으므로 이제는 암호학에서 그것이 어떻게 사용되는지 살펴보자.

⠿ ZKP의 주요 시나리오 - 디지털 동굴

다음과 같은 시나리오를 상상해보자. 페기^{Peggy}는 그림 5.1에서 볼 수 있듯이 두 방향에서 도달할 수 있는 입구/출구가 하나뿐인 고리형 동굴인 알리바바의 동굴 한가운데에 있는 잠겨 있는 문을 자신이 열 수 있다고 빅터에게 보여 줘야 한다.

여기서 등장 인물의 이름을 앨리스와 밥에서 **페기**와 **빅터**^{Victor}로 바꾼 것을 눈치챘을 것이다. 페기와 빅터라는 이름은 **증명자**^{prover}와 **검증자**^{verifier}란 용어와 첫 번째 알파벳이 동일해서 좀 더 잘 어울린다고 생각했기 때문이다.

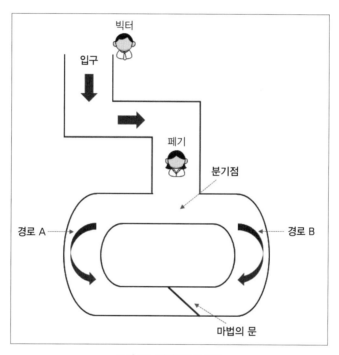

그림 5.1 알리바바의 동굴

알리바바의 동굴 한가운데에 있는 문은 강력한 전자 비밀번호로 잠겨 있어서 비밀번호를 모르는 사람는 사람은 절대로 열 수 없다.

이제 페기는 빅터에게 비밀번호를 공개하지 않고 자신이 문을 열 수 있는 비밀번호를 알고 있다는 것을 증명해야 한다.

빅터가 비밀번호를 알고 있는지는 알 수 없으며, 빅터에서 비밀번호에 대한 어떤 정보도 제공하지 않은 채 자신이 비밀번호를 알고 있다고 증명해야 한다. 따라서 그녀는 빅터에게 자신이 동굴의 반대편으로 나갈 수 있다는 것을 보여 주기만 하면 된다.

다르게 표현하면 ZKP는 문제에 대한 정확한 답을 제시하는 것이 아니다 문제를 해결할 수 있다는 것을 증명하는 것이다. 실제로 뭔가를 알고 있다는 것을 증명하는 자연스러운 방법은 그것을 공개하는 것이고 그러면 검증은 자연스럽게 이뤄진다. 하지만 알고 있는 것을 직접 보여 주는 방식은 필요한 것보다 더 많은 정보가 공개될 수 있다. ZKP를 이용하면 페기는 비밀번호를 공개하지 않아도 되며 동시에 빅터는 (자신이 비밀번호를 모른다고 하더라도) 페기가 반대편 동굴에서 나오는 것을 본다면 그녀가 비밀번호를 알고 있다고 확신할 수 있다.

ZKP를 구현하는 방법은 다양하다. 검증이 필요한 시나리오는 매우 많기 때문이다.

예를 들어 페기를 인간으로, 빅터는 기계(ATM 기기 또는 서버)로 바꿔서 생각해보자. 페기는 자신의 신원을 기계에게 확인시켜야 하지만 그녀는 성이나 이름과 같은 민감한 데이터를 공개하고 싶지 않다. 따라서 그녀는 자신이 실제로 누구인지를 기계에게 증명하기만 하면 된다. 이 경우 목표는 페기의 신원이 노출되는 것을 방지하는 것이다. ZKP가 이런 경우에 적용될 수 있다. ZKP를 적용할 수 있는 또 다른 사례는 컴퓨터 네트워크에서 가상 머신을 인증하는 것이다. 이 사례에 대해서는 중간자 공격 방지를 위한 ZKP를 설명하는 9장에서 다룰 것이다.

ZKP는 핵 군축이나 블록체인 분야와 같이 인증 이외의 분야에도 적용될 수 있다.

증명을 위한 비대화형 프로토콜을 시작으로 ZKP를 좀 더 자세히 살펴보자.

비대화형 ZKP

이번 절에서 설명할 프로토콜은 **비대화형**non-interactive **ZKP**다. 이는 검증자가 답(진술의 내용)을 알지 못한다는 가정하에 증명자가 진술을 입증해야 하며, 검증자로부터 어떠한 정보 교환도 없이 검증이 이뤄지는 방식이다.

프로토콜은 다음과 같이 정리할 수 있다.

증명자 (진술) ──────> **[지식 증명]** ──────> **검증자** (검증)

페기는 메시지 [m]이 다음과 같이 RSA로 암호화돼 있다는 것을 증명해야 한다고 가정해보자.

```
m^e ≡ c (mod N)
```

(N, c, e)는 공개 파라미터이며 [m]은 그렇지 않다.

NOTE

> [] 기호로 표시되는 것은 항상 비밀 요소라는 것을 기억하기 바란다.

빅터에게 진술을 입증하기 위해서 다음과 같은 프로토콜이 수행된다.

1. 페기는 임의의 정수 [r1]을 선택(r1은 비밀로 유지한다)해서 역수(INV[r1])를 구하고 [m]을 곱한다.

   ```
   r2 ≡ [m] * r1^-1 (mod N)
   ```

2. 페기는 다음 식으로 (x1)과 (x2)를 구한다.

   ```
   x1 ≡ r1^e (mod N)
   x2 ≡ r2^e (mod N)
   ```

   페기는 x1과 x2를 빅터에게 전달한다.

3. 빅터는 검증을 수행한다.

   ```
   x1*x2 ≡ c (mod N)
   ```

빅터가 3단계에서 x1*x2 ≡ c (mod N)임을 확인할 수 있다면 페기는 정말로 [m]을 알고 있어야 한다.

폐기는 빅터에게 메시지 [m]을 공개하지 않은 상태에서 효과적으로 자신이 그것을 알고 있다는 것을 보여 주고 싶은 것이다. 이 경우 폐기는 빅터가 [m]을 알고 있는지 여부는 상관하지 않는다는 점을 기억하길 바란다.

즉 폐기는 [m]을 공개하지 않고 RSA 문제를 해결할 수 있다는 것을 보여 주는 것이 목적이다.

실제로 폐기가 [m](암호문(c)에 숨겨져 있음)을 알고 있다면 $x1*x2 \equiv c \pmod{N}$을 계산할 수 있다고 가정하는 것이다. 만일 알고 있지 못하면 그것을 계산할 수 없을 것이다.

또 다른 측면에서 보면, (c)가 큰 수인 경우 [m]을 모르면 x1과 x2((c)의 두 인수)를 알아내기는 매우 어렵다는 가정(이 가정에 동의하길 원하지만 그렇다고 무조건적으로 받아들이진 말길 바란다)이 깔려 있는 것이다. 따라서 (N)을 인수 분해하는 것과 동일한 계산 난이도를 갖는다고 할 수 있다.

앞에서도 봤겠지만 (r2)는 [m]을 이용한 다음과 같은 식으로 계산된다.

```
r2 ≡ [m] * r1^-1 (mod N)
```

x1*x2를 수행하면 (r1)이 제거돼 $m^e \pmod{N}$만 남게 되고 그것은 (c)와 같은 값이다.

빅터가 [m]을 알지 못한다고 하더라도 그녀가 (c)를 인수 분해할 수 있음을 보여 준 것이기 때문에 그는 폐기의 진술(그녀가 [m]을 알고 있다는 것)을 믿을 수 있다.

3장에서 봤듯이 RSA는 인수 분해 문제를 다룬다. 여기서 인수 분해 문제는 다음과 같다.

```
x1*x2 ≡ c (mod N)
```

(c)를 인수 분해하는 2개의 수(x1, x2)를 찾는 것은 계산적으로 매우 어렵다는 것을 전제로 하고 있다.

NOTE

> 5장의 뒷부분에서는 빅터를 속이기 위해서 인수 분해 문제를 회피하는 공격이 존재한다는 것을 보일 것이다.

예제:

더 깊이 살펴보기 전에 예제를 통해서 이 프로토콜이 어떻게 작동하는지 살펴보자.

```
m = 88
N = 2430101
e = 9007
m^e ≡ c (mod N)
88^9007 ≡ 160613 (mod 2430101)
```

이제 검증 과정을 살펴보자.

페기는 임의의 수를 선택한다.

```
r1 = 67
```

- **1단계**: 페기는 r2를 계산한다.

  ```
  r2 ≡ [m] * r1^-1 (mod N)
  ```

  먼저, [Inv(r1)]⁽r1 (mod N)의 역수⁾을 구하고 그것을 [m]과 곱한다.

  ```
  67 * x ≡ 1 (mod 2430101)
  x = 217621
  [m] * x ≡ r2 (mod N)
  88 * 217621 ≡ 2139941 (mod 2430101)
  ```

  결국 r2는 다음과 같다.

  ```
  r2 = 2139941
  ```

- **2단계**: 페기는 x1과 x2를 계산한다.

  ```
  x1 ≡ r1^e (mod N)
  x2 ≡ r2^e (mod N)
  67^9007 = 1587671 (mod 2430101)
  x1 = 1587671
  2139941^9007 ≡ 374578 (mod 2430101)
  x2 = 374578
  ```

페기는 x1, x2 (1587671, 374578)를 빅터에게 전달한다.

- **3단계**: 마지막으로 빅터는 검증을 수행한다.

```
x1 * x2 ≡ c (mod N)
1587671 * 374578 ≡ 160613 (mod 2430101)
160613 = c (OK)
```

이 프로토콜이 왜 수학적으로 올바른지 살펴보자.

비대화형 ZKP 증명

다음 식이 성립함을 보여야 한다.

```
x1 * x2 ≡ c (mod N)
```

$c ≡ [m]^e$ (mod N)이며, $x1 = r1^e$이고 $x2 = r2^e$이기 때문에 식을 다음과 같이 바꿀 수 있다.

```
x1 * x2 ≡ r1^e * r2^e ≡ c (mod N)
```

다시 r2를 다음과 같이 치환할 수 있다.

```
x1 * x2 ≡ (r1)^e *(m * ((r1^-1)^e) ≡ (r1)^e * m^e * (Inv(r1)^e) ≡ c (mod N)
```

모듈러 연산의 속성을 이용하면 식이 다음과 같이 변경된다.

```
r1^e * (Inv(r1))^e ≡ 1 (mod N)
```

$r1^e$과 $(Inv(r1))^e$가 제거되면 m^e만 남기 때문에 결국 다음 식과 같이 된다.

```
x1 * x2 ≡ m^e ≡ c (mod N)
```

(m^e)는 비밀 메시지 [m]을 RSA 암호화한 것이기 때문에 결국 암호문 (c)와 같다. 따라서 x1*x2 = c가 된다.

다음 절에서는 RSA ZKP에 대한 공격에 대해서 설명할 것이다.

RSA ZKP에 대한 공격

지금까지 이 책의 내용을 잘 따라왔다면 계속해서 함께하길 바란다. 이제는 이 프로토콜에서 검증자를 속이는 방법을 소개할 것이기 때문이다.

여기서 소개할 공격 방법은 2018년에 만들었으며 ZKP에 대한 가능한 공격 방법 중 하나다.

공격의 목표는 이브(공격자)가 [m]을 알지 못하더라도 (N)에 대한 인수 분해를 증명하는 2개의 가짜 숫자(x1, x2)를 계산할 수 있다는 것을 보여 주는 것이다.

그러면 공격이 어떻게 작동하고 어떤 효과를 만들어 내는지 살펴보자.

1. 이브(공격자)는 임의의 수 [r]을 선택해서 다음을 계산한다.

   ```
   [r] * (v1) ≡ e (mod N)
   ```

   [r]과 (e)는 공개 파라미터이기 때문에 누구나 알 수 있다. [r]을 이용해서 (v1)을 계산한다.

2. 동시에 이브는 다음을 계산한다.

   ```
   e * x ≡ c (mod N)
   ```

   (e, c)는 공개된 것이다. 1단계에서와 마찬가지로 곱하기에 대한 역수 (mod N)를 계산해서 [x]를 구한다. 그다음에 이브는 [x]와 [r]을 곱해서 (v2)를 구한다.

   ```
   x * r ≡ v2 (mod N)
   ```

   이브는 (v1, v2)를 빅터에게 전달한다. 그러면 빅터는 다음과 같이 검증을 수행한다.

```
v1 * v2 ≡ c (mod N)
```

결국 이브는 폐기인 것처럼 가장할 수 있으며 [m]을 알지 못하더라도 자신이 [m]을 알고 있다고 주장할 수 있다.

예제:

r = 39은 이브가 임의로 선택한 것이고 비밀로 유지한다.

앞의 예에서와 마찬가지로 (N, c, e)는 공개 파라미터(N = 2430101, c = 160613, e = 9007)다.

- **1단계**: 이브는 v1을 계산한다.

```
e * r^-1 ≡ v1 (mod N)
9007 * 436172 = 1557988 (mod 2430101)
v1 = 1557988
```

- **2단계**: 이브는 v2를 구한다.

  (c)에 대해 (e)의 역수를 구해서 (x)를 구한다.

```
9007 * x = 160613 (mod 2430101)
x = 2031892
```

  그다음에는 x를 이용해서 v2를 구한다(x * r ≡ v2 (mod N)).

```
v2 = 1480556
```

  v2를 구한 다음에 이브는 (v1 = 1557988; v2 = 1480556)을 빅터에게 전달한다.

- **3단계**: 검증 단계다.

  마지막으로 빅터는 다음과 같이 검증을 수행한다.

```
v1 * v2 = c
1557988 * 1480556 = 160613 (mod 2430101)
```

공격이 성공한 것이다!

> 물론 페기가 [m]을 알지 못한다면 그녀도 이 트릭을 이용해서 증명을 시도할 수 있다.

이 공격은 (c)가 [m]을 포함하고 있기 때문에 작동하는 것이며 [m]의 값을 보여 줄 필요가 없다. 페기는 빅터에게 [m]에 대한 어떤 정보도 공개하고 싶어하지 않기 때문에 이 프로토콜은 [m]이나 그것의 해시 [H(m)]를 보여 줄 필요가 없다. 이는 인증 프로토콜이 아니라 페기가 [m]을 알고 있다는 진술(또는 지식)을 증명하기 위한 것임을 기억하기 바란다.

예를 들어 두 나라가 있다고 가정해보자. A 국가는 자신이 원자 폭탄을 만들 수 있는 공식이 있다고 B 국가에게 증명해야 한다. A 국가는 ZKP를 이용해서 자신의 정보를 공개하지 않고 자신이 [m](원자 폭탄 제조 공식)을 알고 있다고 주장할 수 있다.

이 공격은 한 가지 전제 조건이 있어야만 피할 수 있다.

빅터가 이미 [m]을 알고 있다면 그는 페기에게 메시지의 해시 H[m]을 보내달라고 요구할 수 있다. 그러면 (x1과 x2)가 올바른 값인지 확인할 수 있고, 결국 [m]의 해시 값을 기반으로 검증을 수락하거나 거부할 수 있다.

이 경우 문제는 이 프로토콜의 목적이 이미 알려진 것을 증명하는 것이 아니라 알려져 있는지 여부와 상관없이 독립적으로 무언가를 증명하는 데 있다는 것이다.

빅터가 [m]을 알고 있을 경우에만 프로토콜이 공격을 회피해서 제대로 동작하기 때문에 이는 매우 중요한 문제다. 빅터가 [m]을 알고 있지 않다면 프로토콜이 실패할 수 있기 때문이다.

이와 같은 문제를 해결하기 위해서 대화형 프로토콜을 살펴볼 필요가 있다.

Schnorr의 대화형 ZKP

앞서 살펴본 프로토콜은 페기와 빅터가 서로 상호 작용하지 않고 단순히 그들 사이에 커밋먼트commitment만 존재하는 비대화형 프로토콜이었다. 커밋먼트는 페기가 메시지 [m]에 대해서 아무것도 공개하지 않고 그것을 알고 있다는 것을 보이는 것이었다. 따라서 페기는 그녀의 진술이 정직하다는 것을 빅터에게 증명하기 위해서 그녀가 RSA 문제(또는 다른 어려운 수학 문제)를 해결할 수 있다는 것을 보였다. 하지만 수학적인 트릭을 이용하면 해당 프로토콜을 우회할 수 있다는 것도 살펴봤다.

이제는 대화형 ZKP가 더 강력하고 공격을 방지할 수 있는지 살펴보자.

페기와 빅터는 항상 우리 시나리오의 주연을 담당한다. 따라서 다음을 가정해보자.

- p는 매우 큰 소수다.

- g는 (Zp)의 생성자다.

- $B \equiv g^a \pmod p$는 페기의 공개 파라미터다.

- (p, g, B)는 공개 파라미터다.

- [a]는 커밋먼트의 비밀 값이다.

페기는 그녀가 [a]를 알고 있다고 주장한다. 페기의 주장을 증명하기 위해서 페기와 빅터는 다음과 같은 과정을 수행한다.

- **1단계**: 페기는 임의의 정수 [k] (1 ≤ k < p-1)를 선택하고 다음을 계산한다.

  ```
  V ≡ g^k (mod p)
  ```

  페기는 (V)를 빅터에게 전달한다.

- **2단계**: 빅터는 임의의 정수 (r) (1 ≤ r < p-1)을 선택하고 그것을 페기에게 전달한다.

- **3단계**: 페기는 다음을 계산한다.

  ```
  w ≡ (k - a*r) (mod p-1)
  ```

  페기는 (w)를 빅터에게 전달한다.

- **4단계**: 마지막으로 빅터는 다음을 검증한다.

```
V ≡ g^w * B^r (mod p)
```

식이 성립하면 빅터는 페기가 [a]를 알고 있다는 것을 확신할 수 있다.

프로토콜이 제대로 동작하는 이유와 마지막 V가 [a]를 페기가 실제로 알고 있다는 것 (커밋먼트)을 증명하는 이유에 대해서 살펴보자.

먼저, 프로토콜이 수학적으로 참인 이유를 설명한 다음 이 프로토콜에 대한 예제를 살펴볼 것이다.

대화형 ZKP 증명

다음의 내용을 상기해보자.

```
V ≡ g^k (mod p)
B ≡ g^a (mod p)
w ≡ k - a*r (mod p-1)
```

이제는 3단계에서 사용된 식의 내용을 동일한 식으로 대체해보자.

```
V ≡ g^w * B^r (mod p)
V ≡ g^k (mod p)
```

(V)는 다음과 같이 쓸 수 있다.

```
V ≡ (g^(k - a*r (mod p-1))) * ((g^a)^r) (mod p)
```

지수의 속성을 이용해서 다음과 같이 변경할 수 있다.

```
g^k ≡ g^(k - [ar]) * g^[ar] (mod p)
V ≡ g^k ≡ g^(k -ar +ar)
```

[-ar]와 [+ar]이 서로 상쇄돼 최종적으로 다음과 같이 된다.

```
g^k ≡ g^k (mod p)
```

이 대화형 ZKP가 작동하는 방식을 좀 더 잘 이해하기 위해서 예제를 통해서 살펴보자.

예제:

```
p = 1987
a = 17
g = 3
```

(p = 1987 and g = 3)는 공개 파라미터다.

[a] = 17은 페기가 알고 있다고 주장하는 값이며 비밀로 유지된다.

```
B ≡ g^a (mod p)
```

(B)는 페기의 공개키다. 다음과 같이 구한다.

```
3^17 ≡ 1059 (mod 1987)
```

페기는 임의의 수 [k] = 67을 선택해서 (V)를 계산한다.

```
V = 3^67 = 1753 (mod 1987)
```

페기는 (V)를 빅터에게 전달한다.

빅터는 임의의 수 (r = 37)을 선택해서 그것을 페기에게 전달한다. 페기는 전달받은 것으로 다음을 계산한다.

```
k - a * r ≡ w (mod p-1)
67 - 17 * 37 ≡ 1424 (mod 1987-1)
w = 1424
```

페기는 (w = 1424)를 빅터에게 전달한다.

마지막으로 빅터는 (V) = 1753인지 검증한다.

```
g^w * B^r ≡ V (mod p)
3^1424 * 1059^37 ≡ 1753 (mod 1984)
V = 1753
```

이제는 페기가 [a]를 알고 있다면 빅터를 어떻게 설득할 수 있는 것인지 알아보자. 문제를 더 잘 이해하기 위해 예를 들어 설명할 것이다.

예를 들어 빅터는 페기의 공개 파라미터 (B)를 갖고 있는 은행이고 페기는 그 은행의 고객이라고 가정한다면 이 프로토콜을 인증 체계authentication scheme에 사용할 수 있다. 비밀 정보 [a]는 페기의 보안 코드(PIN)라고 할 수 있다. 따라서 페기는 은행의 온라인 계정에 접근하기 위해서 그녀가 [a]를 알고 있다고 입증해야 한다.

이번에는 빅터가 중앙 처리 서버이고 페기는 안전하지 않은 회선으로 해당 서버에 연결하려는 사용자나 또 다른 서버라고 가정해볼 수도 있다.

ZKP의 요점은 페기가 자신의 민감한 데이터를 공개하지 않도록 하는 것이다. 따라서 그녀가 빅터에게 보여 줘야 하는 것은 그녀가 (B)의 이산 로그 문제에 대한 답을 알고 있다는 증명 과정이다.

3장에서도 봤듯이 (B)와 (g)를 알고 있다고 해도 [a]를 알아내는 것은 어렵다.

```
B ≡ g^[a] (mod p)
```

이 때문에 모듈러 연산을 이용하는 것이다.

물론 페기는 검증에 사용되는 올바른 (w)를 계산해 내려면 [a]를 알고 있어야만 한다.

```
w ≡ k - a*r (mod p-1)
```

또한 빅터가 선택해서 페기에게 보내고 검증 단계에서 (V)와 (B)와 함께 사용되는 (r)에 대해서 페기가 허풍을 떨어서 빅터를 속이는 방법은 없다.

```
V ≡ g^w * B^r (mod p)
```

따라서 페기가 빅터를 속일 수 있는 방법이 없다는 것을 확신하게 되길 바란다.

대화형 ZKP에 대한 공격

앞서 페기가 빅터를 속일 수 없다는 것을 봤다. 나는 2018년 말에 이 프로토콜에 대한 공격 시나리오를 만들었다. 그 공격이 제대로 동작하는지 한번 살펴보자.

공격자(이브)의 목표는 비밀 정보 [a]를 모른 채 최종적인 검증을 위한 증명을 제공하는 것이다.

1단계: 페기는 임의의 정수 [k] (1 ≤ k < p-1)를 선택하고 다음을 계산한다.

```
V ≡ g^[k] (mod p)
```

페기는 (V)를 빅터에게 전달한다.

페기가 빅터에게 (V)를 전달할 때 이브는 중간자 공격을 수행한다.

2단계: 빅터는 임의의 정수 (r) (1 ≤ r < p-1)을 선택한다.

이브는 V1 ≡ g^k1 (mod p)을 계산한다. 여기서 [k1]은 [k]를 대체하기 위해서 이브가 임의로 선택한 수다.

이브는 중간자 공격으로 (V) 대신 (V1)을 빅터에게 전달한다.

빅터로부터 (r)을 전달받은 후 이브는 (v1)을 계산한다.

```
V1 ≡ g^(v1) * B^r (mod p)
```

공격을 위한 조건은 다음과 같다.

- V1을 검증하는 최종 단계 (r)을 제외할 수 있다면 공격이 성공할 수 있다.

- 즉 공격자는 다음과 같이 (v1)을 계산할 수 있다.

```
v1 = [x] ————————> V1 = g^k1
```

공격에 대한 추가 사항은 다음과 같다.

- (v)와 같은 방식으로 (v1)을 구현할 필요가 없고 임의의 값으로 (v1)을 제공할 수 있다.

- 최초의 공격 지점은 (V)를 (V1)으로 대체하는 것이지만 필수 사항은 아니다. 이 경우 빅터에게 (V1)을 전달했을 때 (r)을 알지 못하기 때문에 이 파라미터를 변경할 수는 없다.

- 행운을 빈다! Schnorr 대화형 프로토콜을 속일 수 있는 방법을 찾을 수 있다는 결론에 도달했다면 알려 주기 바란다. 그러면 당신은 암호 연구원 자리를 얻게 될 것이다.

앞서 분석한 대화형 프로토콜에는 또 다른 문제가 있다. 두 사람이 유럽과 호주처럼 각기 다른 시간대에 살고 있다고 가정해보자. 한 사람이 ON인 상태라면 다른 사람은 아마도 잠자고 있는 OFF 상태일 것이다. 그런 경우 금융 거래를 하기 위해서 많은 시간을 기다려야 한다면 어떻게 될까?

따라서 이 프로토콜은 암호 화폐 거래와 같은 목적으로 사용하기에는 적합하지 않다. 대부분의 암호 화폐 프로토콜은 영지식 알고리듬을 사용해 아키텍처 구조 내부의 데이터를 익명화한다. 이제 영지식 프로토콜의 구현 방법을 알았으니 zk-SNARK로 넘어가 보자.

zk-SNARK

ZKP를 이해하는 것이 매우 어렵다고 생각한다면 그것은 zk-SNARK를 아직 접해 보지 않았기 때문이다. 일종의 ZKP인 **zk-SNARK**는 '으스스한 달 수학^{spooky moon math}'으로도 알려져 있다. 내용이 좀 더 복잡해지긴 하지만 걱정할 필요없다. 아무리 복잡하더라도 이해하는 것이 불가능하지는 않다. 다음 절에서는 흥미로운 새로운 공격 가능에 대해서도 살펴볼 것이다.

zk-SNARK 또는 **zk-STARK**는 5장에서 첫 번째로 살펴본 프로토콜처럼 증명자와 검증자 사이의 상호 작용이 필요없는 비대화형 ZKP다. 이 절에서는 zk-SNARK를 중심으로 설명할 것이다.

zk-SNARK라는 이름은 **Zero-Knowledge Succinct Non-Interactive Argument of Knowledge**의 약자다. 따라서 증명자와 검증자 사이에는 단 한 번의 상호 작용만 수행되는 프로토콜을 다루게 될 것이다.

실제로 zk-SNARK로 트랜잭션을 익명화하고 암호 화폐 체계에서 사용자를 식별할 수 있기 때문에 매우 높이 평가되고 있다.

이 새로운 시스템을 채택해서 합의^{consensus} 알고리듬을 만든 최초의 암호 화폐는 **Zcash**였다.

이후에 보게 되겠지만 블록체인에서 zk-SNARK는 스마트 컨트랙트를 사용하기 위해서 중요하다. 알다시피 스마트 컨트랙트는 합의된 실행이 완료된 후 활성화되는 암호 화폐의 에스크로^{escrow} 시스템이라고 할 수 있다.

스마트 컨트랙트와 블록체인은 이 책의 주제가 아니기 때문에 암호 화폐 환경에서 zk-SNARK가 어떻게 동작하지는지 설명하기 위한 제한된 예만을 보여 줄 것이다. 그것만으로도 zk-SNARK를 이해하는 데 도움이 될 것이다.

예를 들어 페기는 빅터와의 스마트 컨트랙트를 실행하기 위해서 이더리움^{Ethereum}에서 송금을 수행한다고 가정해보자. 이 경우 페기는 스마트 컨트랙트가 제대로 실행됐는지 그리고 빅터는 자신에게 암호 화폐 전송이 성공적으로 완료됐는지 확인하고 싶을 것이다. 하지만 스마트 컨트랙트에 내재된 많은 세부 내용은 공개되지 않을 것이다. 여기서 zk-SNARK는 세부 내용을 숨기고 스마트 컨트랙트를 실행하는 데 있어서 중요한 역할을 담당한다. 그런 역할이 제대로 동작하려면 프로토콜이 빠르고 안전하며 구현하기 쉬워야 한다.

앞에서도 봤겠지만, ZKP의 목적은 신뢰할 수 없는 환경하에서 원하는 것을 용이하게 만드는 것이다. 여기에서는 블록체인과 가상 지불을 예로 들어서 이야기하고 있지만 어디에서든 본질적으로 동작하는 방식은 비슷하다.

따라서 암호 화폐 환경에서 zk-SNARK는 스마트 컨트랙트에가 수행하는 각 단계를 보호하는 동시에 모든 필요한 단계가 실행됐음을 증명함으로써 비밀을 유지시킨다. zk-SNARK는 이와 같은 방식으로 개인과 기업의 개인 정보를 보호한다.

의심을 갖기보다는 현실적인 관점을 가져야 하기 때문에 다음과 같은 확정적인 조건하에서 위 내용이 참이라는 것을 기억하기 바란다.

- 증명자가 제공한 증명은 지식 증명으로 선택된 알고리듬과 동일한 계산 난이도를 갖는다.

- 가짜 증명(예를 들어 [a]를 알고 있다고 속이기 위해서 가짜 파라미터 V1 ≡ g^(v1) ∗ B^r (mod p)으로 교체)으로 검증자를 속일 수 있는 수학적 방법이 없다.

그럼 zk-SNARK가 어떻게 동작하는지 살펴보자.

zk-SNARK의 동작 방식

이번 절에서는 먼저 zk-SNARK의 일반적인 동작 방식을 알아보고 이산 로그 기반의 지식 증명과 관련된 zk-SNARK 프로토콜에 대해서 알아볼 것이다.

다른 ZKP에 대해 이미 살펴본 것과 같이 zk-SNARK는 (G), (P), (V)의 세 부분 또는 항목으로 구성된다.

- G: 이는 키 생성기이며 공개 파라미터를 생성하는 개인 파라미터(진술 또는 또 다른 임의의 키)에 의해서 만들어진다.

- P: 이는 증명자가 증명하고자 하는 것을 위한 증명 알고리듬이다.

- V: 이는 검증자가 사용하는 검증 알고리듬이며 TRUE 또는 FALSE를 반환한다. ZKP(특히 zk-SNARK 프로토콜)를 사용하는 것만으로는 [w]를 비밀로 유지하는 것이 충분하지 않지만 검증 결과가 FALSE인 경우에도 해당 진술을 TRUE로 증명하는 것이 가능하다는 것을 보일 것이다.

앞의 대화형 ZKP(Schnorr)를 설명할 때 사용한 예제가 비대화형 방식(zk-SNARK)에서는 어떻게 동작하는지 살펴보자.

증명자를 안나^Anna라고 하고 검증자를 칼^Carl이라고 가정하자.

안나는 자신이 [a]를 알고 있다고 증명해야 한다.

안나를 다음과 같이 공개키 (y)를 계산한다.

```
y ≡ g^a (mod p)
```

(g)는 D-H나 다른 공개키/개인키 알고리듬에서 본 것과 같은 생성자다.

그다음 안나는 p-1보다 작은 임의의 수 [v]를 선택해서 그것을 비밀로 유지한다. 그리고 [v]를 이용해서 다음을 계산한다.

```
t ≡ g^v (mod p)
```

안나는 3개의 파라미터 (g, y, t)에 대한 해시 (c)를 만들고 다음과 같이 (r)을 계산한다.

```
r ≡ v - c*a (mod p-1)
```

검증자 칼은 다음과 같이 검증을 수행한다.

```
t ≡ g^r * y^c (mod p)
```

최종적으로 검증을 통과하면 칼은 안나가 [a]를 알고 있다는 진술이 TRUE라는 것을 받아들인다.

이제 zk-SNARK가 어떻게 작동하는지 알아봤으므로 어떻게 하면 이 프로토콜을 공격할 수 있는지 알아보자.

zk-SNARK 프로토콜에 대한 공격

여기서 설명할 공격 방법은 2019년 6월에 내가 수행한 것이며 완전히 안전한 것은 없다는 것을 보여 준다.

이브가 **인공지능**AI, Artificial Intelligence 서버라고 가정해보자. 또한 이브는 공개 해시 함수 H(g, y, t)를 가로채서 중간자 공격을 수행한다고 가정한다.

페기가 빅터에게 (V)를 전달할 때 이브는 (c) = H(g, y, t)를 (c1) = H1(g, y, t1)로 바꿔서 전달한다. 이때 (H)는 해시 함수이고 (t1)은 다음과 같이 구한다.

```
t1 ≡ g^v1 (mod p)
```

아마 눈치챘겠지만 (v)를 (v1)으로 대체하는 것은 앞서 설명한 공격에서 (k)를 (k1)으로 대체한 것과 동일한 트릭이다.

이브는 (r1)을 다음과 같이 단순하게 만들 수 있다.

```
r1 = v1
```

이제 이브는 칼에게 (r1, v1, c1)을 전달하고 칼은 다음과 같이 검증을 수행한다.

```
t1 ≡ g^r1 * y^c1 (mod p)
```

다음과 같은 이유 때문에 t1 = g^v1이 된다.

```
y^(p-1) ≡ 1 (mod p)
```

즉 c1 = p-1이고 r1 = v1이므로 결국 다음과 같이 된다.

```
t1 ≡ g^v1 ≡ g^v1 * 1 (mod p)
```

예제:

```
p = 3571
g = 7
x = 23
```

안나의 공개키는 다음과 같다.

```
y ≡ g^x (mod p)
7^23 = 907 (mod 3571)
y = 907
```

안나는 v = 67을 선택해서 다음을 계산한다.

```
t ≡ g^v (mod p)
7^67 = 584 (mod 3571)
t = 584
```

(g, y, t)에 대한 해시는 다음과 같다고 가정하자.

```
c = 37
```

안나는 r을 계산한다.

```
r ≡ v - c*x (mod p-1)
(67 - 37*23) ≡ 2786 (mod 3570-1)
r = 2786
```

안나는 (r, t, c) = (2786, 584, 37)을 칼에게 전달한다.

칼은 다음과 같이 검증을 수행한다.

```
g^r * y^c ≡ t (mod p-1)
7^2786 * 907^37 = 584 (mod 3571)
```

하지만 이브가 중간에 공개 파라미터인 (y), (t), (r)을 가로챘다고 가정해보자. 이브는 (y)는 그대로 두고 (t)를 (t1)으로 변경하고 (r)을 (r1)으로 변경하는 중간자 공격을 수행한다.

```
v1 = 57
```

t1과 c1은 다음과 같이 계산한다.

```
t1 ≡ 7^57 (mod 3571)
t1 = 712
v1 = r1 = 57
c1 = p-1 = 3570
```

이브는 (r1, t1, c1) = (57, 712, 3570)을 칼에게 전달한다.

칼은 검증을 수행한다.

```
t1 ≡ g^r1 * y^c1 (mod p)
```

이브가 교체한 파라미터 (t1, r1, c1)는 볼드체로 표기했다. 이브는 (y, g, p)는 변경시키지 않았다.

검증 식에 실제로 새로운 파라미터 값을 대입하면 다음과 같이 된다.

```
7^57 * 907^3570 ≡ 712 (mod 3571)
```

칼은 이브로부터 전달받은 파라미터로 연산한 결과로 t1 = 712와 같다는 것을 검증하게 된다.

기본적으로 칼이 r1 = v1 또는 c = p-1인 것을 알아채지 못한다면 트릭은 성공하고 결국 이브는 안나가 될 수 있다.

그렇다면 이 공격에 대해서 어떤 보호 조치를 취해야 할까?

이 공격이 보다 정교하게 구현된다면 아마도 피하기는 매우 어려울 것이다.

안나의 개인키 [a]를 내포하고 있는 안나의 공개키 (y)는 공격 중에 변경되지 않는다.

어쨌든 zk-SNARK는 증명을 위해서 다양한 방법이나 프로토콜로 구현될 수 있으며 이어지는 절에서 그런 알고리듬과 프로토콜에는 어떤 것이 있는지 살펴볼 것이다. 블록체인과 암호 화폐는 사용자를 익명으로 인증하는 새로운 방법을 찾기 위해 빠르게 진화하고 있다. 하지만 해당 주제는 비교적 새로운 것이기 때문에 가능한 공격에는 어떤 것이 있고 그것에 대한 대응 방법에는 어떤 것이 있는지 찾기 위한 노력이 필요하다.

Zcash 암호 화폐의 zK-SNARK

이번 절에서는 개인 정보 보호를 목적으로 zk-SNARK 기반으로 만들어진 새로운 암호 화폐인 Zcash에 대해서 알아볼 것이다. zk-SNARK을 이용한 Zcash에 대해서는 2020년 11월 12일에 과학 논문 「Demystifying the Role of zk-SNARKs in Zcash」로 발표됐다.

> "Zcash 알고리듬의 기본 원칙은 강력한 개인 정보 보호가 보장되는 본격적인 원장 기반의
> 디지털 통화를 제공하는 것이며 개인 정보 보호는 zk-SNARK에 의해서 이뤄진다."

Zcash의 블로그에서는 영지식 증명에 대해 다음과 같이 언급하고 있다. 한 당사자(증명자)가 진술 자체의 유효성을 넘어서는 정보를 공개하지 않고 진술이 참임을 다른 당사자(검증자)에게 증명할 수 있다. 영지식 증명에서 증명자는 증명하고자 하는 내용에 대한 민감한 정보를 공개하지 않고 자신의 진술을 증명할 수 있다.

하지만 이와 같은 프로토콜은 인수 분해와 이산 로그와 같은 풀기 어려운 문제를 기반으로 하고 있으며, 일부 프로토콜은 다양한 형태의 공격에 대해서 취약할 수 있다는 것을 앞서 살펴봤다.

ZKP를 이용해야 하는 이유는 민감한 데이터나 서버의 ID에 대한 너무 많은 정보를 노출하지 않고 자신을 인증하기 위해서다.

ZKP를 이용하는 또 다른 이유는 비밀로 유지하고 싶은 어떤 것을 자신이 알고 있다고 증명하기 위해서다.

ZKP를 이용할 때 다음과 같이 두 가지 경우가 있을 수 있다.

- 첫 번째는 검증자가 진술의 내용을 모른다고 가정하는 경우다.
- 두 번째는 검증자는 이미 진술의 내용을 알고 있고 그것이 정확한 것인지만 검증하면 되는 경우다.

대화형 ZKP 프로토콜 대신 비대화형 ZKP 프로토콜을 이용한다면 모든 것이 더 간단해진다. 위의 첫 번째 경우 검증자는 추가적인 입력이 필요 없기 때문이다. 실제로 증명자와 검증자 사이에 파라미터가 교환되면 알고리듬의 보안성이 향상될 수 있다. 하지만 대화형 ZKP 프로토콜은 원하는 목적을 달성하기 위해서 많은 단계가 필요하기 때문에 비대화형 프로토콜보다는 적게 사용된다.

앞 절에서 검증자를 속여서 사실이 아닌 것을 믿게 만드는 몇 가지 공격 방법에 대해서 살펴봤다. 게다가 검증자가 질술의 내용을 모른다면 가짜 파라미터를 이용해서 검증자를 더 쉽게 속일 수 있다.

현재 다음과 같은 두 가지 이유로 암호화 관련 상황이 빠르게 변하고 있다.

- 인터넷과 전자 상거래에서 개인 정보를 처리하고 데이터를 익명화하기 위한 암호화의 필요성

- 전자 결제 및 암호 화폐 사용의 증가

디지털 화폐 교환을 익명화하고 암호 화폐 거래에서 사용자의 개인 정보를 보호하기 위해 zk-SNARK는 다양한 경우에 적용되고 있다. 앞서 살펴본 두 가지 주요 문제(RSA와 이산로그 문제)에 사용된 검증은 거의 쓸모가 없다. 따라서 새롭고 좀 더 정교하며 해결하기 어려운 문제가 필요하다고 할 수 있다. Zcash에서 이와 관련된 사례를 보게 될 것이다.

완벽한 영지식 기반의 개인 정보 보호를 위해서 Zcash는 **트랜잭션의 유효성**을 결정하는 복잡한 시스템을 구현했다.

zk-SNARK를 사용하는 Zcash의 합의 시스템은 트랜잭션 자체의 내용과 조건을 알지 못한 상태에서 트랜잭션의 유효성에 대한 응답을 반환한다.

Zcash는 트랜잭션을 익명화하고 트랜잭션이 유효한지 여부에 대한 최종 답을 얻기 위해 복잡한 체계를 사용한다. 그것을 도식화해보면 그림 5.2와 같다.

그림 5.2 회로 흐름

각 단계가 무엇을 의미하는지 하나씩 살펴보자.

첫 번째 단계에서는 트랜잭션 유효성을 수학적인 함수로 변환한다. 해당 함수는 최종적으로 논리 표현식으로 모아진다. 이 단계에서는 수학적인 기본 연산(+, -, *, /)으로 구성되고 부울 연산자(AND, OR, NOT, XOR)로 계산되는 부울 회로(이에 대해서는 2장과 3장에서 살펴봤다)와 유사한 산술 회로를 만든다. 그리고 이어지는 예제에서 볼 수 있듯이 산술 회로는 하나의 게이트^{gate}로 수렴한다.

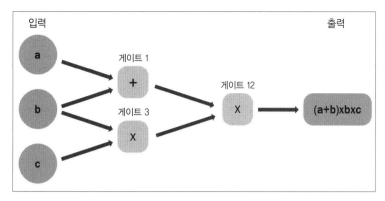

그림 5.3 산술 회로의 예. 입력: a, b, c. 출력: (a+b)*b*c

위 **산술 회로**(또는 대수 회로)는 입력 a, b, c에 대해 수행된 모든 연산을 단일 게이트로 수렴시킨다. 회로를 왼쪽에서 오른쪽으로 보면 단일 항(a, b, c)이 있고 (a)와 (b)를 더하고 다음에는 (b)와 (c)를 곱한다. 그리고 마지막으로 이전 결과를 곱한다. 모든 것이 수학적으로 단 하나의 최종 게이트로 표현되는 것이다. 연산을 계층적으로 표현할 수 있고 그것을 하나의 산술 회로로 줄일 수 있다.

두 번째 단계는 **R1CS**(Rank 1 Constraint System) 표현이다.

그림 5.4에서 볼 수 있듯이 R1CS에는 3개의 벡터(A, B, C) 그룹이 있다. 시스템을 만족시키는 해는 벡터 사이의 내적 연산 (.)에 의해 주어지는 새로운 벡터 (S)이며, 최종 결과는 0이어야 한다. 따라서 R1CS는 이 연산 체계를 가지며 결과가 0인 다음 식을 충족해야 한다.

```
(S • A) * (S • B) - (S • C) = 0
```

예를 들어 그림 5.4는 만족된 R1CS 시스템이다.

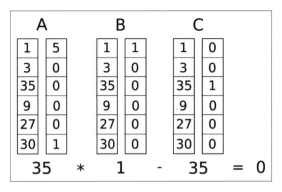

그림 5.4 만족된 R1CS 시스템 예

그림 5.4에서 볼 수 있듯이 벡터 [S]의 값은 [1, 3, 35, 9, 27, 30]이며, 이는 R1CS 시스템을 보장한다.

실제로 [A]열에 대한 연산 결과는 다음과 같다.

```
[1·5 + 3·0 + 35·0 + 9·0 + 27·0 + 30·1] = [5 + 0 + 0 + 0 + 0 + 30] = [35]
```

다음은 [B]에 대한 연산 결과다.

```
[1·1 + 3·0 + 35·0 + 9·0 + 27·0 + 30·0] = [1 + 0 + 0 + 0 + 0 + 0] = [1]
```

마지막으로 [C]열에 대한 연산 결과는 다음과 같다.

```
[1·0 + 3·0 + 35·1 + 9·0 + 27·0 + 30·0] = [0 + 0 + 35 + 0 + 0 + 0] = [35]
```

R1CS는 값이 올바르게 이동하는지 확인하며 이 과정을 통해 값을 검증한다. 예를 들어 그림 5.4의 예에서 R1CS는 (b)와 (c)가 들어간 곱셈 게이트에서 나오는 값이 (b*c)임을 확인한다.

세 번째 단계에서 Zcash는 R1CS 플랫 코드[flat code]를 (mod x)의 다항식에서 작동하는 **QAP**[Quadratic Arithmetic Program]로 변환한다.

R1CS를 QAP 형식으로 변환하는 것은 벡터 사이의 내적을 구하는 대신 다항식을 사용하는 것을 제외하고는 이전 단계와 동일한 논리를 구현한다.

앞서 언급했듯이 Zcash에서 수행하는 로직을 높은 수준에서 설명하는 것으로 제한할 것이기 때문에 세 번째 단계인 QAP를 보다 자세히 설명하지는 않을 것이다.

이 시점에서 Zcash 개발자들이 이와 같은 시스템에 많은 노력을 기울인 이유를 생각해 보자.

그것은 아마도 완벽한 ZKP를 만들고 싶었기 때문일 것이다. 「Aurora: Transparent Succinct Arguments for R1CS」라는 제목의 논문에서 실제로 다음과 같은 조건을 충족하는 투명한 zk-SNARK를 만드는 것이 목표라고 밝혔다.

- **양자 내성**: 배포된 시스템의 프로토콜의 장기적인 보안성을 보장
- **구체적인 효율성**(인자의 크기와 증명자/검증자 시간 측면에서): 좋은 점근성을 나타낼 뿐만 아니라 좋은 효율성을 제공하는 시스템

이처럼 프로토콜 개발자가 예상하는 높은 기대치를 감안해서 마지막 단계를 살펴보자. 이 프로토콜은 다항식의 곱셈을 수행함으로써 확률적 솔루션을 제공한다. 두 다항식이 임의의 점에서 일치한다면 선택된 점이 증명을 올바르게 검증한다고 확신할 수 있다. 이 변환의 이유는 R1CS에서와 같이 제약 조건을 개별적으로 확인하는 대신 모든 제약 조건을 동시에 확인할 수 있기 때문이다. 그림 5.5는 벡터 검증이 QAP에서 어떻게 보이는지 보여 주고 있다.

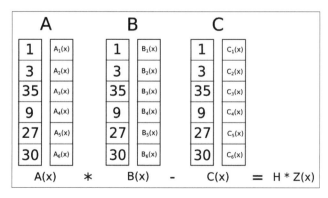

그림 5.5 QAP에서의 벡터 검증 예

위 표현과 R1CS에서의 체크섬^{checksum}과의 차이점은 무엇일까? 두 경우 모두 논리 게이트가 0이면 내적 (.)의 결과는 통과된다. 만일 (x) 좌표 중 최소한 하나라도 0이 아닌 결과를 만들어 내면 해당 논리 게이트로 들어가고 나가는 값이 일치하지 않는다는 것을 의미한다.

하지만 이 시점에서 문제가 있을 수 있다. 누군가 검증자가 유효성을 확인하기로 선택한 지점을 미리 알고 있다면 해당 지점을 만족시키는 유효하지 않은 다항식을 생성할 수 있다.

기본적으로 이는 위험한 단계이며 공격에 취약할 수 있다. 문제 해결을 위해서 Zcash는 다항식을 맹목적으로 평가하기 위한 정교한 기술을 zk-SNARK에 적용했다. 동형 암호화와 타원 곡선 쌍과 같이 Zcash에서 사용되는 수학적 기술은 수행되는 작업 분석을 어렵게 하지만 복잡성이 증가된다. 이와 관련된 문제는 다음 절에서 살펴볼 것이며, 이제는 Zcash에서 수행되는 전체적인 zk-SNARK 작업에 대한 설명을 마치도록 하겠다.

Zcash에 대한 설명 초반에 말했듯이 ZKP 프로토콜의 목표는 진술(Zcash 경우에는 트랜잭션)이 참인지 거짓인지 판단해 이중 지불$^{double-spending}$ 문제를 방지하는 것이다.

zk-SNARK의 결론과 약점

이전 절에서 봤듯이 이 프로토콜의 약점 중 하나는 QAP에서 찾을 수 있다. 이미 설명했듯이 Zcash는 다항식을 비밀로 유지하기 위해서 동형 암호을 이용해서 문제를 해결하려고 노력해 왔다. 문제는 동형 암호화가 일반적으로 비트 오버플로$^{bit-overflow}$를 유발한다는 것이다. 게다가 완전 동형 암호화를 달성하기 위해서 필요한 프로토콜과 체계가 매우 복잡해진다. 이미 알고 있겠지만 암호화에서 복잡성은 보안의 적이다. Zcash의 전체 프로토콜을 분석하는 것은 이 책의 목적과 맞지 않기 때문에 더 이상 설명하지는 않을 것이다.

RSA를 기반으로 하는 비대화형 ZKP를 설명할 때 살펴본 시나리오를 상기해보기 바란다. 원자 폭탄을 위한 공식을 갖고 있다는 것을 전문가에게 증명해야 한다면 전문가들은 아마도 증명을 기술하는 문서 [m]의 해시 함수 외에도 다른 것을 보여달라고 요청할 것이다. 검증자는 실질적인 증거들이 있어야만 확신할 수 있다. 하지만 ZKP는 제공할 수 있는 지식 증거의 양이 제한적이다.

1라운드 ZKP

이번 절에서는 서던캘리포니아 대학University of Southern California의 술탄 알무하마디Sultan Almuhammadi와 클리포드 노이만Clifford Neuman이 제시한 잘 알려지지 않은 ZKP에 대해서 살펴볼 것이다. 그것은 단 한 번의 암호화 라운드만으로 증명을 수행하는 ZKP라고 할 수 있다. 그들은 논문에서 "제안된 접근 방식은 증명자가 비밀을 공개하지 않고 지식을 증명할 수 있는 새로운 프로토콜을 만들어 낸다"라고 기술하고 있다.

또한 비대화형 ZKP가 실행 시간을 절약하고 통신 대기 시간을 줄여 주기 때문에 계산과 통신 비용 측면에서 더 효율적임을 입증했다.

ZKP는 전자 상거래 애플리케이션, 스마트 카드, 디지털 캐시, 익명 통신, 전자 투표와 같은 정보 기술의 많은 분야에서 사용된다. 술탄 알무하마디와 클리포드 노이만은 높은 계산과 통신 비용을 수반하는 반복적인 수학 체계를 제거한 단 한 번의 라운드로 ZKP의 요구 사항을 충족시키고자 했다.

그렇다면 1라운드 ZKP가 어떻게 동작하는지 살펴보자.

페기가 다음과 같이 [x]를 알고 있다고 빅터에게 증명(여기서는 이산 로그 문제에 초점을 맞췄지만 다른 문제를 이용해도 된다)하고 싶다고 가정해보자.

```
g^[x] ≡ b (mod p)
```

빅터는 페기가 진짜로 [x]를 알고 있는지 검증하기 위해서 임의의 수 [y]를 선택해서 (c)를 계산한다.

```
c ≡ g^[y] (mod p)
```

빅터는 (c)를 페기에게 전달한다. 페기는 [x]와 (c)를 이용해서 (r)을 계산한다.

```
c^[x] ≡ r (mod p)
```

페기는 (r)을 빅터에게 전달한다. 빅터는 (r)을 이용해서 검증을 수행한다.

```
r ≡ b^[y] (mod p)
```

최종적으로 빅터는 (r)이 V = b^[y] (mod p)와 같다면 검증을 받아들인다.

이 프로토콜은 매우 간단하고 단순해 보인다. 이 프로토콜 또한 이산 로그를 계산하는 계산상의 어려움을 기반으로 한다. 수학적으로 어떻게 동작하는지 좀 더 자세히 이해하기 위해서 실제 예를 통해서 살펴보자.

수학적인 동작 원리

첫 번째 질문은 '왜 r과 V가 수학적으로 동일한 것인가'다.

다음은 그것에 대한 답이다.

```
r ≡ c^[x] ≡ g^[y]^[x] ≡ g^[y*x] (mod p)
V ≡ b^[y] ≡ g^[x]^[y] ≡ g^[x*y] (mod p)
```

보는 바와 같이 r ≡ V ≡ b^y (mod p)가 된다.

예제:

실제 값을 이용해서 확인해보자.

```
p = 2741
g = 7
```

x = 88은 페기가 알고 있다고 증명하려는 비밀 값이다.

```
g^x ≡ b (mod p)
7^88 ≡ 1095 (mod 2741)
b = 1095
```

빅터는 임의의 수를 선택한다.

```
y = 67
```

빅터는 다음을 계산한다.

```
g^y ≡ c (mod p)]
7^67 ≡ 1298 (mod 2741)
c = 1298
```

페기는 빅터가 전달한 (c)를 이용해서 다음을 계산한다.

```
c^x ≡ r (mod p)
1298^88 ≡ 361 (mod 2741)
r = 361
```

페기는 (r)을 빅터에게 전달한다. 빅터는 검증을 수행한다.

```
b^y ≡ V (mod p)
1095^67 ≡ 361 (mod 2741)
V = 361 = r
```

최종적으로 검증이 완료됐다.

지금까지 실제 수를 예로 들어 1라운드 ZKP를 증명했다. 다음 절에서는 이 프로토콜과 앞서 살펴본 **D-H**와의 유사성에 대해서 설명할 것이다.

1라운드 ZKP에 대한 노트

1라운드 ZKP 프로토콜을 분석해보면 D-H 프로토콜과 유사함을 알 수 있다. 1라운드 ZKP 프로토콜의 발명자 또한 그것을 잘 알고 있었다. 1라운드 ZKP의 목적은 D-H의 목적과 다르지만 둘 사이에 어떤 유사점이 있는지 알아보기 위해 두 알고리듬을 비교해 볼 것이다.

여기서는 이 프로토콜이 얼마나 효율적인지도 확인할 것이다. 실제로 페기는 두 단계만 거치면 빅터에게 [x]에 대한 진술이 유효하다는 것을 입증할 수 있다.

이제 1라운드 ZKP를 다시 살펴보자.

1단계: 페기

```
g^x ≡ b (mod p)
```

이는 D-H와 동일하다.

```
g^a ≡ A (mod p)
```

2단계: 빅터

```
g^y ≡ c (mod p)
```

이 또한 D-H와 동일하다.

```
g^b ≡ B (mod p)
```

3단계: 페기

```
c^x ≡ r (mod p)
```

D-H에서는 공유키 H에 해당한다.

```
B^a ≡ H (mod p)
```

4단계: 빅터

```
b^y ≡ r (mod p)
```

이번에도 D–H에서는 공유키 H에 해당한다.

```
A^b ≡ H (mod p)
```

D–H에서 [H]는 '앨리스와 밥'(폐기와 빅터)이 공유하는 개인키에 해당한다. 빅터에게 증거로 제시하는 것은 [r = H]뿐이다.

따라서 술탄과 클리포드의 프로토콜이 3장에서 설명한 D–H와 동일하다고 말할 수 있다.

이 프로토콜은 의심할 여지 없이 폐기가 [x]를 알고 있는지 검증할 수 있다. 빅터가 [x] 를 알지 못하더라도 폐기는 빅터에게 자신이 [x]를 알고 있다는 것을 보여 줄 수 있다. 이것이 이 프로토콜의 흥미로운 점이자 혁신이다. 빅터가 [x]를 알지 못하더라도 이 프로토콜을 사용해 폐기가 [x]를 알고 있다고 확신할 수 있기 때문이다. 다시 말해 이 프로토콜의 작성자는 ZKP를 위해서 D–H 프로토콜을 적용했다고 할 수 있다.

다음과 같이 프로토콜을 단순화하면 필요한 과정이 무엇인지 훨씬 더 잘 이해할 수 있을 것이다. 기본적으로 두 단계만 있으면 된다.

- 폐기를 위한 g, b, p, x 파라미터의 초기화
- 빅터는 임의의 수 y를 만든다.

1단계: 빅터는 다음을 폐기에게 전달한다.

```
c ≡ g^y (mod p)
```

2단계: 페기는 다음을 빅터에게 전달한다.

```
r ≡ c^x (mod p)
```

빅터는 즉시 다음을 검증할 수 있다.

```
r ≡ b^y (mod p)
```

보는 바와 같이 이 프로토콜은 빅터가 파라미터 (r)을 확인함으로써 진술 [x]를 검증하기 위해서 단지 두 단계만 있으면 된다.

이 프로토콜은 내게 새로운 프로토콜을 만드는 것에 대한 영감을 줬다. 즉 필요한 단계를 하나로 줄이는 방법을 고안한 것이다. 그것에 대해서는 이후에 설명할 것이다.

ZK13 – 인증과 키 교환을 위한 ZKP

ZK13 프로토콜은 저자가 2013년에 만들어서 특허를 획득했다. ZK13은 내 **CSE** 프로젝트의 공개키 없는 인증이라는 중요한 문제를 해결하기 위해서 적용된 비대화형 프로토콜이다.

이번 절에서는 인증을 위해서 사용되는 ZK13에 대해서 설명할 것이다. ZK13에서는 인증 대상이 사람이든 컴퓨터이든 상관 없으며 **ZKP 인증** 프로토콜이라고 할 수 있다. 이해를 돕기 위해서 앨리스와 밥이 그들만이 아는 공통의 비밀을 만들고 싶어 한다고 상상해보자. 그리고 그들이 공유하고자 하는 비밀은 "오늘 호숫가에서 몇 마리의 새를 봤습니까?"라는 질문에 대한 답이라고 가정하자. 질문에 대한 답은 앨리스와 밥이 누군가에게 공개하지 않는 한 둘만 아는 것이다. 하지만 이는 나중에 추가적인 고려가 필요하다. 지금은 앨리스와 밥 외에는 누구도 답을 알 수 없다고 생각하자. 이때 새의 수를 공유된 비밀이라고 생각할 수 있다. 즉 교환이 필요없는 키라고 할 수 있다. 공통 경험에 의해 암시적으로 형성된 키를 앨리스와 밥이 공유한다고 생각할 수 있다는 것이다. 따라서 인증 문제 외에도 개인 **PSK**^Pre-Shared Key도 확인해야 하는 문제가 존재한다. 실제로 ZK13

에서 앨리스는 밥에게 비밀 공유키(계산된 새의 쉬)를 비밀 암호 [private key]로 사용하도록 지시한다. 여기서 흥미로운 점(이 점이 이전에 살펴본 D-H 키 교환 알고리듬과 실제로 다른 점이다)은 비밀키가 실제로 교환되는 것이 아니라 단순히 양쪽 당사자에게 알려지고 검증만 된다는 것이다.

이 ZKP는 여러 가지 문제를 해결할 수 있다. 여기서는 인증 문제만을 다룰 것이다. 이 책의 뒷부분에서는 ZKP를 사용해 개인키를 교환하는 방법에 대해서 설명한다.

2013년 나는 CSE 프로젝트에 집중해서 그것의 아키텍처를 그리고 있었다. CSE에 대해서는 9장에서 자세히 설명할 것이다. 당시 CSE 아키텍처상에서 가장 해결하기 어려운 문제 중 하나는 가상 머신 네트워크를 식별하기 위한 암호화 방법을 찾는 것이었다. 대칭키 알고리듬을 사용하기로 했기 때문에 대칭키 알고리듬과 함께 동작하는 인증 방법을 찾아야 했다. 2장에서도 설명했듯이 대칭키 알고리듬에는 공개키가 없다. 따라서 디지털 서명을 이용한 인증을 사용할 수 없다고 생각하는 것이 일반적이다. 얼핏 보면 대칭키 알고리듬을 사용하는 경우 인증 방법을 찾기가 쉽지 않아 보이지만 비밀 공유키를 이용하면 가능하다. 목표는 외부의 적대적인 가상 머신이 네트워크에 대한 중간자 공격을 하지 못하도록 만드는 것이었다.

문제를 해결하기 위해 새로운 ZKP 구현을 고려했다. 유명한 ZKP들을 검토한 결과 Schnorr(5장의 앞부분에서 소개)를 후보로 생각했다. 하지만 Schnorr는 대화형 프로토콜이라서 원하는 조건을 만족시키지 못했다. 즉 증명자와 검증자가 여러 단계를 거치기 때문에 통신에 지연이 발생한다. 따라서 새로운 개인적인 비대화형 영지식 프로토콜을 구현하기로 결정했다.

많은 연구와 약간의 창의성을 더한 끝에 ZK13을 설계할 수 있었다. ZK13에 대해서 설명하기 전에 어떤 제약 조건을 갖고 설계했는지 설명하겠다.

- 비밀 공유키(챌린지)는 가상 머신의 데이터베이스 내부에 포함돼야 한다. 따라서 비대칭키 알고리듬을 통해 키를 교환하지 않고도 비밀 파라미터 [s]를 두 가상 머신에 삽입시킬 수 있는 것이다.

- ZK13의 목표는 소량의 민감한 정보를 공유해 당사자가 서로를 식별할 수 있도록 하는 것이다. 이는 공유해야 하는 최소한의 민감한 정보(즉 [m] 자체가 아닌 [m]의 해시인 H(m)만 공유)만 교환한다는 것을 의미한다. 실제로 교환되는 정보의 양이 많을수록 공격에 대한 취약성이 커진다.

- ZK13은 단순해야 하고 이미 언급했듯이 비대화형 프로토콜이어야 한다. 따라서 증명자는 단 하나의 정보만 전달해야 한다. 그 이유는 두 가지다. 첫째 이유는 과도한 정보 교환(이전 항목 참고)이 보안성을 해치기 때문이다. 둘째 이유는 애플리케이션의 목표와 관련이 있다. CSE는 클라우드 또는 외부 서버를 사용해 암호화된 데이터를 검색하는 플랫폼이다. 검색 엔진은 속도가 빨라야 하기 때문에 가능한 한 최소한의 시간에 질의가 입력되고 그에 대한 답변이 제공돼야 한다. 따라서 인증 단계에 의한 지연 시간을 최소화하는 것이 중요하다.

- ZK13의 또 다른 제약은 가장 안전하고 최상의 인증 방법을 사용해야 한다는 것이다. 당시(2011~2013년)에는 양자 컴퓨팅이 암호화에 위험한 것으로 간주되지는 않았다. 따라서 여전히 어려운 문제로 간주되는 이산 로그 문제를 기반으로 했다.

ZK13에 대한 설명

단 한 번의 전송과 비밀 공유키로 구성되는 ZK13 프로토콜을 그림 5.6과 같이 표현할 수 있다.

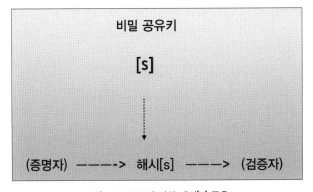

그림 5.6 ZK13의 비밀 해시[s] 공유

ZK13의 동작 방식에 대해서 자세히 살펴보자.

밥(VM-1)은 CSE 시스템으로 암호화된 파일을 앨리스(VM-2)에게 전달하기 위해서 자신이 비밀 값 [s]를 알고 있다고 앨리스에게 증명해야 한다. [s]는 두 가상 머신인 앨리스와 밥의 머릿속에 저장(가상 머신 자체에 내장)돼 있다.

밥은 임의의 수 [k](zk-SNARK 또는 난수 키 생성기의 (G) 요소)를 선택한다. [k]는 각 세션별로 생성되고 소멸된다.

공개 파라미터:

p: 소수

g: 생성자

키 초기화:

[k]: 밥이 선택한 임의의 키 값

비공개 파라미터:

[s]: 밥과 앨리스가 공유하고 있는 비밀 공유키

H[s]: [s]의 해시 값

1a단계: 밥은 (r)을 계산한다.

```
r ≡ gᵏ (mod p)
```

비밀 공유키는 [s]이지만 실제로 가상 머신은 [s]의 해시 값인 H[s]를 이용한다고 가정하자.

1b단계: 밥은 비공개 파라미터인 [F]를 계산한다. [k]가 세션별로 변경되기 때문에 [F]도 세션별로 변경된다.

```
H[s]*k ≡ F (mod p-1)
```

(g)와 [F]를 이용해서 zk-SNARK의 두 번째 요소인 (P)를 만든다.

```
g^F ≡ P (mod p)
```

밥은 (P, r)을 앨리스에게 전달한다.

2단계: 앨리스는 다음과 같은 검증을 수행한다.

```
[s] --> H[s]
r^[Hs] ≡ g^F (mod p)
V+ ≡ r^[Hs] = P (mod p)
```

앨리스는 [s]의 해시 값인 H[s]를 계산하고 V = P라는 것이 밝혀지면 인증을 받아들인다.

이때 초기 조건에서 가정한 것처럼 앨리스는 [s]를 알고 있어야 한다.

보는 바와 같이 ZK13은 단지 두 단계만으로 동작한다. 하지만 검증자(앨리스)가 비밀 공유 키인 [s]를 알고 있어야 하며 그렇지 않으면 검증을 수행할 수 없다.

예제:

이제는 실제 값을 이용한 ZK13 예제를 살펴보자.

공개 파라미터:

```
p = 2741
g = 7
```

비공개 파라미터:

```
H[s] = 88
k = 23
g^k ≡ r (mod p)
7^23 ≡ 2379 (mod 2741)
r = 2379
```

이제 밥은 [F]와 (P)를 계산한다.

```
[Hs] * k ≡ F (mod p-1)
88 * 23 ≡ 2024 (mod 2741-1)
F = 2024
g^F ≡ P (mod 2741)
7^2024 ≡ 132 (mod 2741)
P = 132
```

앨리스는 검증을 수행한다.

```
r^[Hs] ≡ P (mod p)
2379^88 ≡ 132 (mod 2741)
```

앨리스는 [Hs] = [s]인지 여부를 다시 확인한다. 만일 TRUE이면 밥이 [s]를 알고 있다는 의미가 된다. 예제를 통해서 ZK13이 제대로 작동한다는 것을 보였으므로 이제는 ZK13이 수학적으로 어떻게 작동하는지 살펴보자.

ZK13 프로토콜의 수학적인 동작 원리

$P \equiv g^F \pmod p$이며 다음 식이 성립함을 보이면 된다.

$$P \equiv g^f \equiv r^s \pmod p$$

(여기서는 설명을 위해서 H[s] 대신 [s]를 사용할 것이다.)

$r \equiv g^k \pmod p$이므로 위의 식에서 (r)을 대체하면 다음과 같이 된다.

$$P \equiv g^f \equiv (g^{\wedge k})^{\wedge s} \pmod p$$

F는 다음과 같다.

$$F \equiv s*k \pmod{p-1}$$

최종적으로 원래의 식을 (r)과 [F]로 대체하면 다음과 같이 된다.

```
P ≡ g^s*k ≡ (g^k)^s ≡ g^k*s (mod p)
```

기본적으로 밥이 만든 증명인 (P)를 파라미터 자체로 대체해 [s]가 (P) 안에 포함돼 있다는 것을 보였다. 따라서 (P)는 밥이 생성하고 증명 (P)와 함께 앨리스에게 전달한 일시적인 파라미터 (r)^[s]와 일치해야 한다. (P)가 [s]를 포함하고 있기 때문에 앨리스가 [s]를 알고 있다면 밥 또한 [s]를 알고 있다고 확신할 수 있다.

ZK13 프로토콜에 대한 참고 사항

ZK13 프로토콜을 사용하면 단 한 번의 전송으로 비밀에 대한 지식 증명을 수행할 수 있다는 데에 동의할 것이다.

알고리듬을 3단계로 나눠 설명했는데 실제로는 (G) 키 생성 작업이 오프라인이기 때문에 2단계(단 한 번의 전송)만 존재한다. 따라서 1a단계와 1b단계는 하나의 단계라고 할 수 있다.

ZK13에 대한 가능한 공격

이브(공격자)가 앨리스나 밥을 대신해서 중간자 공격을 하려고 한다고 가정해보자.

중간자 공격은 다음과 같이 수행될 것이다.

이브는 가짜 (k1)을 만들어서 (r)을 (r1)으로 교체한다.

```
r1 ≡ g^k1 (mod p)
```

하지만 이브가 [F]를 계산할 때 H[s]를 알고 있지 않기 때문에([s]가 노출되지 않는다는 가정하에) 공격은 실패하게 된다.

대신에 이브는 (r, P)를 수집해서 다음 세션에서 활용하는 **리플레이 공격**^{replay attack}을 수행할 수 있다.

하지만 리플레이 공격 또한 실패하게 된다. 왜냐하면 (r)은 임의의 값 [k]로 만들어지므로 기존에 사용된 (r)을 그대로 이용하는 것은 소용이 없기 때문이다.

⁝⋮ 요약

이제는 ZKP가 무엇이고 어떤 용도로 사용되는지 명확하게 이해했을 것이다.

5장에서는 다양한 종류의 대화형 ZKP와 비대화형 ZKP를 자세히 살펴봤다. ZKP 프로토콜 중에는 RSA를 기반으로 하는 것이 있었고 그것을 속일 수 있는 방법을 제안하기도 했다.

그다음에는 인증을 위해서 대화형 방식으로 구현된 Schnorr 프로토콜을 살펴봤고 그것에 대한 공격에 대해서도 알아봤다.

계속해서 다른 문제의 복잡성을 살펴보기 위해 zk-SNARKs 프로토콜들도 알아봤다. 그중에서 이산 로그 기반의 zk-SNARK를 공격하는 흥미로운 방법도 살펴봤다. 그리고 암호 화폐 거래를 익명화하는 방법을 알아보기 위해 Zcash와 그 프로토콜에 대해서 자세히 알아봤다.

5장의 뒷부분에서는 D-H 알고리듬을 기반으로 하는 비대화형 프로토콜을 분석해봤다. 마지막으로는 비대화형 프로토콜인 ZK13과 비밀 공유키를 이용해서 가상 머신 인증을 수행하는 방법에 대해서 살펴봤다.

이제는 중간자 공격과 같은 몇 가지 형태의 공격에 대해서 익숙해졌을 것이다. 그리고 5장에서는 ZKP에 대한 공격을 위한 몇 가지 수학적 트릭을 사용하기도 했다.

5장을 통해서 ZKP를 좀 더 깊이 이해하게 됐을 것이며, 이제는 ZKP의 기능에 대해서도 익숙해졌을 것이다. 5장에서 살펴본 것들은 이후의 장에서 살펴볼 것들과 많은 연관성이 있다.

ZKP가 무엇인지 배웠으므로 6장에서는 내가 만들어 낸 몇 가지 개인키/공개키 알고리듬에 대해서 살펴볼 것이다.

06

새로운 공개키/개인키 알고리듬

2001년에 나는 인생에 중요한 영향을 준 사람을 만났다. 그의 가명은 **테렌지오**^{Terenzio}다.

그를 만난 날은 화창한 여름날이었다. 테렌지오는 튜브 슬라이드를 향해 이리저리 달리다가 수영장으로 들어갔다. 나는 그늘에서 논문을 읽고 있었는데 이상한 수학 공식을 반복해서 말하는 목소리가 들려왔다. 테렌지오는 몇 번이고 수영장에 뛰어든 다음에 내 근처를 지나갔다. 테렌지오는 자폐증을 갖고 있었으며 난독증으로 인해 말하는 것에 영향을 받았다. 하지만 대자연은 그에게 큰 선물을 줬다. 그는 마음속으로 큰 숫자 특히 큰 소수를 볼 수 있었다. 우리는 친구가 됐고 나는 그의 공식을 조사했다. 암호학에 관한 이 책을 쓰면서도 테렌지오에게 감사를 표하지 않을 수 없다. 20년의 경력 동안 내가 만들어 낸 것을 테렌지오에게 헌정하는 바다. 그중 일부는 테렌지오의 도움을 받았다.

5장에서는 내가 2013년에 특허를 받은 비대화형 프로토콜인 ZK13에 대해 설명했다. 6장에서는 2008년에서 2012년 사이에 특허를 받아 공개한 두 가지 알고리듬에 대해 설명할 것이다. 그것은 MB09와 MBXI다. 이 프로토콜들의 이름은 내 이름과 만든 연도를 결합해서 붙였다. 또한 블록체인과 디지털 통화와 관련된 새로운 관점에서 MB09와 MBXI를 결합한 세 번째 프로토콜인 MBXX에 대해서도 설명할 것이다. MBXX는 2020

년에 특허를 받았다. 마지막으로 내 새로운 특허 중 하나인 **두뇌 암호**^{brain password}의 개념을 소개할 것이다. 두뇌 암호는 컴퓨터가 뇌파를 이용해서 사람을 식별하는 것이다. 두뇌 암호 시스템은 현재 개발 중이며 동작하는 것을 데모할 수 있는 단계에 이르렀다. 최소한의 하드웨어(헤드폰과 유사)를 이용해서 뇌파를 감지하고, 그것을 생체 인증으로 사용해서 장치나 각종 애플리케이션의 잠금을 해제할 수 있다. 하지만 6장의 목적은 내가 만든 암호 알고리듬을 설명하는 것이므로 그것에 초점을 맞춘다.

알고리듬의 기원을 소개하는 것으로 시작해서 각 알고리듬의 체계와 강점 그리고 약점에 대해 자세히 살펴볼 것이다.

주로 디지털 화폐 전송에 사용되는 공개키/개인키 알고리듬인 MB09부터 설명하고, MBXI의 디지털 서명 체계를 **D-H**와 RSA와 비교해볼 것이다.

마지막으로 블록체인 합의 알고리듬에 사용될 수 있는 MBXX 프로토콜을 살펴볼 것이다.

6장은 다음과 같은 내용을 다룬다.

- MB09 알고리듬의 기원

- MB09의 체계와 설명

- MBXI에 대한 자세한 설명

- RSA에 대한 새로운 형태의 공격

- MBXI에서의 디지털 서명

- MBXX – 블록체인 혁명과 합의 문제를 고려한 MB09와 MBXI의 진화

6장에서 설명하는 알고리듬 중 일부는 디지털 지불^{digital payment} 환경과 관련이 있기 때문에 블록체인과 암호 화폐의 환경에 대해서도 설명할 것이다.

이제 첫 번째 알고리듬인 MB09의 기원과 관련 애플리케이션에 대해서 알아보자.

⠿ MB09 알고리듬의 기원

MB09 프로젝트를 시작으로 MBXI를 만들 당시까지는 해당 알고리듬들이 어떤 애플리케이션에 적합할지 몰랐다. 사실 나는 알고리듬들이 암호화나 사이버 보안에 어떻게 적용될 수 있을지조차 몰랐다.

2007년과 2008년 사이에 나는 첫 번째 특허를 신청했으며 이후에 그것을 MB09라고 명명했다. 당시에 나는 디지털 지불과 관련된 몇 가지 문제를 연구하고 있었으며 디지털 지불 환경에 적합한 알고리듬을 구현하는 것이 목표였다. 마침내 2009년 6월 12일 MB09의 구현을 완료했다. 그 당시 사이버 펑크와 암호 무정부주의자 그룹이 이끄는 암호 금융^{crypto-finance}의 새로운 물결에 대해 아는 사람은 극히 소수였다. 그리고 그 새로운 물결은 21세기에 발명된 가장 혁신적인 기술 중 하나로 부상하고 있었다.

그 새로운 그룹은 샌프란시스코 중심부의 미션 스트리트^{Mission Street} 20번지에 위치한, 내부를 마치 호텔처럼 꾸민 예술적이고 펑키한 해커 하우스^{hacker house}를 만들어서 새로운 기술 금융에 대해서 논의하기 시작했다. 몇 년 전에 그곳을 방문했을 때는 그 그룹이 이미 떠난 다음이었지만 그곳에서의 장대한 브레인스토밍과 모임에 대한 이야기는 신비감을 불러일으켰다.

그림 6.1 샌프란시스코 미션 스트리트 20번지에 위치한 해커 하우스 – 비트코인의 본부(저자가 찍은 사진)

그 그룹에는 'P2P 전자 현금 시스템(A Peer-to-Peer Electronic Cash System)'이라는 제목의 디지털 지불에 대한 논문을 작성한 사토시 나카모토Satoshi Nakamoto라는 전설적인 인물이 있었을 것이다. 그것은 2008년 11월의 일이었으며 디지털 지불 시스템을 영원히 바꾸게 될 운명적인 새로운 시대의 서막이었다.

사토시는 자신의 논문에서 다음과 같이 기술하고 있다.

> "P2P 네트워크를 이용해 이중 지불(double-spending) 문제에 대한 해결책을 제시하고자 한다. 네트워크 내에서 이뤄지는 거래는 해시에 의해서 타임스탬프가 찍히게 되고 그것은 해시 기반의 작업 증명에 의해서 생성되는 연속적인 체인의 일부로 포함되며 작업 증명이 다시 수행되지 않는 한 그것은 변경되지 않는 기록으로 남게 된다. 길이가 가장 긴 체인은 단순히 체인이 담고 있는 일련의 이벤트에 대한 증명일 뿐만 아니라, 가장 큰 CPU 파워 풀에 의해서 생성됐다는 증거이기도 하다."

해당 논문에서는 블록체인blockchain이라는 이름을 언급한 적이 없지만, 가장 긴 체인이라는 말을 블록체인과 같은 의미로 언급했다.

사토시의 논문은 가상 화폐에서 가장 놀라운 발명 중 하나인 비트코인의 등장과 사용으로 절정에 달한 암호 화폐 시대의 서곡이었다. 현재 비트코인을 모르는 사람은 없을 것이다. 그리고 5장에서 설명한 Zcash와 **코인 공개**ICO, Initial Coin Offering로 출시된 무수한 가상 코인에 대해서 조금은 알고 있을 것이다. 2016년부터 시작된 코인 공개는 암호 화폐인 가상 토큰에 대한 **기업 공개**IPO, Initial Public Offering라고 할 수 있으며 그것은 비트코인과 연결된 현상이라고 할 수 있다.

6장에서는 2008년에서 2012년 사이에 만들어진 알고리듬(즉 안전한 익명 지불과 관련된 알고리듬)에 초점을 맞출 것이다. 새롭고 자유롭고 무정부적인 화폐 개념이 생겨난 맥락을 이해하는 것이 중요하다. 또한 그 이면의 기술인 블록체인을 이해하는 것도 중요하다. 블록체인은 디지털 지불 시스템의 버팀목이자 핵심이며, 이제는 핀테크, 인공지능, 의료 등의 분야에서 많은 애플리케이션을 가능하게 하는 새로운 기술 중 하나로 부상하고 있다.

하지만 우리는 몇 년 전으로 돌아가 볼 필요가 있다. 아마도 기억하겠지만 나는 앞서 데이비드 차움(4장)과 그가 1990년대에 만든 DigiCash에 대해 이야기했다. DigiCash의 블라인드 서명은 디지털 지불을 익명화했다. 그것은 디지털 화폐를 만들려는 첫 시도임에는 분명하지만, 금융 권력을 유지하려는 거대 금융권에 맞서기에는 역부족이었다. 2008년 정확히 그 해 9월 15일 이후 수요일에 거대 금융 기업인 리먼 브라더스^{Lehman Brothers}가 파산했을 때 다른 많은 은행도 파산과 구제 금융에 연루됐다.

서브프라임 모기지 위기^{Subprime Mortgage Crisis}라고 불리는 이례적인 금융 위기는 새로운 암호화폐 물결의 토대를 마련했다. 금융 시스템의 붕괴와 사람들이 느끼는 불확실성이 깊어지자 사토시 나카모토는 돈을 생산하고 전달하고 사용하는 방식에 대해서 다시 생각하게 됐다. 이미 언급한 그의 논문에서 그가 완벽한 통화를 구축하기 위해서 예측한 세 가지 기둥은 정부도, 은행도, 신뢰할 수 있는 제3자도 아니었다. 2009년 1월 3일 사토시는 비트코인의 첫 번째 제네시스 블록^{genesis block}을 만들 때 체인의 첫 번째 해시 값 옆에 메모를 남겼다. 이 메모는 은행에 대한 두 번째 구제 금융 임박이었으며 은행과 전통적인 금융 시스템에 대한 그의 증오를 나타낸다.

다음은 비트코인의 제네시스 블록을 보여 주고 있다.

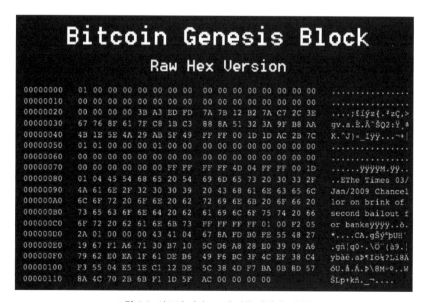

그림 6.2 사토시 나카모토가 만든 제네시스 블록

블록체인과 그것이 사용하는 암호화를 분석하는 것은 이 책의 범위를 벗어난다. 사토시 나카모토에게 어려웠던 것은 **합의 문제**consensus problem라고 불리는 디지털 화폐 전송에 대한 검증 프로세스를 수행하는 방법을 찾는 것이었다. 6장의 뒷부분에서는 특정 조건하에서 암호화 알고리듬의 힘만으로 합의를 피하는 것이 가능하다는 것을 보여 줄 것이다.

앞서 언급한 내용들 외에도(사실 그와 같은 혁명이 이뤄질 당시에 나는 그것을 의식하지 못했다) 새로운 공개키/개인키 알고리듬을 계획하게 된 두 가지의 다른 동기가 있었다. 첫 번째는 내가 2007년과 2008년 사이에 알게 된 **M-Pesa**라고 하는 또 다른 지불 방법과 관련이 있고, 두 번째는 통합된 표준 알고리듬에 맞서 싸우고자 하는 내 큰 바람과 관련이 있다.

첫 번째 동기부터 살펴보자. M-Pesa가 무엇이고 어떻게 작동하는지 아는 사람은 많지 않을 것이라고 생각한다. M-Pesa의 결제 방식은 간단하기 때문에 따로 설명할 필요는 없다. 흥미로운 것은 왜 아프리카인의 3분의 2(12억 명 이상)가 휴대폰을 통해 M-Pesa로 돈을 보내고 다른 국가의 이민자들로부터 약 5,000억 달러를 받는 이유다.

답은 간단하다. 낮은 거래 수수료(머니그램(MoneyGram)과 웨스턴 유니언(Western Union)의 높은 수수료에 비해)와 휴대폰의 애플리케이션을 이용한 간단한 사용 방법 때문이다. 아프리카에는 자동차, 집, 은행 계좌보다 휴대폰이 더 많다는 것은 잘 알려진 사실이다. 아프리카는 거대한 차세대 금융 시장이 될 것이다. 은행 지점이나 ATM이 많지 않기 때문에 그곳에서 돈을 인출하는 것은 힘들다. 따라서 돈을 지불하거나 전송하는 데 전화가 가장 널리 사용된다. 이와 같은 점이 흥미로워서 나는 휴대폰에 적합한 지불 시스템을 조사하는 데 몇 개월을 보냈다.

당시 보다폰Vodafone(대형 통신 회사)은 사파리컴Safaricom(케냐의 최대 통신 회사)의 지분 40%를 소유하고 있었다. 2007년 사파리컴은 사용자가 휴대폰으로 돈을 보낼 수 있는 파일럿 프로그램을 시작했다. 보다폰은 케냐를 시작으로 탄자니아, 남아프리카, 모잠비크, 이집트, 피지, 인도, 루마니아에서 제품을 출시했다.

2011년 5월, 내 첫 번째 암호화 디지털 결제 시스템을 구현해 작동하는 것을 확인한 후에는 디지털 결제와 관련된 대형 통신 회사(앞서 설명한 회사 중 하나)와 계약을 체결했다. 계약의 목적은 디지털 결제를 위한 자산 플랫폼의 구현 가능성을 조사하는 것이었다. 해당 통신 회사는 또한 새로운 시스템이 될 또 다른 알고리듬인 MBXI 구현과 관련된 새로운 연구 프로젝트에 나와 내 팀을 참여시켰다. 그 후로 몇 년이 지난 지금 그때를 생각하면 프로젝트를 함께 수행한 엔지니어인 티지아나 란디Tiziana Landi와 알레산드로 파세리니 Alessandro Passerini와 함께 개발, 구현하고 테스트한 결제 시스템이 내 경력에 있어서 최고 중 하나였다고 말할 수 있다. MB09 지불 시스템이 표준으로 채택된 적은 없지만 암호 작성자로서의 역량을 높이는 데 도움이 될 수 있는 몇 가지 흥미로운 속성을 찾을 수 있을 것이다.

이제는 첫 번째 알고리듬인 MB09에 대해서 알아보자. MB09는 페르마의 마지막 정리를 암호화 모드로 다시 모델링한 것이다. MB09 이후에는 MBXI와 RSA에 대한 흥미로운 공격 방법에 대해서 설명할 것이다.

⁖ MB09 알고리듬 소개

먼저 알고리듬과 관련된 몇 가지 고려 사항과 페르마의 마지막 정리를 소개할 것이다. MB09를 처음 만들었을 때는 암호화 알고리듬이었지만 디지털 지불을 위한 프로토콜로서 좀 더 효과적으로 사용될 수 있다. 이미 언급했듯이 당시에는 블록체인과 암호 화폐가 잘 알려지지 않은 시기였고, MB09는 두 당사자 간에 메시지를 교환하기 위한 암호화/복호화 알고리듬으로서 개발됐다. 몇 년 후 나는 MB09를 완전 동형 암호화fully homomorphic encryption 시스템을 위한 기반으로 삼아서 완전 동형 알고리듬인 MB23을 만드는 작업을 수행했다. 그리고 2020년에는 사토시 나카모토가 제안한 합의 문제를 극복하기 위해 **MBXX**라는 새로운 버전으로 바꿨다.

MB09의 초기 버전이 어떻게 동작하는지 살펴보자. 이를 위해서 페르마의 마지막 정리를 살펴봐야 한다.

```
a^n + b^n = z^n
```

여기서 지수 (n)은 모든 양의 정수 집합을 의미한다.

우리가 이미 알고 있는 이 식은 다음과 같이 n = 2(잘 알려진 피타고라스 정리에 해당)인 경우를 제외하고는 결코 만족되지 않는다는 것이 입증됐다.

```
3^2 + 4^2 = 5^2
```

이 단순하지만 복잡한 식을 더 자세히 분석해보면 모듈러 연산에서 지수 (n)을 소수 집합 (p)로 대체하면 항상 성립한다는 것을 알 수 있다.

```
a^p + b^p ≡ z^p (mod p)  (p > 2인 소수)
```

즉 2보다 큰 모든 소수에 대해서 위 식이 항상 성립한다는 것을 의미하며, (선형 방정식의 경우와 반대로) 모든 지수 (p)에 대해 (a+b)^p는 항상 (z^p)와 동일하게 된다.

예를 들어 다음 식이 성립하게 된다.

```
3^17 + 5^17 ≡ 8^17 (mod 17)
```

따라서 앞의 식을 다음과 같은 형태로 쓸 수 있다.

```
a^p + b^p ≡ (a+b)^p (mod p)
```

또는 다음과 같은 형태로 작성할 수도 있다.

```
a + b ≡ z (mod p)
```

즉 소수 (p)를 지수와 모듈러 연산에 동일하게 사용한다면 앞선 지수 연산에 대한 모듈러 형태의 식이 선형으로 변경돼 (a+b)가 항상 그 합인 (z)와 같게 된다.

페르마의 마지막 정리에 의해서 다음과 같은 선형식이 나올 수 있다.

```
a^p = a (mod p)
```

예를 들면 다음과 같다.

```
3^7 = 3 (mod 7)
```

눈치채지 못했을 수도 있지만 위식에서는 합동(≡)이 아닌 같음(=)을 나타내는 표기법이 사용됐다. 이 경우 (=)의 의미는 매우 중요하다. 왜냐하면 절대 값이 같다는 것을 나타내기 위함이기 때문이다. 따라서 3은 실제로 3일 뿐만 아니라 3과 합동이다.

지금까지의 내용이 명확하지 않게 느껴질 수 있다. 하지만 설명을 조금 더 따라가게 되면 선명하게 될 것이다.

페르마의 마지막 정리에 의거해서 a < p이면 a^p = a (mod p)가 된다. 그렇다면 a > p인 경우에는 어떻게 될까?

예를 들어 a = 5이고 p = 3인 경우를 생각해보자.

```
5^3 ≡ 2 (mod 3)
```

보는 바와 같이 a>p인 경우에는 그 결과 값이 (a)와 일치하지 않으며 합동만이 성립할 뿐이다.

페르마의 마지막 정리와 관련한 이와 같은 흥미로운 속성으로 인해서 나는 다음과 같은 가설을 세우게 됐다.

"만일 a >> p(a가 p보다 훨씬 큼)이고 [a]를 비밀로 유지한다면 결과 값에서 a를 알아내기 매우 힘든 단방향 함수를 만들 수 있을 것이다."

예를 들어서 살펴보자.

5^3 ≡ 2 (mod 3)이고 8^3 ≡ 2 (mod 3)이라는 것은 쉽게 검증할 수 있으며 11^3 ....14^3, 17^3인 경우에도 계속해서 검증할 수 있다.

흥미로운 점은 5를 초기 값으로 해서 그것에 3 + 3 + 3...(본질적으로 3을 순차적으로 더함)을 더하면 (mod 3)인 경우 그 값은 항상 (2)가 된다. 이는 페르마의 마지막 정리에서 p > a인 경우 그 절댓값이 (5)가 돼야 하는 것과 다른 경우다.

p < a인 경우 공개 값인 (A)에서 비밀 값 [a]를 알아내는 것은 매우 힘들다.

매우 큰 [a]를 사용해서 이 개념을 알아보자.

```
[a] = 9626936903033667969401996547867O
```

이 수를 p=3 모듈러스를 적용해서 값을 줄이는 것은 쉬우며 실제 다음과 같이 된다.

```
9626936903033667969401996547867O ≡ 2 (mod 3)
```

반대로, 공개된 값 (A) = 2를 안다면 다음과 같이 쓸 수 있다.

```
A ≡ [a] ^ p (mod p)
```

a >> p일 때 공격자가 p = 3을 알더라도 개인키 [a]를 알아내는 것은 매우 어려울 것이다.

```
[a] = 9626936903033667969401996547867O
```

p = 3은 (Zp) 링^{ring}이지만 개인키 [a]는 (Z3) 링 외부에 있어서 [a]를 찾기 위한 반복을 언제 멈출지 알 수 없기 때문이다. 이론적으로 [a]는 (p)와 무한대 사이의 임의의 수가 될 수 있으며 [a]가 얼마나 큰지는 중요하지 않으며, 계산상으로 [a]에서 (A)를 얻는 것은 매우 쉽지만 그 반대는 불가능하기 때문이다.

하지만 이는 모든 경우에 적용되는 것은 아니다.

지금까지 MB09의 기본에 대해서 알아봤으므로 이제는 첫 번째 버전의 MB09를 어떻게 구현했는지 알아볼 차례다.

MB09 알고리듬 설명

앞서 언급했듯이 MB09 시스템은 공개키/개인키 암호화를 기반으로 한다. 하지만 여기서 설명하고자 하는 것은 두 파티(또는 그 이상) 간에 메시지를 보내고 받는 것이 아니며, MB09를 그 목적으로 사용한다면 제대로 동작하지 않을 것이다. MB09의 알고리듬 체계는 익명으로 디지털 현금을 관리하고 전송하고 거래를 보호하기 위한 프로토콜을 만드는 데 사용된다. 결국 그런 시스템을 구현하고자 하는 목적 중 하나는 네트워크를 자율 시스템autonomous system으로 동작하게 만드는 것이다. 이 개념은 다음 절에서 MB09로부터 진화된 탈중앙화된 환경의 MBXX를 소개할 때 더 설명할 것이다. 여기서 소개할 버전은 중앙 집중 시스템에서 동작하는 것이며 이후에 분산 시스템에서 동작하는 MBXX로 진화하게 된다.

다음 절에서는 Z(중앙 관리자)가 사용자가 만들어 낸 트랜잭션이 정확하고 수용 가능한지 확인할 수 있게 해주는 암호화 알고리듬 기반의 네트워크의 기본 개념에 대해서 설명할 것이다.

Z는 네트워크의 중앙 관리자centralized administrator를 의미하며, 통신사나 은행이라고 생각하면 된다. 그리고 앨리스와 밥은 네트워크상의 두 행위자다.

밥은 송신자이고 앨리스는 수신자다. 밥과 앨리스를 가상 머신이나 서버 또는 컴퓨터라고 생각할 수도 있다. 그리고 많은 사용자가 네트워크에 참여하고 있다고 가정해보자. 중앙 집중 네트워크에서 네트워크의 관리자(Z)는 다음 그림처럼 많은 사용자와 연결된 서버다.

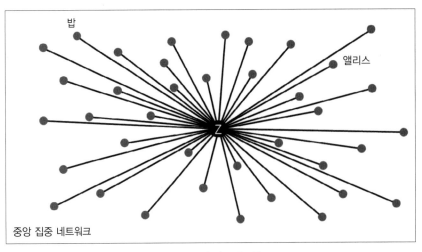

그림 6.3 중앙 집중 네트워크

Z는 이미 앨리스와 밥((A)와 (B))의 소수 (p)와 공개키뿐만 아니라 다른 네트워크 참여자의 파라미터를 공개한 상태다.

지금부터는 네트워크에 두 사용자만 있다는 가정하에 알고리듬을 살펴볼 것이다. 앞에서 이미 언급했듯이 이 알고리듬의 장점은 서로 알지 못하고 서로 신뢰하지도 않고 제3자를 신뢰하지도 않는 사용자들 간의 작업을 가능하게 해주는 것이다. (모듈러 형태로 확장돼) MB09에 적용된 페르마의 마지막 정리를 여기서 살펴볼 것이며 그것은 실제로 네트워크상에 있는 임의의 모든 사용자에게 유효하다.

$$a^p + b^p + c^p + n^p \equiv z^p \ (mod \ p)$$

NOTE

위 식에서는 (+) 연산으로 표현했지만 해당 연산을 XOR이나 차분 또는 곱셈으로 표현할 수도 있다.

메시지 [M]은 (첫 번째 장에서 이미 배운 것처럼) ASCII 코드로 인코딩된 것이며 [M]을 (A)와 (B) 사이에 전송할 디지털 화폐의 양이라고 생각할 수 있다.

이제 앨리스와 밥이 알고리듬을 사용해서 수학적으로 돈을 전송할 수 있는지 확인해보자.

키 초기화key initialization 단계 이후에 알고리듬은 다음의 단계를 재귀적으로 반복 수행한다.

- 사용자의 공개 파라미터 구현

- 파라미터에 대한 작업: 메시지 전송(예를 들어 디지털 송금)

- 새로운 파라미터에 대한 재평가

키 초기화:

[a]: 앨리스의 개인키

[b]: 밥의 개인키

[a]와 [b]는 매우 큰 임의의 소수라고 가정한다.

공개 파라미터:

앨리스와 밥은 개인키로 공개키를 계산한다.

```
A ≡ a (mod p)        [a>>p]
B ≡ b (mod p)        [b>>p]
C ≡ c (mod p)        [c>>p]
Z ≡ z (mod p)        [z>>p]
```

이때 2개의 식 f(z)와 f(Z)를 시각화할 수 있다. 첫 번째는 모듈러 모드로 변환되고, 두 번째는 선형 모드로 변환된다.

```
[a]^p + [b]^p + [c]^p + ... + [n]^p ≡ [z]^p (mod p)
A + B + C + ... + N = Z
```

첫 번째 식의 요소와 두 번째 식의 요소 간의 대응은 알고리듬의 핵심이다. 그림 6.4에서 볼 수 있듯이 첫 번째 식의 각 요소를 두 번째 식의 요소로 나타낼 수 있다.

첫 번째 식에서는 사용자의 개인키가 사용되고 두 번째 식에서는 사용자의 공개키가 사용된다는 것이 특징이다. 그림 6.4를 보면 화살표가 [a]에서 (A)로 한 방향으로만 간다는 것을 알 수 있다. [a>>p]인 경우 (A)에서 [a]로 되돌아가는 것이 어렵기 때문이다.

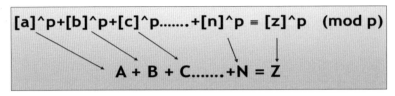

그림 6.4 두 식에 있는 각 요소 간의 대응

여기서 (Z)는 대괄호 안이 아닌 명확하게 표현된 파라미터로 수행되는 연산 간의 동형잔고$^{isomorphic\ balance}$로 정의할 수 있으며 f[z] 함수의 비공개 파라미터를 나타낸다.

이때 MB09(버전 2009)는 앨리스와 밥 사이에 메시지를 전송하기 위해서 키 쌍을 이용한 표준적인 암호화 전송을 수행했다.

> **NOTE**
>
> [a]와 [b]는 앨리스와 밥의 비공개 값이다. 또한 [a]와 (A) 문자의 의미를 혼동하면 안 된다. (A)가 대문자라고 해서 [a]보다 크다고 생각하면 안 된다.

먼저 비밀 전송키 [K]를 만들어야 한다. [K]는 앨리스와 밥 사이에 [M]을 전송하기 위한 공유 전송키이며, D-H 알고리듬처럼 공개키/개인키 알고리듬으로 생성할 수 있다.

실제로 MB09의 첫 번째 버전에서는 D-H에서 생성한 [K] 키를 채택했다. 하지만 앨리스와 밥의 비밀키 [a]와 [b]를 입력으로 해서 암호문 (c)를 만들어 내는 다른 알고리듬으로도 [K]를 생성할 수 있다.

> **NOTE**
>
> (c)는 암호문을 나타낸다. 여기서는 두 사용자만을 가정으로 하고 있기 때문에 (c)라고 표시했으며, 그렇지 않은 경우에는 다른 표기법을 사용할 수 있다. (c)를 네트워크의 요소로 혼동하면 안 된다.

사용자가 둘뿐인 경우(하지만 이미 언급했듯이 이 알고리듬은 다중 통신을 지원한다)에 대한 알고리듬은 다음과 같다.

```
[a]^p + [b]^p ≡ [z]^p (mod p)
(A) + (B) = (Z)
```

앨리스는 자신의 비밀키 [Ka]를 이용해서 [M]을 암호화해서 (c)를 얻는다. 이때 [Ka]는 임의의 공개키/개인키 알고리듬에 의해서 만들어진다.

```
[M] * [Ka] ≡ (c) (mod p)
```

NOTE

> 여기서 (c)는 비밀 메시지 [M]과 앨리스의 개인키 [Ka]를 곱해서 얻은 암호문이다. 알고리듬의 원래 버전에서는 (c)를 얻기 위해서 곱셈 연산을 사용했다. 하지만 비트 단위의 XOR 연산이나 스칼라 곱셈과 같은 다른 암호화 방법으로 구현하는 것도 가능하다.

밥은 다음과 같이 복호화를 수행해 비밀키 [Kb]를 생성한다.

```
c (INV) [Kb] = [M] (mod p)
```

예를 들어 지불 시스템에서 디지털 현금을 전송하는 디지털 현금 환경에서 이 알고리듬을 사용한다고 가정한다면 [M]은 거래되는 디지털 현금의 실제 금액을 나타내고 (Hm)은 [M]의 해시 값을 나타낸다.

```
[a +/- M]^p + [b +/- M]^p ≡ [z +/- M]^p (mod p)
(A +/- Hm) + (B +/- Hm) = (Z)
```

위의 첫 번째 식에서 수행된 결과는 메시지 [M]에 대한 연산 [z]가 되고 그것은 두 번째 선형식의 결과 (Z)에 대응된다. MBXX 프로토콜을 논의하는 6장의 뒷부분에서 유사한 프로토콜을 실험해볼 것이다.

본질적으로 거래되는 디지털 화폐가 (Z)의 값을 변경시키지 않기 때문에 (Z)는 시스템의 준동형 잔고^{homomorphic balance}를 나타낸다. 이러한 준동형 잔고를 채택함으로써 관리자는 각 경우에 동형 값^{isomorphic value}을 가진 총 현금 금액의 해당 잔고로 거래 금액 [M]이 알려지지 않은 경우에도 거래의 정확성을 제어할 수 있다.

D-H 키 교환을 이용해서 한번 살펴보자.

- [a]와 [b]는 앨리스와 밥의 비공개 파라미터다.

알다시피 D-H에서 공개 파라미터는 다음과 같다.

- p: 매우 큰 소수
- g: (Zp) 링의 생성자

[M]을 교환하는 것은 다음 과정으로 수행된다.

1단계: 암호화:

앨리스는 자신의 비공개 파라미터 [a]로 자신의 공개키 (Ag)를 만든다.

```
Ag ≡ g^[a] (mod p)
```

밥은 자신의 비공개 파라미터 [b]로 자신의 공개키 (Bg)를 만든다. 앨리스는 다음을 계산한다.

```
Bg^[a] ≡ [Ka] (mod p)
```

앨리스는 [M]을 [Ka]로 암호화한다.

```
[M] * [Ka] ≡ (c) (mod p)
```

2단계: 복호화:

앨리스는 밥에게 (c, Ag)를 전달한다.

앨리스는 해시 값 [M] = (Hm)을 관리자에게 전달한다.

밥은 (c)를 복호화해서 [M]을 알아낸다.

```
( c) * [INVKb] ≡ [M] (mod p)
```

그림 6.5는 비밀 메시지 전송에 적용된 전체 알고리듬 체계를 나타낸 것이다.

앨리스와 밥의 개인키 [a]와 [b]를 계좌 정보라고 생각하고 [M]을 전송하는 디지털 현금이라고 생각한다면 세 번째 단계에서 준동형 잔고로 검증을 수행할 수 있다.

3 단계: 준동형 잔고:

[M]의 값을 첫 번째 식과 두 번째 식으로 바꾸면 관리자는 (A)와 (B) 간의 거래가 올바른지 확인할 수 있다.

```
[a +/- M]^p + [b +/- M]^p ≡ [z +/- M]^p (mod p)
(A +/- Hm) + (B +/- Hm) = (Z)
```

암호화를 수행하는 다음 과정에 주목하기 바란다.

```
[M] * [K] ≡ (c) (mod p)
```

[M]을 암호화하기 위해서 [M]과 [K]에 대한 곱셈 연산을 사용했다. 하지만 메시지 [M]과 키 [K] 사이에 비트 단위의 XOR와 같은 다른 연산을 적용해서 암호화를 구현할 수도 있다. 여기서는 [M]을 전송하기 위한 전송 알고리듬과 다중 전송을 구현하기 위한 프로토콜의 논리적 구조는 중요하지 않다.

실제로 이 알고리듬의 논리적 구조는 2명의 사용자가 아닌 여러 사용자를 위해서 만들어졌다.

이 알고리듬 체계에서 관리자는 사용자가 원래 보유하고 있는 금액을 알고 있다고 가정한다.

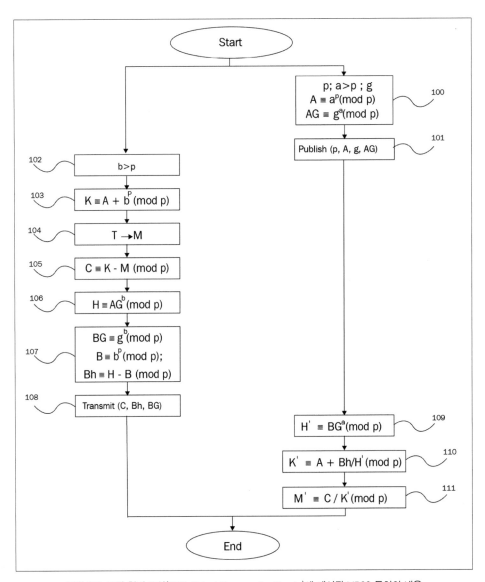

그림 6.5 특허 협력 조약(PCT, Patent Cooperation Treaty)에 게시된 MB09 특허의 내용

당시 나는 동료들과 함께 **개념 증명**을 만들어 MB09가 디지털 현금을 교환하는 데 잘 작동할 수 있다는 것을 보여 줬다. 그리고 여기서 설명하는 MB09에 작동 요소를 추가한 수정된 MB09 버전을 기반으로 휴대폰 간 디지털 암호 화폐 전송을 구현했다.

2010년 5월에는 MB09 기반의 결제 시스템이 유럽 통신 기업의 디지털 결제 시스템 후보로 선정됐다. 그후 해당 기업은 MB09 특허에 대한 권리 일부를 인수했고 또 다른 공개키/개인키 알고리듬인 MBXI 구현을 위한 연구 프로젝트를 우리 연구실에 위탁했다.

⫶⫶MBXI 알고리듬 소개

MBXI 프로젝트는 2010년 시작됐다. 나는 이미 그 이전부터 해당 알고리듬을 생각하고 있었지만 해결하지 못한 몇 가지 문제가 있었다. MB09 프로젝트를 진행하는 동안 디지털 결제 네트워크를 구축하기 위해 파트너가 된 통신사는 메시지 [M]을 전송하기 위해서 특허가 있는 알고리듬을 사용해야 했다. 해당 시나리오에서 메시지는 네트워크상에서 둘 이상의 행위자 간에 전송되는 디지털 화폐의 양을 나타낸다.

그래서 나는 새로운 공개키/개인키 알고리듬을 제안했다. MBXI는 2011년 11월에 특허를 받았고 10년이 지난 지금도 유효하다.

MBXI는 비대칭키 방식과 대칭키 방식을 동시에 고려할 수 있는 암호화 프로세스 방법이다. 대칭키 암호화 알고리듬에 대해서는 2장에서 다뤘고 비대칭키 암호화 알고리듬에 대해서는 3장에서 다뤘다. MBXI 알고리듬 역시 이 책에서 설명하는 다른 알고리듬(예를 들어 D-H, ElGamal, 영지식 프로토콜 등)과 마찬가지로 이산 로그 문제를 기반으로 한다. 앞서 언급했듯이 이산 로그 문제는 여전히 풀기 어려운 문제다. 모듈러 식(mod p와 같은)이 매우 큰 소수를 이용한다면 해당 식을 해결하는 것은 매우 어렵거나 불가능하다는 것을 이미 배웠다.

MBXI 알고리듬은 암호화(복호화) 식의 지수를 정의하기 위해서 주입된 (일방향) 함수인 모듈러 지수 방정식에 의해서 견고해진다. 그림 6.6에서 볼 수 있듯이 메시지 [T]는 블록으로 분할되는 하위 메시지 [M]으로 분해된다.

MBXI에서 개인키를 결정하는 유일한 방법은 인수 분해와 이산 로그 문제(3장 참고)를 기반으로 하는 RSA와 ElGamal과 같은 다른 비대칭키 암호화 알고리듬과 다르게 이산 로그 문제를 푸는 것이다.

사실 MBXI 알고리듬을 정의하는 가장 좋은 방법은 비대칭키 알고리듬도 아니고 대칭키 알고리듬도 아닌 공개키/개인키 알고리듬이라고 하는 것이다. 그 이유에 대해서는 6장의 뒷부분에서 설명할 것이다.

MBXI 알고리듬을 자세히 알아보자.

앨리스와 밥이 있고 밥이 앨리스에게 비밀 메시지 [M]을 전송하고 싶다고 가정하자.

알고리듬의 첫 번째 단계는 네트워크를 통해서 공유된 공개 파라미터로 개인키와 공개키를 생성하는 것이다.

- p: 매우 큰 소수

- g: (Zp) 링의 생성자

1단계: 키 생성:

- [a]: 앨리스의 개인 비밀키(p-1보다 작은 임의의 수)

- [b]: 밥의 개인 비밀키(p-1보다 작은 임의의 수)

- 앨리스의 공개키: $Ka \equiv g^a \pmod p$

- 밥의 공개키: $Kb \equiv g^b \pmod p$

2단계: 암호화:

MBXI에서 암호화는 다음 함수를 해결해서 표현되는 역모듈러[inverse modular] 식으로 수행된다.

```
{[Ka^b+eB] (mod p)} * x ≡ 1 (mod p-1)
```

밥은 앨리스의 공개키 (Ka)를 가져와서 자신의 개인키 [b]로 지수 연산을 수행한 다음 (eB)와 더한다. 여기서 (eB)는 정수 그룹에서 선택된 것이며 아래 값들이 서로소[coprime]임이 검증된다.

```
[Ka^b+eB] (mod p), (p-1)
```

[x]에 대한 역 모듈러 식을 수행한 이후에 밥은 다음 식으로 암호문 (C)를 계산한다.

```
C ≡ M^x (mod p)
```

밥은 (C, eB, Kb)를 앨리스에게 전달한다.

3단계: 복호화:

이제 앨리스는 밥의 공개키 (Kb)와 자신의 개인키 [a]와 (eB)를 이용해서 (C)를 복호화할 수 있다. (eB)는 밥이 전달하는 것이며 어떤 기능을 갖고 있는지에 대해서는 이후에 알고리듬을 분석하면서 좀 더 자세히 설명할 것이다.

다음 식에 의해서 앨리스의 개인 복호화 키인 [y]를 산출된다.

```
y ≡ {[Kb^a + eB] (mod p)}
```

마지막으로 (C)와 [y]를 이용해서 메시지 [M]을 구하게 된다.

```
M ≡ C^y (mod p)
```

[y]는 앞서 언급된 역모듈러 식의 해도 표현되는 앨리스의 개인 복호화 키다.

그림 6.6을 통해서 MBXI의 암호화/복호화의 전체 과정을 이해할 수 있을 것이다.

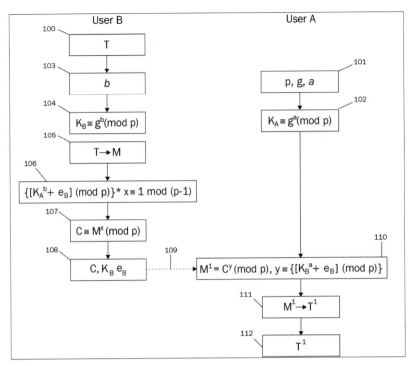

그림 6.6 MBXI의 암호화/복호화 과정

지금까지 MBXI의 동작 방식에 대해서 살펴봤으므로 이제는 실제 예를 이용해서 살펴보자.

MBXI 예제

다음에 설명할 예제는 발신자(밥)와 수신자(앨리스) 간의 암호화 통신을 위한 것이다. 물론 이번 예제에서도 다른 예제와 마찬가지로 상대적으로 작은 숫자를 이용할 것이다. 하지만 실제 애플리케이션에서는 최소한 3,000비트 이상(즉 수천 자리의 수)의 소수 (p)가 개인키로 사용된다는 것을 명심하기 바란다.

- p = 7919

- g = 7(생성자)

앨리스는 개인키 [a]를 선택한다.

```
a = 123456
```

밥은 개인키 [b]를 선택한다.

```
b = 543210
```

> **NOTE**
>
> 예제에서는 a = 123456, b = 543210과 같이 일련 번호를 선택했다. 이는 단지 예제일 뿐이기 때문에 실제로 암호를 선택할 때는 일련 번호를 사용해서는 안 된다. 공격자가 가장 먼저 시도하는 숫자가 그런 것이기 때문이다.

알고리듬의 첫 번째 단계(키 생성)를 위해서 앨리스는 다음과 같이 자신의 공개키를 계산한다.

```
Ka ≡ 7^123456 (mod 7919) = 7036
```

밥도 자신의 공개키를 계산한다.

```
Kb ≡ 7^543210 (mod 7919) = 4997
```

밥은 다음과 같이 암호화를 수행한다.

```
{[7036^543210 + 1 ] (mod 7919)} * x ≡ 1 (mod 7919-1)
```

여기서 (eB) = 1은 식을 검증하기 위한 가장 작은 정수다.

그리고 밥은 다음과 같이 개인 암호화 키 [x]를 결정한다.

```
x = 3009
```

밥은 개인 암호화 키를 이용해서 암호문을 계산한다.

```
C ≡ 88^3009 (mod 7919) = 2760
```

밥은 (C, Kb, eB) = (2760, 4997, 1)을 앨리스에게 전달한다.

앨리스는 (C, Kb, eB)를 수신하면 (C)를 복호화해서 메시지 [M]을 알아낼 수 있다.

```
M = 2760^{[4997^123456 +1] (mod 7919)} (mod 7919) = 88
```

복호화한 메시지 M = 88이며, 이는 밥이 암호화한 메시지와 동일하다.

지금까지 실제 숫자를 이용한 예제를 통해서 알고리듬이 동작하는 것을 알아봤다. 이제는 알고리듬에 대해서 몇 가지 살펴보고 RSA와 어떻게 유사한지 알아볼 것이다.

MBXI 알고리듬에 대한 고려 사항 및 RSA에 대한 공격

먼저 (eB) 파라미터의 의미를 명확히 할 필요가 있다. (eB)는 발신자와 수신자 간에 전달되는 값이다. 하지만 임의의 값으로 처리될 수도 있다.

예를 들어 (1, 10) 사이의 값에서 (eB)를 임의로 선택할 수도 있다. (eB)가 6이라고 가정해보자. 그러면 암호화는 다음과 같이 수행될 것이다.

```
{[7036^543210 + eB] (mod 7919)} * x ≡ 1 (mod 7919-1)
```

(eB) = 6인 경우에는 위 식은 성립하지 않는다.

실제로 매스매티카의 Reduce 함수를 사용해서 eB = 1 대신 eB = 6을 적용하면 다음과 같은 결과를 얻게 된다.

```
Reduce[4960*x == 1, x, Modulus -> 7919 - 1]
 False
```

즉 4960 (mod 7919)의 역수는 존재하지 않는다. 또한 주어진 범위 내에서 임의로 선택한 수를 1씩 증가시켜서 (eB) = 7을 적용해보면 서로소 조건을 만족하고 x = 5575이 된다. 따라서 다음과 같이 암호화를 수행할 수 있게 된다.

```
C ≡ 88^5575 (mod 7919) = 2195
```

이 경우 밥은 앨리스에게 (C, Kb, eB) = (2195, 4997, 7)를 전달하게 된다.

그리고 복호화 과정은 다음과 같이 이뤄진다.

```
M ≡ 2195^{[4497^123456 + 7] (mod 7919)} (mod 7919)
```

복호화를 통해서 M = 88을 얻게 되고 그 값은 밥이 전달하고자 하는 메시지 [M]과 일치한다.

또 다른 중요한 고려 사항은 MBXI의 구현과 메시지 [M]의 길이와 관련된 여러 문제와 관련이 있다.

메시지 [M = 1]인 경우에는 암호화 키와 관계없이 (C = 1)의 암호문을 만든다.

가장 단순한 형태의 RSA도 유사한 속성을 갖는다. 실제로 사용되는 대부분의 RSA에는 그런 속성을 제거하기 위한 메시지 패딩이 포함돼 있으며 MBXI에도 동일한 방식을 적용할 수 있다. 매우 특수한 경우에는 그런 속성이 도움이 될 수도 있다. 그것을 기술적인 용어로 동형 암호화라고 한다. 9장에서 RSA의 부분 동형 암호화 속성을 살펴볼 것이다.

5장에서 논의한 바와 같이 패딩은 (일반적으로) 바람직하지 않은 속성을 제거하는 데 필요하다. 패딩을 하게 되면 원래 메시지 문자열의 길이보다 암호화된 문자열의 길이를 길게 만들어 준다.

MBXI가 과연 진정한 비대칭키 암호화 알고리듬인지 궁금할 것이다. 그 질에 대한 답은 '아니오'다. MBXI는 공개키/개인키 암호화 알고리듬이지만 RSA와 같은 순수한 비대칭키 암호화 알고리듬은 아니다. MBXI의 특성을 이용해서 키 공유와 같은 흥미로운 애플리케이션을 만들 수는 있지만 MBXI는 AES와 같은 대칭키 암호화 알고리듬을 대체하기 위한 용도는 아니다.

키 공유를 위한 목적으로 사용될 수 있다는 것을 보여 주기 위해서 암호화 과정을 다음과 같이 변경해보자.

```
C ≡ Mˣ (mod p)
```

이는 다음과 같은 RSA의 암호화 구조와 유사하다는 것을 발견하게 될 것이다.

```
C ≡ Mᵉ (mod N)
```

[x] 대신 (e)로 변경하기만 하면 암호화 방식이 매우 비슷해진다.

RSA에서 (e)는 공개 파라미터이고 (N)은 수신자의 공개키$(N = [p]*[q])$를 의미한다.

반면, MBXI에서 [x]는 비밀 암호화 키(이는 D-H와 더 유사하다)이고 (p)는 매우 큰 공개 소수다.

어쨌든 이러한 비교를 통해서 확인한 RSA와 MBXI 암호화 체계의 유사성은 RSA에 대한 몇 가지 흥미로운 공격에 대한 영감을 줬다.

⁞⁞⁞ RSA에 대한 새로운 공격

아담 영$^{Adam\ Young}$과 모티 융$^{Moti\ Yung}$은 「Proceedings of Advances in Cryptology」라는 논문에서 비대칭 백도어의 개념을 소개했다. 비대칭 백도어는 백도어의 전체 구현이 공개되더라도(예를 들어 구현 내용을 공개하거나 리버스 엔지니어링(reverse-engineering)에 의해서 발견되더라도) 그것을 심은 공격자만 사용할 수 있다. 그런 공격을 클렙토그래피^{kleptography}라고 하며 소프트웨어나 하드웨어(예를 들어 스마트 카드) 또는 양쪽 모두에서 동작할 수 있다. 비대칭 백도어 이론은 이제 **암호 바이러스학**^{cryptovirology}의 일부분으로 다루고 있다. 특히 NSA는 Dual EC DRBG 표준에 클렙토그래피 백도어를 삽입하기도 했다.

RSA 키 생성에는 실험적인 비대칭 백도어가 있다. 영과 융이 설계한 OpenSSL RSA 백도어는 꼬인 타원 곡선을 이용했다. 이번 절에서는 조금 다른 것을 살펴볼 예정인데, RSA 암호화 함수의 `Modulo N` 내부에 파라미터를 삽입하는 것에 대해서다. OpenSSL 라이브러리 코드 몇 줄을 수정함으로써 RSA에 백도어를 만드는 것이 가능하다.

일반적으로 백도어는 두 사람 간의 통신을 공격자가 몰래 감시할 수 있게 해준다. 암호학에서 백도어는 수학적 또는 물리적인 방법을 이용해서 해독하기 어려운 암호를 만들더라도 그것을 해독할 수 있게 해준다.

어떤 경우이든 백도어를 만들려면 악성 코드를 삽입하기 위한 기술과 준비가 필요하다. 그렇게 만들어진 백도어를 통해서 제3자(이브)는 암호화된 메세지를 염탐하거나 수정할 수 있게 된다. 또한 일반적인 백도어보다 훨씬 더 악의적인 의도의 백도어를 만드는 것도 가능하다. 즉 송신자 자신(밥)이 자신의 암호화 로직 내부에 백도어를 삽입하는 것에 관심을 가질 수도 있다.

NOTE

> 악의적인 목적으로 백도어를 만드는 것은 범죄 행위다. 따라서 이 절에서 설명하는 것은 단지 RSA 내부에 백도어를 구현하는 것이 가능하고 그것을 식별하기 위한 이론적인 이해를 돕기 위한 것이다.

3장에서 제시된 질문으로 돌아가 보자. 즉 자체 역방향 암호화$^{self-reverse encryption}$는 비합리적인 모델이고 실제 상황에 맞지 않는 것일까? 그리고 실용적인 용도가 없을까? 반대로, 왜 또는 어떤 경우에 그런 방법으로 네트워크를 공격하는 것이 합리적일 수 있을까?

밥을 역방향 암호화로 통신 회사나 소셜 네트워크 또는 사용자 간의 통신을 감시하려는 클라우드 제공자의 관리자라고 생각해보자. 또는 밥이 역방향 암호화로 결제를 위해서 전송되는 암호 화폐 금액에 대한 서명을 위조할 수 있다면 디지털 화폐에 대한 이중 지불을 수행할 수 있게 된다. 마지막으로 자체 역방향 암호화 방법을 좋은 목적으로 사용한다면 랜섬웨어에 의해서 암호화된 파일을 되돌릴 수도 있을 것이다.

사이먼 싱$^{Simon Singh}$는 1998년 자신의 저서인 『비밀의 언어』(인사이트, 2015)에서 웨인 메드센 리포트$^{Wayne Madsen Report}$ 블로그의 보고서에 따르면 스위스 암호화 회사인 크립토 AG$^{Crypto AG}$가 자사 제품 중 일부에 백도어를 삽입해서 미국 정부에게 해당 백도어를 악용하는 세부적인 방법을 제공했다는 것을 언급했다. 그리고 미국 정부는 그 백도어를 이용해서 여러 나라의 통신 내용을 알아낼 수 있었다. 1991년에 망명한 전 이란 총리를 살해한 암살범들이 잡혔는데, 그것은 크립토 AG 장비로 암호화된 이란의 통신 메시지를 가로채서 백도어로 해독했기 때문에 가능했다.

이제는 이 책에서 배운 몇 가지를 이용해서 논리적인 백도어를 만드는 방법을 살펴보자.

RSA 암호화 과정에 있어서의 주요 패러다임과 제약 조건 중 하나로부터 시작할 것이다. 그것은 암호문 송신자로서 밥은 일단 암호문을 전송했다면 전송한 암호문을 스스로 다시 복호화할 수 없다는 것이다. 개인키 (p,q) 소유자인 수신자(앨리스)만이 (N)을 수행할 수 있기 때문이다. 결과적으로 앨리스는 암호문 (c)를 복호화해서 메시지 [M]을 읽을 수 있는 유일한 사람이다.

3장의 내용을 다시 한번 상기해보자. 그림 6.7은 RSA 알고리듬의 암복호 과정을 보여주고 있다.

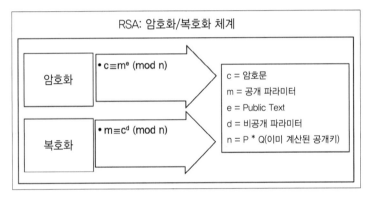

그림 6.7 RSA 알고리듬의 암복호 과정

RSA 알고리듬을 구성하는 요소는 다음과 같다.

- [M]: 메시지

- (N) = p*q(앨리스의 공개키)

- e: 주어진 공개 파라미터

밥(송신자)은 앨리스(수신자)의 공개키를 이용해서 암호화를 수행한다. 앨리스의 공개키임을 나타내기 위해서 N을 Na로 표기할 것이다.

```
[M]^e ≡ c (Mod Na)
```

밥은 메시지 [M]을 알고 있지만, 기술적인 측면에서 봤을 때 밥은 암호문 (c)를 전달했다면 그것을 다시 수학적으로 복호화할 수는 없다. 앨리스만이 자신의 개인키 [da]를 알고 있다고 가정하기 때문이다.

키 생성:

앨리스의 공개키 (Na)와 개인키 [da]를 계산한다.

```
Na = p*q
[da] * e ≡ 1 (mod [p-1]*[q-1])
```

3장에서도 설명했듯이 RSA 알고리듬에서는 암호문 (c)에서 비밀 메시지 [M]을 알아내기 위해서 다음과 같은 복호화를 수행한다.

```
M ≡ c^da (mod Na)
```

RSA 알고리듬의 주요 패러다임 중 하나는 일단 암호문 (c)가 송신자에 의해서 전달됐다면 개인키 [da]를 갖고 있지 않은 사람은 어느 누구도 그것을 복호화할 수 없다는 것이다.

하지만 백도어가 삽입된 특정 상황에서는 이 말이 적용되지 않을 수 있다.

이제 (밥이) RSA에서 자체 역방향 복호화를 어떻게 만들 수 있는지 알아보자.

여기서는 밥 자신(송신자)이 공격자라고 가정할 것이다. 밥을 외부 공격자인 이브로 대체해서 생각하는 것도 가능하다.

공개키와 개인키:

- (Na): 앨리스(수신자)의 공개키

- (Nb): 밥(송신자)의 공개키

- (e): 시스템에 의해서 주어지는 공개 파라미터

- [da]: 앨리스의 개인키

- [db]: 밥의 개인키

밥은 스스로 파라미터를 변경함으로써 '공격'을 수행한다.

1단계: 암호화

밥은 임의의 소수 [Pb]([Pb] > [M])를 선택해서 다음과 같은 변형된 형태로 암호화[c1]를 수행한다.

```
[M]^e ≡ c1 (mod Na * Pb)
```

밥은 (c1)을 앨리스에게 전달한다.

> **NOTE**
>
> [Pb]는 밥이 메시지 [M]을 알아낼 수 있도록 해주는 백도어다.

2단계: 밥의 복호화

밥은 곱하기 연산의 역원인 파라미터 [x]를 계산한다.

```
e*x ≡ 1 (mod Pb-1)
```

밥은 [x]를 이용해서 (c1)을 복호화할 수 있다. 즉 메시지 [M]을 알아내기 위한 '매직 함수'라고 할 수 있다.

밥은 [x]와 자신의 '개인키'를 이용해서 다음과 같이 (c1)을 복호화한다.

```
(c1)^x ≡ [M] (mod Pb)
```

밥은 이제 암호문 (c1)에서 메시지 [M]을 수학적으로 알아냈다. 이는 RSA가 일반적으로 언급하는 내용, 즉 송신자는 수신자의 개인키를 갖고 있지 않기 때문에 일단 암호화가 수행됐다면 송신자는 그것을 복호화할 수 없다는 것과 상충된다.

누군가는 이에 대한 대응 논리로서 우리가 RSA 암호화 방법을 변경했기 때문에 그것은 RSA와 다른 알고리듬이라고 말할 수도 있을 것이다. 그 말은 어느 정도 맞는 말이다. 하지만 앨리스가 (c1)을 복호화할 때 어떤 일이 발생하는지 살펴보자.

3단계: 앨리스의 복호화

이 단계가 흥미로운 부분이다. 앨리스는 일단 조작된 암호문 (c1)을 전달받으면 자신의 개인키 [da]를 이용해서 정상적인 RSA 복호화 방법으로 메시지 [M]을 알아낼 수 있다.

```
(c1)^da ≡ [M] (mod Na)
```

즉 앨리스는 암호문 (c1)이 조작됐다는 사실을 모른 채 RSA 복호화를 수행해서 메시지 [M]을 알아내는 것이다.

그림 6.8에서 볼 수 있듯이 밥은 자신의 자체 역방향 복호화를 수행함으로써 '수정된 암호문' (c1)을 복호화할 수 있고 앨리스도 자신의 개인키를 이용해서 (c1)을 복호화할 수 있다.

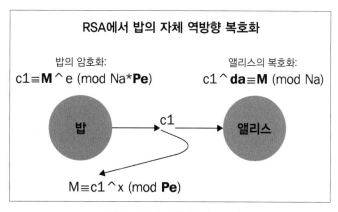

그림 6.8 밥의 자체 역방향 복호화

공격 시나리오는 간단하다. 만일 밥이 암호화를 수행하는 단계에서 공격자 이브(외부 공격자)가 자신의 파라미터(백도어) [Pe]를 삽입할 수 있다면 밥과 앨리스 간에 전달되는 메시지 [M]을 몰래 볼 수 있다.

그림 6.9는 공격자 이브가 어떻게 메시지를 훔쳐볼 수 있는지 보여 주고 있다.

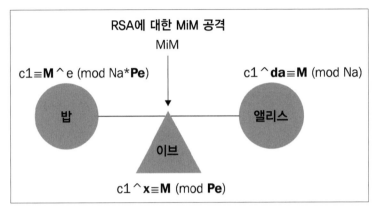

그림 6.9 이브의 중간자 공격(MiM)

이 방법으로 이브는 밥이 보낸 메시지 [M]을 알아낼 수 있을 뿐만 아니라 새로운 가짜 메시지 [M1]을 RSA 암호화해서 앨리스에게 보내서 밥과 앨리스를 속일 수도 있다.

공격이 가능하게 만들려면 이브는 OpenSSL 라이브러리의 비트 계산이라는 문제에 직면해야 한다. 가짜 암호문 (c1)을 만드는 단계에서 (c1)은 원래 암호문 (c)보다 훨씬 커지기 때문에(수학적으로 표현하면 c1 >> c) 오버플로가 발생한다. 이는 알고리듬의 파라미터에 의해서 미리 선택된 비트 제한이 있다면 문제가 될 수 있다. 비트 제한은 키의 길이나 N과 같은 알고리듬의 파라미터 등과 관련될 수 있다. 즉 N = 2000비트라면 (c1)은 2000비트보다 큰 값을 가질 수 없다.

나는 암호화 단계에서 (cx) < (Na)인 암호문을 만들어 낼 수 있는 압축 알고리듬을 사용함으로써 이 문제를 극복하는 방법을 찾아냈다. 즉 암호화 단계에서 만들어진 암호문 (c1)을 (cx)로 축소시키고 OpenSSL 라이브러리의 적당한 파라미터를 이용해서 비트 길이 제한 문제를 해결하는 것이다. 여기서 사용되는 압축 알고리듬은 다른 영역에서도 사용될 수 있다. 예를 들어 대역폭을 절약하기 위해서 전송 시 암호문을 압축하거나 수

신한 암호문을 압축 해제하는 데 사용될 수 있다.

그림 6.10에서 볼 수 있듯이 이브는 밥이 전송한 메시지 [M]을 훔쳐 볼 수 있고, [M]을 [M1]으로 변경한 다음 그것을 원래의 RSA 암호 알고리듬으로 암호화한 새로운 암호문 (ce)를 앨리스에게 전달한다.

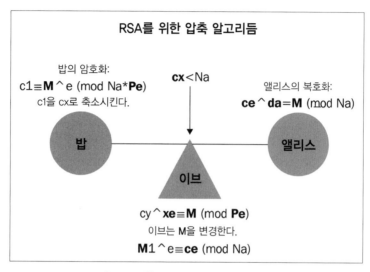

그림 6.10 압축 알고리듬을 이용한 이브의 공격

이제 우리는 또 다른 질문에 답할 수 있어야 한다. 앨리스가 메시지 [M]에 대한 디지털 서명을 요구하는 경우에도 이브의 공격은 유효할까?

다시 말해, 이 공격 방법에 대한 대응책이 존재할까?

공격을 수행하는 사람이 누구인지에 따라서 이 공격을 피할 수 있는 다양한 방법이 존재한다. 공격을 피하기 위한 방법 중 하나는 디지털 서명과 관련이 있다(디지털 서명에 대해서는 4장에서 살펴봤다). 하지만 이 공격을 피하려면 특별한 종류의 디지털 서명이 필요하다.

실제로 앨리스가 밥에게 그의 개인키 [db]로 암호문 (c)를 디지털 서명하도록 요청한다면 앨리스는 어느 누구도 메시지 [M]을 훔쳐보지 못했고 메시지를 수정하지 않았으며 밥이 원래의 RSA 암호화 알고리듬으로 암호문 (c)를 디지털 서명했다고 확인할 수 있을 것이다.

밥은 암호문 (c)를 자신의 개인키 [db]로 디지털 서명한다.

$$c^{[db]} \equiv Sb \pmod{Nb}$$

밥은 (Sb)를 앨리스에게 전달하고 앨리스는 다음 조건이 맞는지 검증하게 된다.

$$Sb^e \equiv cv \pmod{Nb}$$

이를 통해 앨리스는 암호문 검증 값 cv를 계산한다.

그리고 그것이 수신된 암호문과 일치(cv = c)하는지 확인한다. 일치한다면 앨리스는 백도어가 주입되지 않았을 것이라고 확신할 수 있다.

$$[M]^e \equiv c \pmod{Nb}$$
만일: cv = c이면 앨리스는 메시지를 받아들인다.

실제로 앨리스는 이와 같은 작업을 통해서 수신한 암호문과 디지털 서명 (Sb)를 복호화해서 얻은 값을 비교한다. 동일하다면 제3자에 의한 백도어 주입 가능성이 없다고 생각할 수 있다. 만일 앨리스가 (c) 대신 (c1)이나 (cx) 등의 암호문을 수신한다면 무엇인가 잘못됐다고 생각할 것이다.

NOTE

디지털 서명은 일반적으로 메시지 [M]에 대해서 수행되지만 여기서는 암호문 (c)에 대해서 수행된다.

다음 절에서는 MBXI 알고리듬의 디지털 서명을 살펴보고 MBXI 알고리듬에서 디지털 서명하는 여러 가지 방법에 대해서 설명할 것이다.

⠿ MBXI에서의 디지털 서명

MBXI로 다시 돌아가서, 재구성된 암호화 키인 [x]로 암호화를 수행할 수 있다.

```
C ≡ Mˣ (mod p)
```

[x]는 다음 식에서 복호화 키인 [y]의 역으로 생성한다.

```
C^y ≡ M (mod p)
```

암호화를 수학적으로 표현하면 다음과 같다.

```
{[Ka^b+eB] (mod p) * x ≡ 1 (mod p-1)
```

그 결과 복호화 키의 [y]의 역을 얻는다.

```
y ≡ {[Kb^a+eB] (mod p)}
```

실제 값을 이용해서 확인해보자.

- x = 3009

- y = 4955

매스매티카를 이용해서 역함수 (mod p-1)에 x = 3009를 입력하면 [y]를 구할 수 있다.

```
Reduce [3009*x == 1, y, Modulus -> p - 1]
y == 4955
```

이는 밥이 MBXI로 메시지를 보내면 [secret key]를 앨리스와 공유할 수 있다는 의미가
된다.

또 다른 문제가 있다. 대칭키 알고리듬에서 어떻게 하면 중간자 공격을 피할 수 있을까?

MBXI는 대칭키 알고리듬보다 비대칭키 알고리듬의 특성이 더 크기 때문에 MBXI를 위한 디지털 서명 알고리듬에 대해서 살펴보자.

이미 알겠지만, MBXI는 키 공유 알고리듬인 D-H와 동일한 방식으로 정의될 수 있다. 하지만 MBXI에서는 D-H와 달리 디지털 서명을 수행할 수 있다. 실제로 MBXI에는 메시지를 디지털 서명하는 다양한 모드가 있다는 것을 알게 될 것이다.

좀 더 명확하게 하기 위해서 디지털 서명의 범위와 기능을 상기해보자.

디지털 서명은 다음 조건을 만족해야 한다.

- 수신자는 송신자의 신원(진짜 송신자가 맞는지 여부)을 검증할 수 있다.
- 송신자는 메시지 전송을 부인할 수 없다(부인 방지).
- 수신자는 다른 사람이 서명한 문서를 만들어 내거나 수정할 수 없다(무결성).

또한 백도어와 관련해서 디지털 서명이 만족시켜야 하는 조건을 추가할 필요가 있다.

- 권한이 없는 사람은 다른 사람의 문서를 훔쳐볼 수 없다(훔쳐보기 금지).

마지막 조건이 우리가 살펴볼 주요 관심사다. 전형적인 디지털 서명은 세 단계로 수행된다.

1. 키 생성 알고리듬 (G)으로 키쌍 {(Pk)와 [Sk]}를 만든다. 공개키 (Pk)는 서명을 검증하는 사용되고 개인키 [Sk]는 메시지 [M]을 서명하는 데 사용되며 서명을 수행하는 사람이 소유한다.
2. 서명 알고리듬 (S)는 메시지 [M](일반적으로는 메시지의 해시)을 입력받아서 개인키 [Sk]로 서명 (s)를 만든다.
3. 마지막으로 검증 알고리듬 (V)는 메시지 [M](일반적으로는 메시지의 해시)과 공개키 (Pk), 서명 (s)를 입력받아서 검증을 수행한다.

이러한 모든 조건과 제약 조건을 감안할 때 디지털 서명을 두 가지 유형으로 분류할 수 있다.

- **다이렉트 서명**direct signature: 디지털 서명 (S)에서 메시지 [M]을 직접 확인하는 방식이다. 일반적으로 RSA에서 메시지에 대한 디지털 서명 (S)을 수행하는 데 사용되며, 4장에서 설명했다.

  > $[M]^{\wedge}d \equiv S \pmod{N}$

  디지털 서명의 검증은 $S^{\wedge}e \equiv M \pmod{N}$으로 수행한다.

- **부가 서명**appendix signature: 디지털 서명의 유효성을 검증하기 위해서 원본 메시지를 필요로 하지 않는 서명 방식이다(예를 들어 ElGamal의 서명). 디지털 서명을 검증하기 위해서 메시지 [M]을 직접 서명할 필요가 없다.

디지털 서명의 개념에 대해서 살펴봤으니 이제는 MBXI에 어떻게 적용되는지 살펴볼 차례다.

MBXI에서의 다이렉트 서명

다이렉트 서명은 메시지 [M]의 서명을 직접 포함하는 방식이다. 하지만 4장에서 봤듯이 어떤 경우에는 메시지의 해시 H(m)을 이용하는 것이 훨씬 좋은 방법이다. 해시를 이용하지 않으면 서명 (S)에서 원본 메시지 [M]을 복구할 수 있다.

MBXI에서 어떻게 이 디지털 서명 방법이 적용되는지 살펴보자. MBXI 알고리듬에서는 다음과 같은 파라미터를 이용한다.

- 앨리스의 개인키: [a] (SKa)

- 앨리스의 공개키: (KA) (PKa)

- 밥의 개인키: [b] (SKb)

- 밥의 공개키: (KB) (PKb)

밥의 공개키는 다음 식으로 계산한다.

$$KB \equiv g^b \ (mod \ p)$$

밥이 메시지 [M]을 전달한다고 가정할 것이다. 그리고 밥과 앨리스만 아는 파라미터 [eb]를 선택한다. 암호화 기능은 [eb]의 확정된 값에서만 검증되기 때문이다.

$$(E): \{[K_A^b + e_B] \ (mod \ p)\} * x \equiv 1 \ mod \ (p-1)$$

밥과 앨리스는 자율적으로 [eb]를 결정하기 위해서 모인다. 이는 공동 반복[joint iteration]이 라는 과정을 통해서 [eb]가 단계적으로 만들어진다는 의미를 갖는다. 이 과정은 암호화 의 결과가 검증될 때까지 점진적으로 반복해서 수행된다.

따라서 앞의 암호화 식을 다음과 같은 식으로 표현할 수 있다.

$$C \equiv M^x \ (mod \ p)$$

여기서 [x]는 앞의 암호화 기능의 결과다.

만일 [M]이 전달된 메시지이고 H(m)이 그것의 해시 값이라면 밥은 암호화를 수행한 방 법과 동일한 방법으로 H(m)을 서명할 수 있다.

$$S \equiv H(m)^x \ (mod \ p)$$

여기서 (S)는 디지털 서명이다.

앨리스가 암호문 (C)를 전달받을 때 메시지 [M]의 해시를 이용한 디지털 서명 (S)도 함 께 전달받는다.

앨리스는 메시지 [M]을 복호화하는 방법과 동일한 방법으로 디지털 서명 (S)를 복호화 [이때 [eb]를 이용]할 수 있다. 밥은 암호화 기능 검증을 위한 다음 단계로 [eB]를 반복적으로 가져온다.

$$H(m) \equiv S^y \pmod{p}$$

여기서 [y]는 다음과 같은 복호화 식으로 계산한다.

$$y = \{[K_B{}^a + e_B] \pmod{p}\}$$

앨리스는 밥의 공개 파라미터 (KB)와 자신의 개인키 [a]로 디지털 서명 (S)를 검증한다.

밥 이외의 누구도 메시지 송신자가 될 수 없다. 공격자는 다음의 디지털 서명식 (S)를 수행하기 위해서 밥의 개인키 [b]만 교체할 수 있다.

$$(S): \{[K_A{}^b + e_B] \pmod{p}\} * x \equiv 1 \bmod (p-1)$$

이는 공격자가 밥의 개인키 [b]에서 반환되는 이산 로그를 수행할 수 있음을 의미한다. 하지만 이미 알고 있듯이 그것은 현재 매우 어려운 문제다.

실제로 [x]는 이전 식 (S)의 결과이며 밥의 개인키 [b]가 필요하다는 사실을 기억해야 한다.

이제는 MBXI에 적용되는 또 다른 디지털 서명 방법을 알아보자.

MBXI에서의 부가 서명

MBXI에서 디지털 서명하는 또 다른 방법으로 **부가 서명**이 있다.

부가 서명은 ElGamal[4장]에서 이미 살펴본 디지털 서명 방식이다. MBXI 알고리듬은 결과의 확정적인 일치를 보임으로써 디지털 서명의 진실성을 증명한다.

다시 한번 MBXI 알고리듬의 파라미터로부터 시작해보자.

- 밥의 개인키: [b] (SKb)

- 밥의 공개키: (KB) (PKb)

밥의 공개키는 다음 식으로 계산한다.

$$KB \equiv g^b \ (mod \ p)$$

디지털 서명 알고듬 (S)의 범위는 앨리스(수신재)가 서명의 진위 여부를 검증 (V)할 수 있도록 밥이 제공하는 증명 (s)를 생성하는 것이다.

밥은 원본 비밀 메시지 [M]을 모르는 사람이 메시지를 복원하지 못하도록 메시지의 해시 H(m)을 만든다.

그리고 밥은 H(m)에 디지털 서명을 함으로써 자신의 신원을 효과적으로 증명하려고 한다.

1단계: 키 생성 (G):

밥은 (Zp) 링에서 임의의 수 [k]를 선택하고 (r)을 계산한다.

$$r \equiv g^k \ (mod \ p)$$

2단계: 디지털 서명 (s):

밥은 메시지의 해시 H(m)과 [k] 그리고 자신의 개인키 [b]를 이용해서 디지털 서명을 만든다.

$$s \equiv H(m)*[k+b] \ (mod \ p-1)$$

밥은 (H(m), s, r)을 앨리스에게 전달한다.

3단계: 디지털 서명 검증 (V):

앨리스는 다음의 두 식 (V)와 (V1)을 이용해서 검증을 수행한다.

$$\text{(V) } g^s \equiv V \ (mod \ p)$$
$$\text{(V1) } r^{H_{(m)}} * Kb^{H_{(m)}} \equiv V_1 (mod \ p)$$

만일 V = V₁ 앨리스는 밥의 디지털 서명을 승인한다.

MBXI에서의 다양한 디지털 서명 방법을 살펴봤으므로 이제는 MBXI에서의 디지털 서명을 수학적으로 살펴보도록 하자.

MBXI 디지털 서명 알고리듬의 수학적 설명

이번 절에서는 MBXI에서 디지털 서명이 어떻게 수행되는지 수학적으로 살펴볼 것이다.

앞서 살펴본 생성자 (g)를 이용한 식은 다음과 같이 표현할 수 있다.

```
g^s ≡ g^[k+b]^H(m) ≡ (gk)^H(m) * (gb)^H(m) (mod p)
```

gk = r로, 그리고 gb = Kb로 치환하면 다음과 같은 식이 된다.

```
g^s ≡ r^H(m) * Kb^H(m) (mod p)
```

이제는 디지털 서명이 어떻게 작동하는지 좀 더 잘 이해하기 위해서 실제 값을 적용해서 살펴보자.

MBXI에서의 디지털 서명 예:

이전의 암호화 예와 동일한 파라미터를 다음과 같은 값으로 설정했다.

- p = 7919

- g = 7

- eB = 1

앨리스의 개인키, [a]:

- a = 123456

밥의 개인키, [b]:

- b = 543210

앨리스의 공개키:

```
Ka ≡ 7^123456 (mod 7919) = 7036
```

밥의 공개키:

```
Kb ≡ 7^543210 (mod 7919) = 4997
```

메시지 [M]은 밥이 암호화를 수행한다.

```
M = 88
```

먼저, 다이렉트 서명 (S)를 살펴보자.

1단계: 밥은 메시지 [M] = 88의 해시를 계산한다. 해시 값이 다음과 같다고 가정하자.

```
Hash(88) = 1305186650
```

매스매티카의 Reduce 함수를 이용해서 암호화를 위한 비밀키 [x]를 구한다.

```
Reduce[(Mod[KA^b, p] + eB)*x == 1, x, Modulus -> p - 1]
x = 3009
```

밥은 H(m)과 [x]를 이용해서 디지털 서명 (S)를 계산한다.

```
S ≡ 1305186650^[3009] (mod 7919) = 7734
```

밥은 (H(m), S) = (1305186650, 7734)를 앨리스에게 전달한다.

2단계: 앨리스는 밥이 전달한 디지털 서명 (S)를 검증한다. (S)에 [y]를 적용하면 그 값은 H(m) (mod p)와 동일해야 한다.

```
S^y ≡ H(m) (mod p)
```

[y]는 밥의 공개키 (Kb)와 앨리스의 개인키 [a] 그리고 [eB] 파라미터로부터 계산된다.

```
y ≡ {[K_B^a + e_B] (mod p)}
실제 값을 대입하면 다음과 같다,
y ≡ {[4997^123456 + 1] (mod 7919)}
Y = 4955
```

앨리스는 (S)에 [y]를 적용한 값이 H(m) (mod p)와 동일한지 확인한다.

```
V ≡ 7734^4955 = 827 (mod 7919)
```

H(m) (mod p)의 값은 다음과 같다.

```
H(m) (mod p)
V' ≡ 1305186650 (mod 7919) = 827
```

만일 V = V'이면 앨리스는 디지털 서명을 승인한다.

결국 앨리스는 디지털 서명을 검증한 것이다.

```
V = 827 = V'
```

MBXI에는 다이렉트 서명과 다른 디지털 서명과 검증 방식이 있음을 이미 설명했다.

이번에는 부가 서명을 예로 들어서 살펴보자.

모든 파라미터(모듈러, 개인키와 공개키, 생성자, eB)는 앞선 예와 동일하다고 가정하자.

밥은 임의의 수 [k]를 선택한다.

```
k = 1529
```

밥은 (r)을 계산한다.

```
r ≡ g^k (mod p)
r ≡ 7^1529 (mod 7919) = 4551
```

이제 밥은 부가 서명인 (s)를 만들어 낼 수 있다.

```
H(m) = 827 (mod p)
s ≡ H(m) *[k+b] (mod p-1)
s ≡ 827 * [1529 + 543210] (mod 7919-1) = 4543
```

밥은 (H(m), s) = (827, 4543)을 앨리스에게 전달한다.

앨리스는 다음과 같은 작업으로 디지털 서명을 검증한다.

- V ≡ r^H(m) * Kb^ H(m) (mod p)

- V ≡ 4551^827 * 4997^827 (mod p) = 7147

- V' ≡ g^s (mod p)

- V' ≡ 7^4543 (mod 7919) = 7147

- V = V'

최종적으로 앨리스는 디지털 서명 (s)를 승인한다.

지금까지 MBXI 알고리듬의 디지털 서명에 대해서 살펴봤다. 이제는 블록체인의 특정 환경에서 MB09와 MBXI의 진화된 알고리듬을 살펴보자.

:::◦ MB09와 MBXI의 진화 – MBXX 소개

2020년 나는 MB09와 MBXI 알고리듬을 모두 포함하는 또 다른 프로토콜을 개발해서 특허를 받았다.

개인적으로, 사토시 나카모토의 논문에서 완전히 해결되지 않은 문제 중 하나는 합의 문제라고 생각한다. 그리고 또 다른 문제(MB09에서도 언급)는 중앙 집중식 시스템을 다루고 있다는 것이었다.

그런 문제점을 극복하기 위해서 다음과 같은 조건을 만족하는 체계를 구현할 필요가 있었다.

1. 프로토콜은 분산 환경에서 동작해야 한다.

2. 트랜잭션의 유효성을 위한 합의는 통계적인 확률이 아닌 수학적인 결정론적 함수에 의해서 이뤄져야 한다.

즉 디지털 화폐의 이중 지불 문제는 '게임 이론'에 기반한 합의가 아니라 암호화적인 방법으로 해결해야 한다고 생각했다. 실제로 사토시 나카모토가 선택한 합의 문제는 비잔틴(Byzantine) 장군 문제의 이론에 기반한 것이다.

간단히 설명해서 그것은 적을 공격하라는 상사의 명령에 복종하는 장군들의 그룹과 관련이 있다. 장군의 수(노드의 수)가 3명 이상이고 그중 일부가 부정직해서 왕의 공격 명령을 따르지 않는다면 공격은 실패할 수 있다. 그림 6.11에서는 협력이 이뤄진 공격과 그렇지 않은 공격의 차이를 보여 주고 있다.

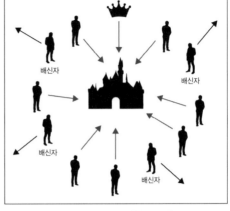

승리로 이끄는 협동 공격　　　　　**패배로 이끄는 비협동 공격**

그림 6.11 비잔틴 장군 문제

사토시 나카모토는 시스템의 노드(비트코인 네트워크)에게 합의 문제를 기반으로 이중 지불 및 트랜잭션의 진실성을 통제하도록 위임한다면 트랜잭션을 검증할 수 있다는 이론에 의존했다. 그리고 사토시 나카모토는 장군들 대부분이 정직해서 공격을 지원할 수 있을 것이라고 가정했다.

비트코인에서 (대부분의 다른 암호 화폐도 마찬가지로) 정직한 노드가 전체 노드 중 2/3 미만인 경우에는 채굴자(작업 증명을 통해서 트랜잭션을 검증)가 공격을 제대로 지원하지 못한다는 사실을 누구나 아는 것은 아니다. 따라서 과반수의 노드(51%)를 신뢰할 수 있다는 것만으로는 충분하지 않고 최소한 노드의 75%는 신뢰할 수 있어야 한다.

사토시 나카모토가 비트코인을 생성하고 소비하고 가치를 부여하기 위해서 암호화를 기반으로 한 매우 정교한 프로토콜을 설계했음에도 불구하고 트랜잭션에 대한 합의를 위해서 비결정론적 방법을 사용한 것은 다소 의아하다.

실제로 사토시 나카모토의 합의 문제는 결정론적 결과를 위한 수학적 증거를 제공하지 않는다. 이미 언급했듯이 시스템 내부의 약 75%의 노드를 신뢰할 수 있는 경우에만 유효하다. 그렇지 않다면 공격이 발생했을 때 시스템이 중단되고 모든 트랜잭션이 무효화될 수 있다.

이중 지불 문제를 피하고 익명의 P2P 트랜잭션을 유지하기 위해서는 결정론적 유효성을 제공하는 수학적인 증거에 의존해야 한다. 그래서 컴퓨터에 의해서만 통제되고 관리되는 프라이빗 블록체인을 생각했다. 예를 들어 자율 분산 조직은 거의 전적으로 컴퓨터에 의해 관리된다.

자율 분산 조직인 DAO^{Decentralized Autonomous Organization}라는 개념은 2016년까지는 알려지지 않았다. 높은 계산 능력을 가진 컴퓨터 네트워크나 그리드 컴퓨팅에 의해서 자율 규제가 이뤄지고 설정된 목표를 달성하기 위해서 알고리듬에 의해서 트랜잭션과 프로그램을 실행하는 조직을 DAO라고 할 수 있다. 그리고 어떤 결정을 내리기 위해서는 결국 인공지능에 의존하게 된다. DAO의 목적은 사람이 아닌 컴퓨터에 의해서 관리되는 분산된 조직을 만드는 것이다. 그런 조직에서 인간의 역할은 이른바 스마트 계약^{smart contract}을 통해 단순히 소프트웨어를 인코딩하는 것일 수 있다.

하드웨어를 누가 소유하고 유지 관리하는지는 중요하지 않다. 왜냐하면 그런 조직은 본부도, 이사회도, 생존을 위한 시간 제한도 없고, 아마도 미래에는 인간의 간섭도 없는 메타 인프라^{meta-infrastructure}로 정의될 수 있기 때문이다. 또한 가상 머신과 같은 하드웨어 머신은 클라우드에 존재하고 시간과 공간이 실제 의미가 없는 가상 공간에서 알고리듬을 실행하기 때문이다. 그런 조직의 책임과 멈추지 않고 영원히 동작하는 존재를 창조한다는 철학적 개념을 제외한다면 남은 것은 순수한 수학과 논리다. 이론적으로 그와 같은 체계를 잘 만든다면 인간의 힘에 구애받지 않고 알고리듬에 의해서 규제되는 가상의 인터넷 조직으로 분할될 수 있기 때문에 그 흐름을 막을 수는 없을 것이다.

이제 MBXX 프로토콜을 소개하고 그것의 개요를 설명할 것이다. 그림 6.12에서는 몇 개의 큰 중앙 스타 노드에 연결된 분산된 노드들을 보여 주고 있다.

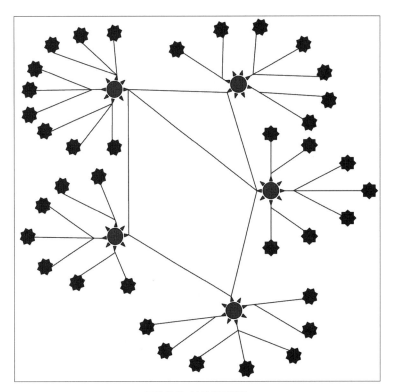

그림 6.12 분산 아키텍처

디지털 화폐 거리를 위한 MBXX 프로토콜의 각 단계를 자세히 알아보자.

MBXX 프로토콜

MBXX 프로토콜은 가장 먼저 모든 파라미터를 초기화한다.

초기화 과정은 채택된 알고리듬과 파라미터 그리고 키를 초기화하는 것으로 구성된다.

초기화 단계:

프로토콜의 모든 파라미터를 초기화한다. 초기화 대상 파라미터는 다음과 같다.

- 이 프로토콜에서 사용되는 알고리듬(M/alg), (T/alg), (ZK/Proof), SHA-256, MB09, RSA, D-H, MBXI, ZK13, zk-SNARK 등)

- 디지털 서명을 위해서 사용하는 알고리듬(이는 주로 사용되는 암호화 알고리듬에 따라서 달라진다)

- 알고리듬에서 사용되는 파라미터(사용자의 개인키 [a], [b], [c] ..., [n], 개인키에 대응되는 공개키 A, B, C, ..., N)

- 개인키가 만들어진 사용자의 각 계정에서 감지되는 디지털 화폐의 양

- 생성자 (g)

- ZK 프로토콜을 위한 임의의 수 [k1, k2, ..., kn]

초기화 과정 이후의 프로토콜 동작은 다음과 같다.

1단계: 메타 알고리듬으로 총 잔액 확인

(M/alg)로 표시되는 1차 알고리듬 또는 메타 알고리듬은 초기 잔고와 거래 후 만들어진 잔고를 확인하는 역할을 담당한다.

준동형 잔고를 위해서 MB09에서 설명한 시스템을 사용할 필요는 없다. 사실 그보다 더 좋은 것이 있을 수 있다. 하지만 여기서는 단순한 설명을 위해서 MB09에서 사용된 것을 사용할 것이다.

MB09에서 설명한 확장된 페르마의 마지막 정리로 돌아가 보자.

```
[a]^p + [b]^p + [c]^p+ ... + [n]^p ≡ [z]^p (mod p)
A + B + C + ... + N = Z
```

이것이 메타 알고리듬(M/alg)이며 위 2개의 식으로 구성된다.

- 특정 시간에 동형 잔고(Z)를 확인하는 데 사용된다.

- 새로운 디지털 화폐가 시스템에 주입될 경우 시스템의 잔고를 재조정하는 데 사용된다(즉 특정 시간 동안(t0, t1, ..., tn)의 동형 잔고로 표현되는 디지털 화폐 양의 합은 새로운 디지털 화폐가 주입되면 초기 잔고가 증가함에 따라 변경된다).

즉 동형 계산은 (A, B, ..., N)에 대응되는 첫 번째 식의 각 항 [a^p, b^p, ..., n^p]를 나타낸다.

따라서 이미 살펴본 바와 같이 공격자가 공개키 (A)를 알고 있다고 하더라도 [a]를 알아내는 것은 매우 어렵다. 그것은 단방향 함수이기 때문이다. 이런 식으로 계정의 잔고는 보호된다. 또한 [a]가 (A)---> H[a]로 대응되는 해시 시스템이나 다른 체크섬 시스템에 대한 또 다른 (M/alg)을 이용할 수도 있다.

여기에서 [a, b, c, ..., n]은 특정 시간(t0, t1, t2, ..., tn)의 디지털 화폐의 양임을 알 수 있다. 그리고 각 요소는 앨리스, 밥, 칼, 네이트[Nate]와 같은 사람이나 컴퓨터의 [개인 금액]에 해당한다. 개인 파라미터(디지털 화폐의 양) [a], [b], ..., [n]에 대응되는 공개 파라미터는 (A), (B), ..., (N)이 된다. 공개 파라미터는 공개 도메인에 숨겨진 파라미터에 의해 전치된 동형 잔고를 나타낸다.

즉 [a]는 (A)에 대응되고 [b]는 (B)에 대응되고 [n]은 (N)에 대응된다.

2단계: 트랜잭션 과정

사용자 간의 트랜잭션은 t0, t1, ..., tn과 같은 어떤 시점에 발생한다. [M]은 설정된 디지털 화폐의 양이며 [Ma, Mb, ..., Mn]은 특정 시간 t0, t1, ..., tn에 네트워크 참여자 간에 교환되는 단일 금액임을 알 수 있다. 예를 들어 [a0] = $10,000를 (A)의 초기 잔고라고 한다면 [Ma] = $1,500은 (A)의 계좌에서 (B) 계좌로 이체된 금액이라고 생각할 수 있다.

사용자 간의 [Ma], [Mb], ..., [Mn]의 교환은 **전송/알고리듬**(T/alg)이라고 부르는 암호화 알고리듬으로 나타난다. 지금은 (T/alg)는 잘 알려진 알고리듬이고 MBXI와 같은 개인 키/공개키 알고리듬에 의해 만들어진다고 가정하자.

예를 들어 (t0)과 (t1) 시간에 (A)와 (B) 사이의 첫 번째 트랜잭션이 수행된 이후에는 계정의 잔고 [a0]와 [b0]가 [a1]과 [b1]으로 변경될 것이다. A의 초기 잔고가 $10,000이고 (A)가 [Ma] = $1,500을 (B)에 전송한다면 (t1) 시점에 (A)의 잔고는 다음과 같이 변경될 것이다.

```
(t0) [a0] = 10,000
(t1) [a1] = a0-Ma
(t1) [a1] = 10,000 - 1,500 = $8,500
```

수신자에게 송신자를 식별할 수 있게 하려면 (T/alg)에서 디지털 서명을 만들어야 한다.

따라서 앨리스는 MBXI를 이용해 다음과 같은 방식으로 디지털 서명을 추가한다.

```
Sa ≡ (Hma)x (mod p)
```

앨리스가 추가하는 디지털 서명 (Sa)는 메시지 [M]의 해시 (Hma)와 암호화 키 [x]를 이용해서 만든다.

MBXI의 디지털 서명에서 살펴봤듯이 개인키 [x]는 다음 식으로 만들어진다.

```
{[K_A^b + e_B] (mod p)} * x ≡ 1 mod (p-1)
```

암호문 (c)와 함께 전달되는 디지털 서명 (Sa)는 반대 방향으로 (B)에 의해서 검증된다.

```
(Sa)^y = (Hma) (mod p)
```

밥이 (Hma)가 메시지 [M]에 대응된다는 것을 검증하면 디지털 서명을 받아들이고 전송된 금액을 수신한다.

3단계: 검증 과정

시스템의 관리자는 모든 트랜잭션을 검증한다. 모든 검증 과정은 DAO와 유사한 자율 조직에 의해서 구현될 수 있다.

시스템은 계산 과정에 이중 지불이 존재하는지 확인하기 위해서 준동형 잔고에 대한 첫 번째 유효성 검사를 수행한다. 첫 번째 검사가 통과되면 관리자(또는 분산된 컴퓨터 환경이기 때문에 관리자들)는 계정의 잔고가 전송된 금액보다 큰지 확인하기 위해서 송신자와 수신자의 계정에 대한 블라인드 체크를 수행한다. 검증은 특정 영지식 프로토콜을 적용해서 수행된다. 여기서는 그것을 ZK/Proof라고 부를 것이다.

ZK/Proof는 이중 지불을 설정하기 위해 가짜 검증 파라미터를 전송함으로써 시스템을 속이려는 시도를 탐지할 수 있다. 예를 들어 사용자가 지불을 할 때 자신의 잔고에 그것을 반영하지 않도록 시도할 수도 있다. ZK/Proof는 문제를 자동으로 인식해서 작업 증명과 같은 별도의 합의 알고리듬을 사용하지 않고 트랜잭션을 거부한다. 그림 6.13에서는 MBXX 프로토콜을 사용해서 (t0/t1) 시간에 수행된 첫 번째 트랜잭션과 그에 따른 잔고를 볼 수 있다.

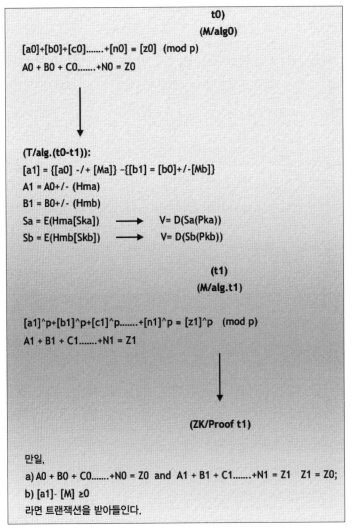

그림 6.13 MBXX 프로토콜의 첫 번째 단계

(t1)에서 다른 트랜잭션이 수행되지 않으면 프로토콜은 (t2), (t3) 등으로 진행된다.

MBXX 프로토콜에 대한 참고 사항

이 절에서는 MBXX의 특정 함수에 초점을 맞춰 보다 많은 정보를 제공할 것이다.

앞의 내용을 참조해 (T/alg(t0-t1))를 생각해보자. 이 함수는 (t0 - t1) 시간에 사용자 간에 수행된 모든 작업을 표현한다.

> **NOTE**
>
> (t0 – t1)의 의미는 t0에서 t1을 뺀다는 것이 아니라 t0에서 t1으로 이동한다는 의미다.

함수는 다음과 같다.

```
[a1] = {[a0] -/+ [Ma]} ~ {[b1] = [b0]+/-[Mb]}
 A1 = A0 - (Hma) 또는 A0 + (Hmb)
 B1 = B0 - (Hmb) 또는 B0 + (Hma)
```

[a1]은 [a0]에 [Ma]를 더하거나 빼서 만들어지고 [b1]은 [b0]에 송신되거나 수신된 양인 [Mb]를 더하거나 빼서 만들어진다. (B)가 금액 [M]을 수신한다면 (A1)은 이전 파라미터 인 (A0)에서 (Hma)를 뺀 값이 된다. (B1)의 경우도 마찬가지다. (A)로 전송되거나 (A)로 부터 수신한 금액의 해시 값을 이전 파라미터인 (B0)에서 빼거나 더해서 만들어진다.

(Z0)는 주어진 순간 (t0)에 시스템에서 유통되는 화폐의 양을 나타낸다. 만일 시스템에 디지털 화폐가 주입되지 않으면 변경되지 않는다. 만일 트랜잭션이 발생하면 트랜잭션 에 관련된 사용자의 값(파라미터)이 변경된다.

2단계에서도 설명했듯이 트랜잭션 과정에서는 공개키/개인키 알고리듬이 사용된다. MBXI를 사용하면 그것을 쉽게 보여 줄 수 있다. 디지털 현금은 사용자 간에 직접 전송 되기 때문에 거래에 제3자가 관여하지 않는 P2P 시스템의 효과라고 볼 수 있다. 따라서 이론적으로는 트랜잭션을 수행하는 데 금융이나 은행 기관이 필요하지 않다.

디지털 서명을 복호화한 (V)가, [M]의 해시가 (Hm)임을 보인다면 디지털 서명 (S)는 송신자가 추가하고 수신자가 그것을 검증해서 받아들이게 된다. 그림 6.13에 적용된 체계를 (T/alg)에서도 볼 수 있다.

```
Sa = E(Hma[Ska]) --------> V= D(Sa(Pka))
Sb = E(Hmb[Skb]) --------> V= D(Sb(Pkb))
```

(Sa)는 앨리스의 서명이고 (Sb)는 밥의 서명이다.

마지막 단계는 검증 과정이며 그것은 영지식 프로토콜과 관련이 있다.

다음은 첫 번째 검증이다.

```
A0 + B0 + C0 + ... + N0 = Z0
A1 + B1 + C1 + ... + N1 = Z1
```

검증을 통과하려면 Z1 = Z0이어야 한다.

이는 시간 (t1)에 대한 준동형 잔고의 결과인 공개 파라미터 (Z1)은 식의 일부 값이 변경되더라도 시간 (t0)에 대한 (Z0)에 대응된다는 것을 의미한다. 이 조건은 (시간 t0와 t1 사이에 시스템에 자금이 주입되지 않는다면) 사용자 간의 네트워크에서의 자금 전송이 중립적이거나 균형을 이루는 것을 보장한다.

즉 시스템의 사용자 간의 거래 금액은 균형을 이룬다. 하지만 이 조건을 확인하는 것만으로는 이중 지불이 처리되지 않았음을 보장할 수는 없다. 실제로 시스템 운영 참가자를 신뢰할 수 없다면 이중 지불이 수행될 수 있다.

따라서 계정의 단일 금액이 0 아래로 떨어지지 않는지 확인하기 위해서 블라인드 검증이나 준동형 검증을 구현해야 한다. 이와 같은 검증 또한 통과한다면 시스템(DAO)은 이중 지불이 수행되지 않았다고 확신할 수 있을 것이다.

마지막으로 시스템을 만족시키기 위한 필요 조건은 중립적 준동형 잔고라고 말할 수 있다. 유효성 검증 대상은 단일 잔고가 0 아래로 떨어지지 않는지 확인하는 것이다.

MBXX 프로토콜에 대한 결론

MBXX 프로토콜은 서두에서 언급한 두 가지 문제를 극복해야 한다.

1. 프로토콜은 제3자가 트랜잭션에 관여하지 않고 분산된 자율 모드로 실행돼야 한다.

2. 트랜잭션의 유효성에 대한 합의는 통계적인 공격 확률이 아닌 수학적 함수에 의해 이뤄져야 한다.

첫 번째 문제인 분산형 자율 모드의 경우 P2P 시스템에서 사용자 간에 수행되는 암호화 알고리듬을 통해 트랜잭션이 작동하도록 이미 정했다. 또한 검증자(컴퓨터)는 검증 과정이 완료되지 않은 경우에만 트랜잭션을 차단할 수 있다. 검증자는 전송된 돈의 양과 계좌의 수를 알지 못하고 단지 시스템에 투입된 원래 금액과 잔액이 제대로 정렬됐는지만 알 뿐이다.

두 번째 문제인 합의 문제 관련해서는 순수한 암호 모델이 트랜잭션의 유효성을 검증함을 입증할 수 있다. 이는 두 가지 방법을 기반으로 수행된다. 그것은 (M/alg)로 표현되는 동형 잔고와 블라인드 비교를 제공하고 단일 계정 잔액이 양수인지 음수인지 명시해서 양수의 잔고인 경우에만 허용하는 **영지식 증명**^{ZKProof}이다.

⁝⁝⁝ 요약

6장에서는 내가 만들어 낸 알고리듬과 프로토콜에 대해서 설명했다. 그것은 주로 공개키/개인키 암호화 시스템과 관련된 몇 가지 주제를 처리하기 위해서 구현됐다.

먼저 통신 분야에서 수행되는 안전한 디지털 결제를 위한 표준이 되는 것을 목표로 한 MB09에 대해서 살펴봤다.

그다음에는 RSA의 대안으로 구현된 공개키/개인키 암호화 알고리듬인 MBXI를 알아봤다. 이 알고리듬에서 디지털 서명이 어떻게 가능한지 그리고 어떤 서명 방법이 사용될 수 있는지 살펴봤다.

마지막으로는 MBXX 프로토콜을 살펴봤다. MBXX는 MB09와 MBXI의 진화된 버전으로서 이중 지불 문제와 이른바 말하는 합의 문제를 해결하기 위한 프로토콜이다. 이 프로토콜은 통계적 정확성을 기반으로 암호 화폐 거래의 유효성 검증을 위해서 제안된 작업 증명(또는 지분 증명이나 기타 다른 방식의 증명)에 대한 대안적인 방법으로 향후 분산형 결제 시스템에 사용될 수 있다.

지금까지 MB09, MBXI, MBXX와 같은 공개키/개인키 암호화의 새로운 방법과 시스템에 대해서 배웠고, 새로운 디지털 통화의 시대와 관련된 중앙 집중형 암호화 시스템과 분산형 암호화 시스템에 대해서 어느 정도 익숙해졌을 것이다.

중요한 주제인 복잡한 암호화 체계를 깊이 이해했으므로, 이어지는 장들에서는 그것과 관련된 부분에 대해서 더 알아볼 것이다. 특히 9장에서는 CSE 시스템의 기본에 대해서 설명한다.

이제는 또 다른 매력적인 주제인 타원 곡선 암호화에 대해서 알아보자.

07

타원 곡선

타원 곡선^elliptic curve^은 탈중앙화 금융에 새로운 지평을 열었다. 사토시 나카모토는 비트코인에서 디지털 화폐 전송을 구현하기 위해서 **secp256K1**이라는 특별한 형태의 타원 곡선을 채택했다. 매우 강력한 암호화인 타원 곡선 암호화의 동작 방식과 특징에 대해서 살펴보자.

7장에서는 타원 곡선 암호화의 수학적인 기초를 배우게 될 것이다. 그 안에는 기하학, 모듈러 수학, 디지털 서명, 논리가 포함된다.

또한 비트코인에서 디지털 서명을 구현하기 위해서 사용되는 secp256K1이라는 특별한 타원 곡선에 대해서도 설명할 것이다.

마지막으로 타원 곡선에 대한 공격 가능성을 살펴볼 것이다.

7장은 다음과 같은 내용을 다룬다.

- 타원 곡선 암호화의 기원

- 타원 곡선의 수학적 논리적 기초

- 타원 곡선에서의 D-H 키 교환

- secp256K1에서의 ECDSA - 비트코인의 디지털 서명

- 타원 곡선에 대한 공격

그러면 기하학을 기반으로 암호학에 적용된 이 흥미로운 주제에 대해서 자세히 알아
보자.

⫷ 타원 곡선의 개요

1985년경 빅터 밀러^{Victor Miller}와 닐 코블리츠^{Neal Koblitz}는 타원 곡선을 이용한 암호화 분야
를 개척했다. 이후에 헨드릭 렌스트라^{Hendrik Lenstra}는 타원 곡선을 이용해서 정수를 인수
분해하는 방법을 보여 줬다.

타원 곡선은 기본적으로 데카르트 평면^{Cartesian plane}상에 특정 수학 방정식을 기하학적으
로 표현한 것이다. 우리는 2D 평면에서 타원 곡선의 기하학적 모델을 분석할 것이다. 물
론 무리수와 허수로 타원 곡선을 3D나 4D로 확장시켜서 표현할 수도 있다. 하지만 이
에 대해 지금 걱정할 필요는 없다. 7장의 뒷부분에서 그것이 명확해질 것이다.

ECC^{Elliptic Curves Cryptography}는 **RSA**, **D-H**, **ElGamal**과 같은 이미 앞에서 살펴본 알고리듬을
구현하는 데 사용된다.

디지털 화폐 혁명 이후에 비트코인은 트랜잭션에 대한 디지털 서명을 위해서 secp256K1
이라는 특정한 형태의 타원 곡선과 **ECDSA**^{Elliptic Curve Digital Signature Algorithm}라는 디지털 서명
알고리듬을 사용했다.

7장에서는 타원 곡선의 원리와 그것이 디지털 세계에 어떻게 적용되는지 단계별로 설명할 것이다.

타원 곡선을 이용한 313비트의 암호화는 4,096비트의 전통적인 비대칭키 암호화와 비슷한 수준의 보안성을 제공하는 것으로 알려져 있다. 적은 수의 비트는 모바일 애플리케이션처럼 시간과 대역폭 측면에서 고성능을 요구하는 영역에서 장점을 가질 수 있다.

앞서 살펴본 기하학, 수학, 많은 논리적인 속성이 타원 곡선에서는 어떻게 동작하는지 살펴보도록 하자.

ꓱ 타원 곡선에서의 연산

첫 번째로 알아야 하는 것은 타원 곡선과 타원은 다르다는 것이다. 타원 곡선을 나타내는 일반적인 식은 다음과 같다.

```
E: y^2 = x^3 + ax^2 + bx + c
```

NOTE

E:는 타원 곡선의 형태를 나타내며 파라미터(a, b, c)는 타원 곡선의 계수를 의미한다.

다음과 같은 식의 타원 곡선을 그려 보자.

```
E: y2 = x3 + 73
```

그림 7.1은 볼프람 알파$^{Wolfram\ Alpha}$로 위의 타원 곡선 식을 기하학적으로 표현한 것이다.

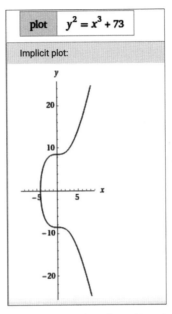

그림 7.1 타원 곡선: E: y^2 = x^3 + 73

타원 곡선을 기하학적이고 대수학적으로 분석해보자. 선형 그래프가 아니기 때문에 암호화에 쉽게 적용하고 구현할 수 있는 형태라고 할 수 있다.

예를 들어 위의 타원 곡선 그림을 갖고 살펴보면

```
E : y^2 = x^3 + 73
```

(y = 0)일 때 타원 곡선은 (x = -4.1793...)에 해당하는 점에서 기하학적으로 x축과 교차한다는 것을 알 수 있다. 이는 방정식에 y = 0을 대입해서 수학적으로 x값을 계산하면 알 수 있다.

```
y^2 = x^3 + 73
```

결과적으로 곡선의 세 근 중 하나는 -73의 세제곱근이다.

(x = 0)일 때 타원 곡선은 (y = +/-8.544003...)에 해당하는 점에서 y축과 교차한다는 것을 알 수 있다. 이는 방정식에 x = 0을 대입해서 수학적으로 y값을 계산하면 알 수 있다.

```
y^2 = x^3 + 73
```

그림 7.1에서 곡선과 y축의 교차점을 보면 확인할 수 있다.

타원 곡선의 또 다른 흥미로운 특징은 일반적으로 타원 곡선에서 두 점을 연결하면 타원 곡선상의 다른 점(세 번째 점)에 교체된다는 것이다. 그런데 타원 곡선상의 두 점을 연결시켰을 때 y축과 대칭이면서 무한대로 가는 두 점이 존재한다는 것이다. 이 경우 세 번째 점의 y값은 무한대라고 상상할 수 있으며 그것을 O(무한 원점)이라고 표현한다. 이후에 곡선 상의 두 점에 대한 더하기 연산에 대해서 살펴볼 때 좀 더 자세히 알아볼 것이다.

타원 곡선의 가장 흥미로운 특징은 곡선상에 있는 두 점에 대한 더하기(SUM)다.

그림 7.2에서 볼 수 있듯이 두 점 P와 Q가 있고 P와 Q를 더하려고 한다. P와 Q를 잇는 직선을 그리면 타원 곡선과 직선이 교차하는 세 번째 점인 -R을 알아낼 수 있다. 그런 다음 -R과 x축으로 대칭인 점 R을 찾는다. R이 바로 P와 Q를 더한 값이 된다. 그림 7.2를 보면 SUM 값의 기하학적 표현을 이해하는 데 도움이 될 것이다.

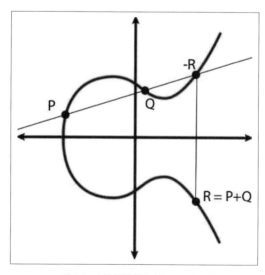

그림 7.2 타원 곡선상에 있는 두 점의 합

이제는 두 점을 더하는 것이 대수적으로 어떻게 표현되는지 알아보자.

먼저 P와 Q의 좌표 값으로 다음과 같이 (s)를 계산한다.

```
s = (yP - yQ)/(xP - xQ)
```

다음은 xR, 즉 R의 x값을 계산한다.

```
xR = s^2 - (xP + xQ)
```

그리고 yR, 즉 R의 y값을 계산한다.

```
yR = s(xP - xR) - yP
```

P + P = R = 2P인 경우는 어떨까? 이 경우를 이른바 **포인트 더블**point double이라고 한다.

2P가 되도록 자기 자신을 두 번 더하는 P를 기하학적으로 표현하려면 P에 대한 접선을 그리면 된다. 그리고 그것이 타원 곡선과 교차하는 점을 찾으면 된다. 그러면 다음 7.3 과 같은 모습이 된다.

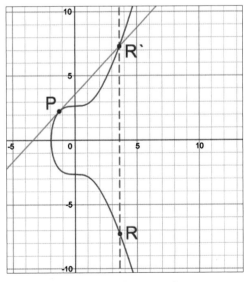

그림 7.3 2P(포인트 더블)

이는 기하학적으로 앞서 살펴본 타원 곡선의 두 점을 더하는 연산과 매우 유사하다.

P에 대한 접선과 타원 곡선이 교차하는 점은 R'=(-2P)가 되고 그것의 x축에 대한 대칭점이 P에 대한 더블 포인트, 즉 R (2P)가 된다.

P+P는 대수적으로 어떻게 표현될까? (t)는 다음과 같이 계산된다.

$$t = (3XP^2 + a)/2Y_P$$

(a)는 타원 곡선에 대한 파라미터 값이다.

따라서 R의 x값은 다음과 같다.

$$xR = t^2 - 2X_P$$

그리고 R의 y값은 다음과 같이 계산한다.

$$yR = t (xP - xR) - yP$$

타원 곡선에서의 연산을 수행할 때 한 가지 더 고려할 것이 있다. 그것은 서로 수직인 점을 더하는 것이다.

P와 Q가 xP = xQ인 관계라면 두 점을 더하면 O(무한 원점)이 된다.

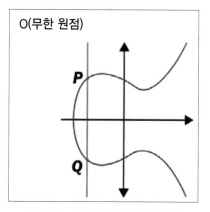

그림 7.4 서로 수직인 두 점의 더하기

대수적으로 무한 원점은 다음과 같이 표현한다.

```
xP = xQ이면, P + Q = O(무한 원점)
```

또는 다음과 같은 경우에도 해당된다.

```
xP = 0이면, P + P = O(무한 원점)
```

A와 B를 서로 더할 두 점이라고 가정한다면 그림 7.5와 같은 식으로 표현할 수 있다.

$$A = (x_A; y_A) \qquad B = (x_B; y_B)$$

$$x_C = \left(\frac{y_B - y_A}{x_B - x_A}\right)^2 - x_A - x_B$$

$$y_C = \left(\frac{y_B - y_A}{x_B - x_A}\right)(x_A - x_C) - y_A$$

2*A = A+A는 다음과 같은 식으로 표현할 수 있다.

$$x_{2A} = \left(\frac{3x^2_A}{2y_A}\right)^2 - 2x_A$$

$$y_{2A} = \left(\frac{3x^2_A}{2y_A}\right)(x_A - x_{2A}) - y_A$$

그림 7.5 타원 곡선에서의 덧셈과 곱셈 연산

이제 타원 곡선상의 점을 더하거나 두 배로 만드는 방법을 알았으니 타원 곡선 암호화의 또 다른 중요한 연산인 스칼라 곱셈에 대해서 살펴볼 차례다.

스칼라 곱셈

이제는 타원 곡선의 또 다른 연산인 **스칼라 곱셈**scalar multiplication에 대해서 익숙해질 필요가 있다. 스칼라 곱셈은 수학적으로 P와 Q 사이의 합으로 표현되며 타원 곡선상에서 2P, 3P, ..., nP를 계산하는 것이다.

스칼라 곱셈의 논리는 어렵지 않지만 익숙해지려면 연습이 필요하다.

다음과 같은 형식의 곱셈을 타원 곡선에서 실제로 풀어 보자.

```
Q = n*P
```

이는 **반복적인 덧셈**과 같으며 다음과 같이 표현할 수 있다.

```
Q = {P + P+ P + P...+ P} n-times
```

따라서 스칼라 곱셈은 자기 자신을 n번 더하는 연산이라고 할 수 있다. 다음을 생각해보자.

```
P + P = 2P
```

이는 타원 곡선상의 동일한 점을 두 번 더하는 더블 포인트 공식이며(그림 7.3) SUM에 대한 대수적 표현이다.

우리가 곡선을 다루고 있다는 것을 항상 기억하기 바란다. 따라서 새로운 교차점의 좌표를 다음과 같이 쓸 수 있다.

```
2P (X₂ₚ, Y₂ₚ)
```

결국 3P는 다음과 같은 의미가 된다.

```
R = 3P
R = 2P + P
```

4P의 경우는 다음과 같다.

```
R = 4P
R = 2P + 2P
```

5P의 경우는 다음과 같다.

```
R = 5P
R = 2p + 2P + P
```

6P의 경우는 다음과 같다.

```
R = 6P
R = 2P + 2P + 2P
```

6P를 다음과 같이 표현할 수도 있다.

```
R = 2(3P)
R = 2(2P + P)
```

7P의 경우는 다음과 같다.

```
R = 7P
R = P + (P + (P + (P + (P + (P + (P))))))
```

7P를 다음과 같이 표현할 수도 있다.

```
R = 7P
R = P + 6P
R = P + 2(3P)
R = P + 2(P + 2P)
```

스칼라 곱셈은 실제로 R을 P로 단계적으로 분해 축소시키는 것과 같다고 할 수 있다. 예를 들어 7P는 P와 2P의 연산으로 바꿀 수 있다.

이 논리에 따라 P에 숫자 K를 곱해야 한다면 곱셈을 구성하기 위한 (P+P) 또는 더블 포인트 2P를 얻기 위한 분해 작업을 수행해야 한다. 그리고 실제 더하기와 곱하기 연산은 그림 7.5의 식을 이용한다.

예를 들어 9P를 계산해야 한다면 다음과 같이 분해한다.

```
9P = 2(3P) + 3P
9P = 2(2P + P) + 2P + P
9P = P + 2P + 2(2P+ P)
```

이제 스칼라 곱셈의 논리를 이해했으니 스칼라 곱셈이 타원 곡선 암호화 시스템을 만드는 데 중요한 이유를 알아보자.

앞선 장들에서도 봤듯이 암호화 시스템을 위해서는 단방향 함수(예를 들어 3장에서의 D-H)가 필요하다. 단방향 함수는 한 방향으로의 계산은 쉽지만 반대 반향으로의 계산은 매우 어렵다는 특징을 갖고 있다. 그것은 계산 결과를 리버스 엔지니어링하기가 쉽지 않다는 말이 된다.

따라서 타원 곡선에서도 단방향 함수 역할을 하는 이산 로그와 같은 함수를 찾아야 한다.

이제 타원 곡선상의 이산 로그 문제를 정의해보자.

타원 곡선에서의 스칼라 곱셈이 바로 단방향 함수라고 할 수 있다.

타원 곡선 E가 주어졌을 때,

P를 알고 있고, Q = k * P라는 사실을 알고 있을 때,

k가 무엇인지 알아내는 것은 매우 어려운 문제다.

이를 P에 대한 Q의 이산 로그 문제라고 하며 k를 알아내는 것은 매우 복잡한 연산이 필요하기 때문에 풀기 어려운 문제라고 간주된다. 이제 예제를 통해서 자세히 알아보자.

예제:

다음과 같이 정의된 타원 곡선 그룹에서 P=(16, 5)이고 Q=(4, 5)일 때 이산 대수 k는 무엇일까?

```
필드 F₂₃에서  y2 = x3 + 9x + 17
```

k를 찾는 한 가지 (순진한) 방법은 Q에 도달할 때까지 P의 배수를 계산하는 것이다. 다음은 차례대로 P의 배수를 구한 것이다.

```
P = (16, 5)  2P = (20, 20)  3P = (14, 14)  4P = (19, 20)  5P = (13, 10)
6P = (7, 3)  7P = (8, 7)  8P = (12, 17)  9P = (4, 5)
```

9P일 때 Q와 동일한 (4, 5)가 되는 것을 알 수 있다. 따라서 k는 9가 된다.

실제 애플리케이션에서는 이와 같은 방법으로 k를 알아내는 것이 불가능할 정도로 매우 큰 k가 사용된다.

이는 다음에 설명할 타원 곡선에서의 D-H 알고리듬 구현에 사용되는 기본 원리다.

⫶ 타원 곡선에서의 D-H 알고리듬 구현

이번 절에서는 타원 곡선에서 D-H 알고리듬을 구현해볼 것이다. D-H 알고리듬에 대해서는 3장에서 알아봤다. D-H 키 교환은 이산 로그 문제를 기반으로 한다는 사실을 기억할 필요가 있다. 여기서는 이산 로그 문제가 타원 곡선에도 적용될 수 있다는 것을 보일 것이다.

먼저 타원 곡선 (mod p)에 대해서 알아보자. D-H 알고리듬의 첫 번째 요소인 생성자 (g)를 타원 곡선에서는 **베이스 포인트**base point 또는 **생성자 포인트**generator point라고 하고 (G)로 표현한다. 그 외 추가적으로 고려해야 할 요소들은 다음과 같다.

- G: 이는 **순환 그룹**^{Cyclic Group}을 생성하는 타원 곡선상의 한 점이다.

  순환 그룹은 반복되는 더하기 연산에 의해서 타원 곡선상에 만들어지는 점들을 의미한다(앞에서 타원 곡선상에서의 더하기 연산에 대해서 살펴봤다).

- 또 다른 개념으로는 (n)으로 표시되는 **G의 차수**^{order of G}가 있다.

  ```
  ord(G) = n
  ```

  G의 차수 (n)은 순환 그룹의 크기를 나타낸다.

  (n)은 또한 다음을 만족하는 가장 작은 양의 정수 [k]를 의미한다.

  ```
  kG = 0 (무한 원점)
  ```

- 고려해야 할 또 다른 요소로는 보조인자 h가 있다. h = (타원 곡선 E상에 있는 점들의 수) / n

  즉 (h)는 타원 곡선 E (mod p)상에 있는 점들의 수를 해당 타원 곡선의 차수 (n)으로 나눈 것이다.

  h의 최적 값은 1이다.

  만일 h > 4이면 해당 타원 곡선은 공격에 취약하다.

이제 D-H가 타원 곡선 E에서 어떻게 구현되는지 단계별로 알아보자.

1단계: 파라미터 초기화

타원 곡선 E (mod p)에서 D-H를 구현하기 위한 공개 파라미터를 초기화한다.

```
{p, a, b, G, n, h}
```

p는 원래의 D-H 알고리듬에서 이미 본 (mod p)에서의 p다.

a와 b는 타원 곡선 자체의 파라미터다.

G는 생성자다.

n은 G의 차수다.

h는 보조 인자다.

2단계: E (mod p)에서 공유키 만들기: [K]

파라미터를 초기화한 이후에 앨리스와 밥은 E (mod p) 계열 중에서 어떤 유형의 타원 곡선을 사용할지 결정한다.

```
y2 = x3 + ax + b (mod p)
```

밥은 임의의 개인키 [β](1≤ [β] ≤ n-1)를 선택한다.

앨리스는 임의의 개인키 [α](1≤ [α] ≤ n-1)를 선택한다.

임의의 개인키를 선택한 후 앨리스와 밥은 공개키를 계산한다.

밥은 다음과 같이 공개키를 계산한다.

```
B = [β] * G
```

앨리스는 다음과 같이 공개키를 계산한다.

```
A = [α] * G
```

이제는 (원래의 D-H 알고리듬처럼) 공개 파라미터를 이용해서 공유키를 만든다.

1. 밥은 B(xB, yB)를 앨리스에게 전달한다.

2. 앨리스는 B를 받는다.

3. 앨리스는 A(xA, yA)를 밥에게 전달한다.

4. 밥은 A를 받는다.

5. 밥은 다음을 계산한다.

```
K = [β]*A
```

6. 앨리스는 다음을 계산한다.

```
K = [α] * B
```

7. 최종적으로, 밥과 앨리스는 동일한 정보(타원 곡선 E에 있는 점 [K])를 갖게 된다.

[K]가 바로 앨리스와 밥 사이의 공유키가 된다.

NOTE

만일 이브(공격자)가 [K]를 알아내고자 한다면 다음 식을 이용해서 앨리스와 밥의 개인키인 [α] 또는 [β]를 알아야 한다.

B=[β]* G 또는 A=[α]* G

이브가 [K]를 알아내기 위해서는 타원 곡선 E (mod p)에 대한 이산 로그 문제를 풀어야 하며 이는 매우 풀기 어렵다.

예제:

다음과 같은 타원 곡선을 이용한다고 가정해보자.

```
E: y^2 = x^3 + 2x +2 (mod 17)
```

그림 7.6은 이 타원 곡선의 그래프다.

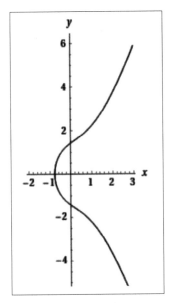

그림 7.6 D–H 알고리듬을 구현하기 위한 타원 곡선

생성자 포인트는 다음과 같다.

```
G (5,1)
```

먼저 타원 곡선의 차수 n을 알아내야 한다.

그러기 위해서는 순환 그룹을 구성하는 가장 작은 정수 값을 알아내야 하며 2G부터 시작해야 한다.

더블 포인트 공식은 적용해서 t를 구한다.

```
t = (3XP^2 + a)/2YP
t = (3*5^2 + 2)/2*1 = 77 * 2^-1 = Reduce[2*x == 77, x, Modulus
-> 17] = 13 (mod 17)
t = 13
```

(t)를 알아냈으니 이제는 그것을 이용해서 2G의 좌표인 x와 y를 계산한다.

```
x2G = s^2 -2xG = 13^ 2- 2*5= Mod[13^2 - 2*5, 17] = 6 (mod 17)
y2G = s(xG - x2G) -yG = 13 (5-6) - 1 = -13-1 = -14 (mod 17) = 3 (mod 17)
```

계산된 2G의 좌표는 다음과 같다.

```
2G = (6,3)
```

이와 같은 방식으로 무한 원점인 0G를 찾을 때까지 3G, 4G, ..., nG를 계속해서 계산해 나가야 한다.

손으로 직접 계산하기 쉽지 않겠지만 좋은 실습이 될 것이다.

0G까지의 모든 스칼라 곱셈을 계산한 결과(일부)는 다음과 같다.

```
G = (5,1)
2G = (6,3)
3G = (10,6)
......
9G = (7,6)
10G = (7,11)
```

다음과 같이 무한 원점 0G에 이를 때까지 스칼라 곱셈은 계속될 것이다.

```
19G = 0G
```

G의 차수는 다음과 같다.

```
n = 19
```

결국 타원 곡선 E의 파라미터는 다음과 같다.

```
G = (5,1); n =19
```

밥은 Beta를 선택한다.

```
Beta = 9
```

앨리스는 Alpha를 선택한다.

```
Alpha = 3
```

밥은 공개키 (B)를 계산한다.

```
B = 9G = (7,6)
```

앨리스는 공개키 (A)를 계산한다.

```
A = 3G = (10,6)
```

앨리스는 (A)를 밥에게 전달한다.

```
[β]*A = 9A = 9(3) = 8G = (13,7)
```

밥은 (B)를 앨리스에게 전달한다.

```
[α]*B = 3B =3*(9G)= 8G =(13,7)
```

최종적으로 계산된 공개키 [K]는 (13,7)이 된다.

예제에서 사용된 파라미터는 실제 환경에서 사용하기에는 너무 작다. 실제로 사용되는 수는 예제에서 사용되는 것보다 커야 한다. 하지만 타원 곡선에서 구현하는 D-H 알고리듬은 원래 알고리듬보다 계산적으로 더 쉽고 더 작은 파라미터와 키가 사용될 수 있다.

그러기 위해서는 전문적인 암호학자와 수학자에 의해서 잘 구조화되고 설계된 타원 곡선을 사용해야만 한다.

지금까지 타원 곡선과 타원 곡선상에서의 연산이 어떻게 수행되는지 알아봤으므로 이제는 비트코인의 디지털 서명 알고리듬인 ECDSA에 타원 곡선이 어떻게 사용되는지 알아보자.

타원 곡선 secp256k1 - 비트코인 디지털 서명

ECDSA는 비트코인에서 사용되는 디지털 서명 체계이며, secp256k1라고 부르는 타원 곡선을 이용한다. 또한 **SECG**^{Standards for Efficient Cryptography Group}에 의해서 표준화됐다.

ECDSA는 타원 곡선의 파라미터로 (a = 0), (b = 7)을 사용한다.

E: $y^2 = x^3 + 7$

보다 공식적인 설명을 원한다면 SECG에서 작성한 다음 링크(https://www.secg.org/sec2-v2.pdf)의 문서를 참고하기 바란다. 그곳에서는 256비트의 코블리츠^{Koblitz} 곡선을 비롯해서 다른 비트 길이를 갖는 타원 곡선에 대해서 권장되는 파라미터 정보를 알 수 있다.

그림 7.7은 평면에 secp256k1을 표현한 것이다.

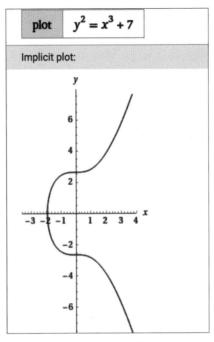

그림 7.7 secp256k1 타원 곡선

알다시피 타원 곡선은 실수 평면상에 표현하거나 복소수 평면상에 표현할 수 있다.

torus로 타원 곡선을 유한체에서 3차원으로 그려보면 그림 7.8과 같은 형태가 된다.

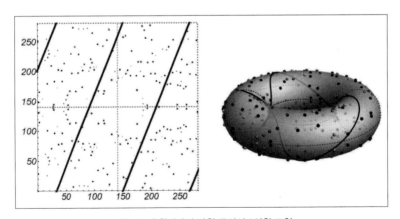

그림 7.8 유한체에서 타원 곡선의 3차원 표현

secp256k1 타원 곡선은 Z 필드에서 다음과 같이 정의된다.

```
Z modulo 2^256 - 2^32 - 977
```

또는 다음과 같이 정수로 표현할 수도 있다.

```
115792089237316195423570985008687907853269984665640564039457584007908834671663
```

여기서 점의 좌표는 매우 큰 p로 모듈러 연산한 256비트의 정수가 된다.

secp256k1은 비트코인이 등장하기 전에는 거의 사용되지 않았지만, 비트코인에 사용된 이후로 인기를 끌었다. secp256k1은 무작위 구조를 사용하는 대부분의 곡선보다 효율적으로 만들어졌다. 실제로 구현을 최적화한다면 secp256k1은 다른 곡선보다 30% 더 빠르다. 또한 상수(a와 b)는 NIST^National Institute of Standards and Technology의 다른 곡선과 달리 백도어를 주입할 가능성이 낮은 작성자에 의해서 이뤄졌다. 이 말은 반대 입장이 증명되기 전까지는 유효하다.

마지막으로 secp256k1에서 생성자(G), 차수(n), 소수(modulo p)는 무작위로 선택되지 않으며, 디지털 서명의 범위에서 유용한 최고의 곡선을 구현할 수 있게 해준다. 이런 점들 때문에 비트코인 개발자가 secp256k1을 선택한 것이다. secp256k1을 안전하게 만들기 위해서 비트코인에서는 (p)와 (n) 그리고 (G)를 얼마나 큰 숫자로 선택했는지 정확히 알 수 있다.

그러면 이제는 secp256k1에서 ECDSA 디지털 서명 알고리듬이 어떻게 구현되는지 알아보자.

1단계 - 키 생성

개인키 [d]는 $1 \leq k \leq n-1$ 범위에서 임의로 선택한다(n은 G의 차수). 임의로 선택한 값을 SHA-256으로 256비트의 해시 값을 계산한다. 해시 값을 이용하면 256비트 길이의 숫자를 효과적으로 만들 수 있다. 그렇게 만든 수가 (n-1)보다 작으면 그것을 받아들이고 그렇지 않다면 다시 시도한다.

공개키 (KPub)는 다음과 같은 방식으로 계산한다.

```
KPub = Kpriv * G
```

가능한 개인키의 개수는 n(G의 차수)과 동일하다.

결국 공개키 (Q)는 타원 곡선 secp256k1상의 개인키 [d]를 이용해서 다음과 같이 계산한다.

```
Q ≡ [d] * G (mod p)
```

개인키와 공개키를 계산한 이후에는 디지털 서명을 계산할 수 있다. 앨리스가 디지털 서명을 전달하고, 그녀의 개인키 [d], (G), 공개키 (Q)는 이미 계산됐다고 가정해보자. 그리고 빅터Victor는 소유권을 검증하는 검증자(채굴자)라고 가정해보자. 이때 secp256k1을 이용해서 비트코인 트랜잭션이 어떻게 서명되는지 살펴보자.

2단계 - secp256k1에서의 디지털 서명

메시지 [M]을 서명하거나 또는 비트코인 [B]를 서명할 때는 항상 Hash[B] = z(이에 대해서는 4장에서 살펴봤다)를 계산하는 것이 좋다.

따라서 메시지 [M]을 직접 서명하지 않고 그것의 해시 값인 (z)를 서명하면 된다.

서명을 위해서 필요한 또 다른 파라미터로는 임시키(또는 세션키)인 [k]가 필요하다.

디지털 서명 (S)를 만들기 위한 하위 단계는 공개키/개인키 알고리듬의 디지털 서명과 유사하다. 차이점은, 이산 로그가 스칼라 곱셈을 통해서 계산된다는 것이다.

1. 앨리스는 임의의 비밀 값 [k](1≤ k ≤ n-1)을 선택한다.

2. 앨리스는 좌표 R(x,y) = k*G를 계산한다.

3. 앨리스는 R(x,y)의 x 좌표를 찾는다(r ≡ x (mod n)).

4. 앨리스는 디지털 서명 S ≡ (z + r*d)/ k (mod p)를 계산한다.

앨리스는 빅터에게 디지털 서명 검증을 위한 (r과 S)를 전달한다.

3단계 - 디지털 서명 검증

빅터는 (r과 S)를 수신해서 (S)가 앨리스가 서명한 것이 맞는지 검증한다.

빅터는 (S)를 검증하기 위해서 다음과 같은 작업을 수행한다.

1. (r)과 (S)가 1과 (n-1) 사이의 값인지 확인한다.

2. w ≡ S^(-1) (mod n)을 계산한다.

3. U ≡ z * w (mod n)을 계산한다.

4. V ≡ r * w (mod n)을 계산한다.

5. R (x,y) = UG + VQ로 타원 곡선 secp256k1에 있는 점 R을 계산한다.

6. r ≡ Rx (mod n)인지 확인한다.

R의 x 좌표인 (r)이 Rx (mod n)라면 검증자는 디지털 서명 (S)를 받아들인다. 즉 비트코인 [B]의 소유권이 검증되는 것이다.

실제 예를 들어서 설명하지 않으면 이 복잡한 프로토콜을 이해하는 것이 쉽지 않을 것이다. 비트코인 트랜잭션에 대한 디지털 서명을 위해서 secp256k1상에서 수행되는 일부 연산은 이해하기 매우 힘들기 때문에 실제 예를 들어서 살펴볼 필요가 있다.

⁝⁝⁝ secp256k1에서의 디지털 서명을 위한 예제

이번 절에서는 디지털 서명의 구현과 검증을 위한 메커니즘을 이해하기 위해서 secp256k1에서의 디지털 서명을 자세히 살펴볼 것이다.

타원 곡선을 위한 파라미터가 다음과 같다고 가정하자.

```
p = 67 (modulo p)
G = (2,22)
차수 n = 79
개인키: [d] = 2
```

매우 간단한 개인키를 선택했기 때문에 더블 포인트 연산만으로 공개키 (Q)를 구할 수 있다.

```
Q = d*G
```

공개키 (Q)를 구하기 위해서 다음과 같은 더블 포인트 연산 공식을 이용한다.

```
t = (3XP^2 + a)/ 2YP
t = (3*2^2 + 0)/ 2*22 = 12/ 44 = Reduce[44*x == 12, x, Modulus-> (67)] = 49
t = 49
```

Q = d * G를 계산하기 위해서 [d]와 (G)를 실제 값으로 대체한다.

```
Q = 2 *(2,22)
```

더블 포인트 연산 공식을 이용해서 Q(x와 y)를 먼저 찾는다. 먼저 xQ는 다음과 같이 구한다.

```
xQ = t^2 - 2XG
xQ ≡ 49^2 - 2 * 2 = 52 (mod 67)
xQ = 52
```

동일한 방법으로 yQ를 구한다.

```
yQ = t(xG - xQ) - yGx
yQ ≡ 49 (2 -52) - 22 = 7 (mod 67)
yQ = 7
```

따라서 공개키 (Q)는 다음과 같이 된다.

```
Q (x,y) = (52, 7)
```

이제 앨리스는 디지털 서명 (S)를 만들 수 있다.

먼저 앨리스는 H[M]= z를 계산한다.

z = 17이 비트코인 값 [B]의 해시 값이라고 가정하자.

앨리스는 세션키 [k]를 위해서 임의의 비밀 값을 선택한다.

```
k= 3
```

앨리스는 R(x,y) = k*G를 계산한다.

```
k*G = 3 * (G) = G + 2G
```

이미 2G = (52,7)를 계산했기 때문에 G + 2G = (2,22) + (52,7)를 계산하는 것이 가능하다.

타원 곡선상의 두 점을 더하는 공식을 상기해보자.

```
t1 = (yQ-yG)/(xQ-xG)
```

xR(R의 x 좌표)을 구하기 위해서 다음을 계산한다.

```
t1 ≡ (7 - 22)/(52 - 2) (mod 67)
t1 ≡ 60 (mod 67)
```

이제 [xR]은 다음과 같이 계산할 수 있다.

```
xR ≡ t1^2 - (xG + xQ) (mod 67)
xR ≡ 60^2 - (2+52) = 62 (mod 67)
```

결국 R의 x 좌표인 r은 다음과 같이 된다.

```
r = 62 (mod 79) = 62
```

이때 다음 식을 이용해서 디지털 서명을 만들 수 있다.

```
S ≡ (z + r*d)/k (mod p)
S ≡ (17 + 62 * 2)/3 (mod 67) = 47
```

결국 디지털 서명 (S)는 다음과 같이 된다.

```
S = 47
```

앨리스는 (S = 47, r = 62)를 빅터에게 전달한다.

디지털 서명을 검증하기 위해서 빅터는 (S, r) = (47, 62)를 수신한다.

빅터가 이미 알고 있는 공개 파라미터는 다음과 같다.

```
z = 17
n = 79 (order of G)
베이스 포인트 G = (2,22)
공개키 Q = (52,7)
```

먼저 빅터는 다음 조건을 만족하는지 확인한다.

```
1 ≤ (47, 62) ≤ (79-1)
```

위 조건을 만족시킨다면 첫 번째 검증 과정은 통과하게 된다.

이제 빅터는 디지털 서명 (S)의 역인 (w)를 계산한다.

```
w ≡ S^(-1) (mod n)
```

이는 이미 여러 차례 본 것처럼 S (mod n)의 역함수를 수행하는 것을 의미한다.

```
Reduce[(S)*x == 1, x, Modulus -> (n)] = Reduce[(47)*x == 1, x,
Modulus -> (79)]= 37
w = 37
```

그다음 빅터는 (U)를 계산한다.

```
U ≡ z * w (mod n)
U ≡ 17 * 37 (mod 79)
U = 76
```

이제 빅터는 디지털 서명을 검증할 수 있게 된다.

```
V ≡ r * w (mod n)
V ≡ 62 * 37 (mod 79)
V = 3
```

아직 게임이 끝난 것은 아니다. secp256k1에서 V = 3인 좌표에 대한 스칼라 곱셈을 통한 변환convert을 수행해야 한다.

이를 위해서 다음 식을 이용한다.

```
R(x,y) = U*G + V*Q
```

위 식을 두 부분으로 나눠서 계산하자. 먼저 UG는 다음과 같이 계산된다.

```
U*G = 76G
    = 2*38G
    = 2*(2*19G)
    = 2*(2(G +18G)
    = 2*(2 (G + 2(9G)))
    = 2(2(G + 2(G +8G)))
    = 2(2(G + 2(G + 2(4G))))
    = 2(2(G + 2(G + 2(2(2G))))
```

76G 계산을 위해서 (G)에 대한 여섯 번의 더블 포인트 연산과 두 번의 더하기 연산을 수행해야 한다.

이와 같은 방법은 숫자가 매우 클 때 유용하다. 이와 같은 분해 작업을 수행하기 위한 효율적인 알고리듬은 없다. 따라서 머리를 잘 굴려서 분해 작업을 수행해야 한다.

2G = 2 (2,22) = (52,7)이라는 것을 이미 알고 있기 때문에 2*(52,7) = (21, 42)라는 계산을 수행할 수 있다.

```
UG = 2 *((52,7) + 2((2,22) + (21,42)))
   = 2 *((52,7) + 2(13,44)))
   = 2(2(38,26))
   = 2(27, 40)
   = (62,4)
UG = (62,4)
```

다음에는 VQ = 3Q = Q + 2Q를 계산해야 한다.

스칼라 곱셈을 계산하는 한 가지 방법은 먼저 2Q = 2 *(52,7) = (25,17)을 계산하는 것이다.

그다음에는 Q + 2Q = (52,7) + (25,17)을 계산한다.

```
VQ = (52,7) + (25,17) = (11,20)
VQ = (11,20)
```

최종적으로 더하기 연산을 이용해서 UG + VQ를 계산한다.

```
R (x,y) = U*G + V*Q
R (x,y) = (62,4) + (11,20)
R (x,y) = (62,63)
```

디지털 서명 검증을 위해서 빅터는 다음을 계산한다.

```
r ≡ Rx (mod n)
```

계산된 r은 다음과 같다.

```
r = 62 = Rx = 62 (mod 79)
```

최종적으로 빅터는 검증을 통해서 디지털 서명을 받아들인다.

실제 예를 들어서 설명하기 위해 매우 작은 숫자를 이용했음에도 디지털 서명과 검증 과정이 복잡하다는 것을 봤을 것이다. 따라서 파라미터가 256비트 이상이라면 그에 따른 엄청난 복잡성을 상상할 수 있을 것이다. 타원 곡선을 이용하는 것은 비트코인의 소유권을 보호하기 위해서 제안됐다. 서명자는 디지털 서명 (S)를 통해서 해시 값 (z)에 대응되는 [B]에 대한 소유권이 있음을 입증할 수 있다.

앞에서도 언급했듯이 secp256k1은 다른 타원 곡선과는 달리 더 효율적이라는 것이 확인됐으며 특별한 방식으로 필요한 파라미터를 선택한다.

ECDSA 알고리듬과 그것의 구현 방법이 궁금하다면 NIST와 **IEEE**Institute of Electrical and Electronics Engineers의 웹사이트를 방문해보기 바란다.

NIST는 다양한 종류의 ECC 목록과 각각에 대해서 권장하는 파라미터를 제공하고 있다 (https://nvlpubs.nist.gov/nistpubs/SpecialPublications/NIST.SP.800-78-4.pdf).

IEEE는 논문 발표와 콘퍼런스 그리고 각종 표준을 위한 민간 조직이다. IEEE에서는 ECC 구현을 위한 표준 사양인 IEEE P1363-2000(공개키 암호화에 대한 표준 사양)을 발표했다.

다음 절에서는 소니의 플레이스테이션 3에 로그인하는 데 사용되는 비밀키를 복구했다고 발표한 fail0verflow라는 해커 그룹이 수행한 ECDSA 개인키에 대한 공격을 살펴볼 것이다. 해당 공격은 소니가 무작위 키가 아닌 정적인 개인키를 사용하도록 ECDSA를 잘못 구현했기 때문이 발생한 공격이었다.

⠿ EDCSA에 대한 공격과 타원 곡선의 보안

이번 절에서 설명할 ECDSA에 대한 공격은 메시지의 해시 (z)를 서명하는 데 사용되는 임의의 키(임시키) [k]를 무작위로 선택하지 않거나 여러 번 반복해서 사용함으로써 공격자가 개인키 [d]를 복구할 수 있었던 공격이다.

플레이스테이션 3 게임 콘솔에 사용된 서명키를 복구하는 목적으로 수행된 해당 공격으로 인해서 2010년에 7,700만 개 이상의 계정에 대한 키가 복구됐다.

이와 같은 파괴적인 공격(메시지뿐만 아니라 개인키 [d]도 복구할 수 있기 때문에)을 이해하기 위해서 두 단계로 나눠 살펴볼 것이다. 설명을 위해서 2개의 메시지 [M]과 [M1]이 동일한 개인키인 [k]와 [d]로 디지털 서명된다고 가정한다.

1단계 - 임의의 키 [k] 찾기

디지털 서명 (S = 47)은 메시지 [M]의 해시 값으로부터 (t0) 시간에 다음과 같은 식으로 만들어졌다고 하자.

```
S ≡ (z + r*d )/k (mod p)
```

실제 값으로 계산해보면 다음과 같다.

```
S ≡ (17 + 62 * 2)/3 (mod 67) = 47
S = 47
```

그리고 (t1) 시간에 메시지 [M1]의 해시 값(z1 = 23)으로 디지털 서명 (S1)이 만들어졌다고 가정해보자.

두 번째 디지털 서명 (S1)은 다음 식으로 만들어진다.

```
S1 ≡ (z1 + r*d)/k (mod p)
```

매스매티카의 Reduce 함수를 이용해서 (S1)을 계산할 수 있다.

```
[k*x = (z1 + r*d), x, Modulus -> (n)] = 49
S1 = 49
```

(S - S1)/(z-z1) ≡ k (mod n)이므로 실제 값과 매스매티카의 Reduce를 이용하면 쉽게 [k]를 구할 수 있다.

```
Reduce[(47 - 49)*x == (17 - 23), x, Modulus -> (79)]
k = 3
```

[k]를 구한 다음에는 개인키 [d]도 구할 수 있다.

그러면 다음 단계에서 무슨 일이 벌어지는지 알아보자.

2단계 – 개인키 [d] 복원

임의의 키 [k]를 복원한 후에는 개인키 [d]를 쉽게 계산할 수 있다.

우리는 (S)가 다음 식으로 만들어졌다는 것을 알고 있다.

```
S = (z + r*d )/k
```

(k)를 왼쪽 변으로 이동시키면 식은 다음과 같다.

```
S*k = z + r*d
```

(k) = 3이라는 것을 알고 있고 다른 파라미터들도 모두 공개된 것이기 때문에 [d]를 알 아낼 수 있다.

따라서 [d]는 다음 식으로 얻을 수 있다.

```
d = (S*k -z)/r
```

식의 오른쪽 변에 있는 파라미터의 값들을 모두 알기 때문에 [d]는 결국 다음과 같이 계산된다.

```
(47 * 3 - 17)/r = 2
```

개인키 [d]는 2라는 것을 알아냈다.

이 공격을 분석하면서 다음과 같은 질문이 생길 것이다. 누군가가 (z1, z2, zn)으로부터 디지털 서명 (S1, S2, Sn)을 만들어 내는 방법을 알아내거나 (z)로부터 시작해서 이후에 만들어지게 되는 디지털 서명들을 만드는 방법을 알아내면 어떻게 될까?

다시 말하면 (z)가 [B]라고 부르는 메시지(비트코인의 가치)의 해시 값이라고 했을 때 (z)부터 디지털 서명 S1을 만들 수 있다면 어떻게 될까?

만일 그러한 일이 가능하다면 하나의 트랜잭션에서 여러 개의 디지털 서명을 만드는 것이 가능해지고 그것들은 모두 트랜잭션 수신자의 검증을 통과하게 될 것이다.

이제는 ECC의 계산 능력을 다른 암호화와 간단히 비교해보자. 전통적인 공개키/개인키 암호화 알고리듬과 비교한 타원 곡선 암호화의 효율성은 그림 7.9와 같다. 타원 곡선 알고리듬에서 가장 작은 키를 사용했을 때 그에 대응되는 RSA/DSA 알고리듬의 키의 크기를 바로 확인할 수 있다. 또한 타원 곡선 알고리듬의 키의 크기와 대칭키 알고리듬(예를 들어 AES(Advanced Encryption Standard))의 키의 크기를 비교할 수 있다. 동일한 보안성을 제공하는 대칭키 알고리듬의 키의 크기는 타원 곡선 알고리듬에 보다 작지만 대칭키 알고리듬과는 달리 타원 곡선 알고리듬은 디지털 서명을 만들 수 있기 때문에 의미 있는 비교를 위해서는 비대칭키 암호화 알고리듬과 비교해야 한다.

동일한 보안성을 제공하기 위한 키의 크기 비교		
대칭키 알고리듬(비트)	ECC 알고리듬(비트)	RSA/DSA 알고리듬(비트)
56	112	512
80	160	1024
112	224	2048
128	256	3072
192	384	7680
256	512	15360

그림 7.9 윌리엄 스탈링(William Stalling)의 비교표 ? ECC와 전통적인 암호화 알고리듬

ECC 알고리듬에서 256비트를 사용하면 RSA에서 3,072비트의 키를 사용하는 것과 동일한 보안성을 제공한다. 또한, ECC 알고리듬에서 512비트를 사용하면 RSA에서 15,360비트의 키를 사용하는 것과 동일한 보안성을 제공한다. 대칭키 암호화 알고리듬(AES)과 비교하면 ECC 알고리듬은 대칭키 암호화 알고리듬보다 두 배 큰 키를 필요로 한다.

NOTE

모듈러스의 크기나 키의 크기는 그렇게 중요하지 않다. 알고리듬 자체가 논리적으로 취약한 부분이 있다면 키의 크기와 상관없이 치명적이기 때문이다.

⁖ ECC 알고리듬의 미래

앞서 ECDSA에 대한 실질적인 공격이 어떻게 이뤄지는지 살펴봤다. 이제는 ECC의 미래에 대한 다음과 같은 흥미로운 질문을 던져 볼 때가 됐다.

타원 곡선 암호화는 전통적인 공격이나 양자 공격에 내성을 갖고 있는가?

얼핏 보면 대부분의 타원 곡선 알고리듬은 제대로 구현된다며 고전적인 이산 대수에 대한 공격(예를 들어 폴라드 로(Pollard Rho) 알고리듬이나 생일 공격(birthday attack))과 D-H ECC에서의 중간자 공

격을 제외한 대부분의 전통적인 공격에 취약하지 않다고 볼 수 있다.

하지만 양자 컴퓨팅의 경우에는 쇼어^{Shor} 알고리듬에 의해서 타원 곡선 암호화가 공격당할 수 있다. 쇼어 알고리듬에 대해서는 양자 암호화를 다루는 8장에서 살펴볼 것이다.

따라서 누군가는 "내 비트코인이 향후 10년이나 20년 후에도 여전히 안전한가요?"라고 질문할 수 있을 것이다. 그 질문에 대한 답으로, 확정적인 조건에서는 그렇다고 말할 수 있다. 하지만 양자 컴퓨터가 고전적인 이산 대수 문제를 풀 수 있는 충분한 큐비트^{qubit}를 갖추게 된다면 아마도 다항식 시간에 ECC의 이산 대수 문제를 풀 수 있을 것이다.

따라서 나는 「Elliptic Curve Cryptography: Pre and Post Quantum」을 쓴 제레미 월랜드$^{Jeremy Wohlwend}$(MIT의 박사 과정)의 다음과 같은 의견에 동의한다.

> "슬프게도 양자 컴퓨터가 실질적인 수의 큐비트로 작업할 수 있는 날이 오면 우리가 알고 있는 ECC의 종말이 올 것이다."

⁝⁝ 요약

7장에서는 가장 널리 사용되는 타원 곡선 중 일부를 살펴봤다. 타원 곡선이 무엇이고 그것이 어떻게 암호화에 사용되도록 설계됐는지 알아봤다.

ECC는 D-H 키 교환과 디지털 서명과 같은 공개키/개인키 암호화 시스템의 기능을 제공하도록 설계됐다.

특히 ECC에서의 이산 대수 문제를 분석함으로써 ECC의 핵심적인 연산인 타원 곡선상의 두 점을 더하거나 타원상에 있는 점에 대한 스칼라 곱셈을 어떻게 수행하는지 알아봤다.

그와 같은 연산은 우리에게 친숙한 덧셈이나 곱셈 연산과는 매우 다르다. 실제로 그런 점이 타원 곡선의 장점으로 작용한다.

ECC에서의 D-H를 살펴본 후에는 비트코인에서 ECDSA라는 디지털 서명을 구현하는 데 사용되는 타원 곡선인 secp256k1을 자세히 살펴봤다.

공개키/개인키 암호화의 대체 방법으로서의 타원 곡선과 그것의 시스템에 대해서 배웠으며, 더 작은 크기의 키로 효과적인 보안성을 제공한다는 타원 곡선의 중요한 특징에 대해서도 이해할 수 있었다.

7장의 끝부분에서는 양자 공격에 대한 ECC의 안전성에 대한 질문을 던져봤다. 그것에 대한 대답으로서 8장에서 다룰 주제를 소개했다. 확실히 8장에서는 가장 흥미롭고 기이한 주제를 다룬다. 양자 컴퓨팅과 양자 암호는 암호학의 미래를 위한 새로운 도전이 될 것이다.

08

양자 암호화

8장에서는 **양자 역학**^{Q-Mechanics, Quantum Mechanics}과 **양자 암호화**^{Q-Cryptography, Quantum Crypto graphy}의 기본에 대해서 설명할 것이다. 이 주제를 이해하기 위해서는 물리학과 모듈러 수학, 암호학, 논리에 대한 지식이 필요하다.

양자 역학은 일반적인 인간의 경험 범위를 벗어난 현상을 다룬다. 따라서 대부분의 사람들은 양자 역학의 이론을 이해하고 믿기 어려울 수 있다. 먼저 양자 역학의 기이한 세계를 소개하는 것으로 시작해서 양자 역학 이론의 직접적인 결과인 양자 암호화에 대해서 살펴볼 것이다. 또한 양자 컴퓨팅과 쇼어의 알고리듬을 분석한 후 차세대 양자 내성 암호화^{Post Q-Cryptography} 알고리듬의 후보가 되고 있는 알고리듬에 대해서 알아볼 것이다.

8장은 다음과 같은 내용을 다룬다.

- 양자 역학과 양자 암호화의 소개
- 양자 역학의 요소를 이해하기 위한 실험

- 양자 화폐 및 양자 키 분배(BB84)에 대한 실험

- 양자 컴퓨팅과 쇼어의 알고리듬

- 양자 컴퓨터 등장 이후 암호 화폐의 미래

그러면 이상하고 (때로는) 이해할 수 없는 법칙을 기반으로 하는 양자 역학이라는 환상적인 세계 속으로 깊이 들어가 보자.

⫶ 양자 역학과 양자 암호화의 소개

지금까지 이 책에서 소개한 암호화 알고리듬은 항상 논리의 법칙과 엄격한 수학적 표준을 따랐다. 이제 우리는 새로운 논리로 접근해야 한다. 즉 고전 수학의 논리를 떠나 일부가 모든 것이 되고 모든 것이 일부가 될 수 있는 새로운 차원에 도달해야 한다.

우리는 "머리가 어지럽지 않은 상태로 양자 역학을 생각할 수 있는 사람은 그것을 제대로 이해하지 못한 것이다"라는 닐스 보어[Niels Bohr](양자 역학의 개척자 중 하나)의 말에 직면해야 한다. 아인슈타인은 얽힘[entanglement] 이론을 환상 이론이라고 치부했다.

양자 역학과 양자 암호화에 대해서 자세히 알아보기 전에 사전에 고찰이 필요한 것들이 있다.

- 지금까지 배운 모든 암호화는 가장 많이 진화된 것이고 강력하며 정교한 것이더라도 다음 두 가지 요소에 의존한다.

  1. 암호화 알고리듬의 보안성은 인수 분해와 이산 대수, 다항식 곱셈 등과 같은 수학적인 문제에 의존한다.

  2. 암호화 알고리듬에 사용되는 키의 크기가 중요하다. 즉 알고리듬이 사용하는 키나 숫자의 크기는 알고리듬의 보안성 등급을 정하는 중요한 요소다. 예를 들어 RSA에서 공개키 (N)을 N = 21로 정의하면 초등학생도 p = 3, q = 7이라는 2개의 비밀번호(개인키)를 찾을 수 있다. 21 = 3*7으로 쉽게 인수 분해할

수 있기 때문이다. 반대로, 연산의 크기를 10^1000으로 정의하면 인수 분해 문제는 해결하기 어려운 문제가 된다.

- 양자 암호화에서는 이와 같은 수학적인 문제에 의존하지 않는다. (고전적인 의미에서) 수학적으로 매우 풀기 어려운 문제에 의존하지 않고 모든 것은 특별하고 심지어 기괴한 가설을 기반으로 한다. 즉 양자 역학에서 양자(광자와 같은 입자)는 1과 0의 상태를 동시에 가질 수 있다는 가설을 기반으로 한다. 그 말은, 동시에 두 장소에 존재할 수 있다는 말과 같다. 그리고 측정하기 전까지는 입자의 상태를 결정하는 것이 불가능하다. 곧 배우게 되겠지만 양자 역학에서 시간 개념 자체는 의미를 잃게 된다. 왜냐하면 인과 관계 속성은 선택이 아니라 단순한 가능성이기 때문이다.

지금까지 언급한 가설에 대해서 살펴보기에 앞서 사람들이 미세 입자에 대해서 생각하는 방식을 바꾼 실험부터 살펴보자.

양자 역학 분야에서 과학의 역사를 영원히 바꾼 최초의 실험은 18세기 말 토마스 영 Thomas Young이 수행한 실험이다. 토마스 영은 상형 문자를 해독한 최초의 사람이기 때문에 그를 암호학자라고 할 수도 있다. 그는 오리 떼가 헤엄치는 작은 호숫가를 산책하곤 했다. 그는 오리들이 헤엄치는 동안 만들어지는 파도가 어떻게 서로 상호 작용하며 서로 교차하면서 어떻게 잔물결을 일으키는지에 대해서 주목했다. 그는 빛의 파동도 동일하게 행동할 것이라는 영감을 받았다.

그림 8.1에서 볼 수 있듯이 빛의 파동이 2개의 슬릿을 통과하면 뒤에 있는 벽에 2개의 큰 줄무늬가 생기지 않고 마치 입자처럼 행동해서 여러 개의 작은 줄무늬들이 생긴다.

이 실험에 숨겨진 어떤 역설적인 것은 없다. 2개의 슬릿에 매번 하나의 광자(빛의 나노 입자)만을 쏘는 방식(예를 들어 1초마다 하나의 광자를 쏘는 방식)으로 실험을 한다면 슬릿 뒤의 벽에는 예상과는 달리 2개의 슬릿에 대응되는 2개의 검은 선이 아니라 마치 빛에 의해서 만들어지는 파동처럼 여러 개의 줄무늬가 생긴다.

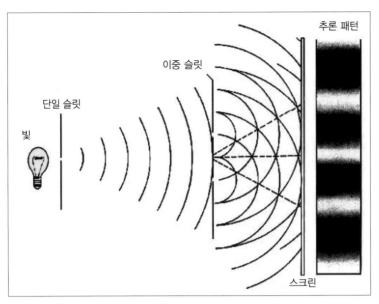

그림 8.1 토마스 영의 빛 실험

다음 절에서는 양자 역학을 이해(또는 현기증이 날 수도 있는)하기 위해서 고안된 위 실험의 변형된 형태를 보게 될 것이다.

양자 역학을 이해하기 위한 가상 실험

이번 절에서는 가상의 실험을 통해서 양자 역학을 좀 더 깊이 소개할 것이다. 해당 실험은 토마스 영의 실험과 유사하다. 즉 2개의 슬릿과 그 뒤에 스크린을 설치한 실험이다. 그리고 실험을 단계별로 수행함으로써 양자 역학의 역설적인 면을 이해하는 데 도움이 되는 여러 가지 요소를 설명할 것이다.

그림 8.2에서처럼 2개의 슬릿을 향해서 광자를 쏜다고 가정해보자. 그리고 광자는 마치 작은 구슬과 같다고 생각할 것이다.

1단계 - 중첩

일반적인 크기의 구슬을 쏘는 것으로부터 시작해보자. 구슬을 쏠 때마다 일부 구슬은 슬릿을 통과하게 될 것이다. 준비된 구슬을 다 쏘게 되면 슬릿 뒤의 벽에 일직선으로 부딪힌 자국을 보게 될 것이다.

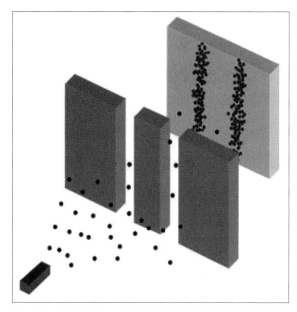

그림 8.2 구슬이 슬릿 뒤의 벽에 부딪혀 2개의 선이 생긴다.

이제는 2개의 슬릿이 매우 좁고 구슬도 매우 작다고 가정해보자. 이는 광자를 쏘는 경우에 대한 가정이며 그 결과는 매우 달라진다는 것을 알게 될 것이다. 일반적인 크기의 구슬을 쏘았을 때의 경우와 달리 슬릿 뒤의 벽에는 그림 8.3처럼 줄무늬 패턴이 만들어진다.

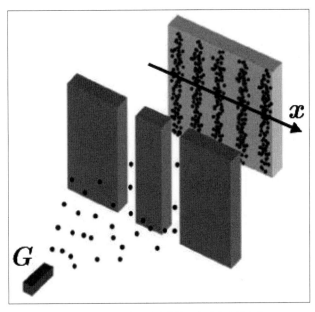

그림 8.3 구슬이 매우 작다면 줄무늬 패턴이 생긴다.

슬릿과 입자가 충분히 작다면 우주의 어느 곳에서든 입자는 그림 8.3과 같이 줄무늬 패턴을 만들어 낼 것이다.

이와 같은 현상을 만들어 내는 것을 **파동**^{wave}이라고 한다.

파동이 슬릿을 통과하면 반대편으로 퍼져 나간다. 만일 1개가 아닌 2개의 슬릿이 있다면 2개의 파동이 만들어져서 서로 상호 작용한다. 그 결과 두 파동은 토마스 영의 실험(그림 8.1)에서처럼 줄무늬 패턴을 만들어 낼 것이다.

그러면 다음과 같은 질문이 생길 것이다. "우주의 모든 물체가 마치 파동처럼 행동한다면 왜 우리는 작은 물체(광자와 같이 매우 작은 구슬)를 다룰 때만 줄무늬를 발견하고 큰 물체를 다룰 때는 그렇지 않을까?"

하지만 진짜 이해하기 어려운 부분은 매번 하나의 구슬(입자)만을 쏠 때도 여전히 줄무늬 패턴을 만들어 낸다는 것이다. 그 이유는 입자와 관련된 에너지의 양과 관련이 있다. 그렇다면 하나의 구슬(아무리 작더라도)이 2개의 슬릿을 동시에 통과하는 것이 어떻게 가능할까?

이 첫 번째의 중요한 속성에 대해서 곰곰이 생각하기 위해서 잠시 숨을 돌려 보자. 왼쪽 슬릿을 통과한 광자에 (0)의 상태를, 오른쪽 슬릿을 통과한 광자에 (1)의 상태를 부여한 다면, 광자가 두 슬릿을 동시에 통과하고 있다고 말할 수 있으므로 동시에 (0)과 (1)의 상태를 갖는다고 말할 수 있다. 이를 양자 역학의 첫 번째 중요한 속성인 **중첩**superposition 이라고 한다.

만일 하나의 슬릿을 막고 하나의 슬릿을 통해서만 구슬을 쏜다면 그때 생성되는 패턴은 일반적인 크기의 구슬이 하나의 슬릿 뒤쪽에 있는 벽을 때릴 때와 동일할 것이다. 하지만 두 슬릿을 모두 열어 두면 다시 줄무늬 패턴이 만들어진다.

중첩은 입자가 특정 순간에 다른 상태에 있을 수 있다는 시각을 제시할 수 있다. 하지만 다른 분야의 물리학자나 일부 과학자들은 이 실험에 대한 다른 해석을 하기도 한다. 즉 중첩으로 해석하지 않고 다중 우주multiverse라는 기괴한 개념으로 해석을 하려고 한다. 그 것은 여러 개의 우주가 입자의 다양한 상태를 동시에 나타낸다는 것이다.

다중 우주라는 새로운 개념은 우리가 살고 있는 양자 세계에 대한 철학적인 이론을 제 공하기도 한다. 예를 들어 서로 다른 평행 세계에 서로 다른 역할을 하는 나 자신이 여러 명 존재할 수 있다는 것이다. 어쨌든 이어서 양자 역학의 또 다른 중요한 속성인 불확정 성에 대해서 다룰 것이다.

2단계 - 불확정성

이제는 각 슬릿에 탐지기를 설치하면 어떻게 되는지 테스트해보자. 앞서 설명한 실험을 통해서 예상해보면, 하나의 입자를 쏘더라도 중첩 상태가 나타나기 때문에 두 슬릿에 설치한 탐지기가 동시에 구슬을 탐지할 것이다. 하지만 실제로 그런 일은 일어나지 않 는다.

작은 입자와 비교될 만큼 충분히 작은 구슬을 쏘면 각 구슬이 두 슬롯을 통과하지 않고 한 곳만 통과해서 두 탐지기 중 하나에서만 탐지되는 것을 볼 수 있을 것이다. 두 슬릿 중에서 어느 곳을 통과하는지 발견하려고 시도하면 줄무늬 패턴이 만들어지지 않는다. 따라서 관찰은 구슬이 양쪽 슬릿이 아닌 하나의 슬롯만 통과하도록 만든다.

이는 양자 역학의 또 다른 속성이다. 즉 광자가 중첩 상태(또는 다중 우주)에 있을 때는 동시에 (0)과 (1)이 되지만 관찰을 시도하면 광자는 행동을 바꿔서 (0)이나 (1) 둘 중의 한 상태가 된다.

불확정 속성은 중첩과 엄격하게 연관돼 있음을 이해할 수 있을 것이다. 이에 대해서는 나중에 다시 다룰 것이다. 지금은 실험을 계속해보자.

계속 진행하기 전에 먼저 분명하게 할 것이 있다. 우리가 눈을 감고 슬릿을 통과하는 구슬을 관찰하지 않으면 슬릿에 탐지기를 설치했다고 하더라도 중첩 상태는 여전히 활성화된다. 우리가 눈을 뜨고 관찰을 수행할 때만 불확정 상태가 멈추고 구슬은 강제로 (0) 또는 (1)의 상태가 된다. 이는 실험 속의 구슬이 파동과 달라야 함을 의미한다. 파동은 우리가 실험을 관찰하든 관찰하지 않든 어떤 조건에서도 동일한 효과를 만들어 낸다. 이는 물리학에서 철학과 관련한 또 다른 흥미로운 암시를 만들어 내지만 그것은 이 책의 범위를 벗어나는 것이다.

이제는 2개의 슬릿 뒤에 2개의 물체를 놓았다고 가정해보자. 슬릿을 통해 구슬을 쏘는 동안 구슬이 두 물체 중 하나에 부딪히는 것을 상상할 수 있다. 우리가 관찰을 하면 실제로 그렇게 되겠지만 다시 눈을 감고 관찰을 하지 않는다면 구슬이 둘 중 하나의 물체를 쓰러뜨릴 확률은 동일해진다. 즉 이는 관찰하기 전까지는 고양이가 살아 있으면서 동시에 죽어 있다고 하는 유명한 **슈뢰딩거의 고양이**Schrödinger's cat 사고 실험에 비유할 수 있다.

파동의 확률을 설명하는 수학에 따르면 결과는 확실하지 않다. 우리는 눈을 뜨고 관찰해야만 물체가 살아 있는지(1), 죽어 있는지(0) 알 수 있다. 더군다나 우주의 특정 장소에 위치한 입자에 대해서만 특정 확률을 부여할 수 있고 누군가 그것을 관찰할 때만 나타난다는 사실은 매우 이해하고 믿기 어려운 논리다. 하지만 그런 미친 논리에도 불구하고 우리가 지금까지 살펴본 모든 실험은 불확정성이 유효하다는 것을 보여 준다. 확률은 양자 역학을 다룰 때 염두에 둬야 할 또 다른 기본 요소다. 물체가 동시에 한 상태 또는 다른 상태에 있을 확률과 물체가 동시에 한 장소 또는 다른 장소에 있을 확률은 아인슈타인을 양자 이론 특히 슈뢰딩거의 고양이의 강력한 적으로 만들었다. 양자 역학의 논리에 대해서 아인슈타인은 "신은 우주와 주사위 놀이를 하지 않는다"라고 말했다.

양자 역학에서 확률에 대해 이야기할 때 스핀에 대해서 언급하게 된다. 그럼, 스핀spin이 무엇이고 왜 그것이 우리의 연구에서 중요한지 알아보자.

3단계 - 스핀과 얽힘

양자 역학에서 입자가 동시에 두 가지 상태에 있을 수 있는 방법을 설명하려면 **스핀**이라는 개념을 도입해야 한다.

스핀은 물체의 총 각운동량 또는 고유 각운동량을 의미한다.

입자의 스핀 방향은 서로 다른 방향으로 입자를 가로지르는 가상의 화살표로 설명할 수 있다. 반대 방향으로 회전하는 입자는 그림 8.4와 같이 반대 방향을 가리키는 화살표를 갖는다.

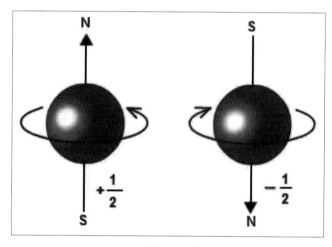

그림 8.4 스핀

스핀은 양자 암호화에서 매우 중요하다. 이후에 키를 양자 교환하는 방법을 자세히 알아볼 때 스핀의 중요성을 이해하게 될 것이다. 입자가 운반할 수 있는 내용이나 정보는 입자의 스핀에 따라 달라진다. 즉 스핀의 방향에 따라 정보가 결정된다. 예를 들어 스핀에 의해서 앨리스와 밥 사이의 양자 분배 키의 비트가 결정된다. 이에 대해서는 이후에 살펴볼 것이다.

이제 양자 정보의 개념으로 돌아가 보자. 우리는 세상이 문자와 숫자로 구성돼 있다는 것을 알고 있지만 YES나 NO, UP이나 DOWN, TRUE나 FALSE와 같은 이산 정보를 주고받을 수 있다. 또한 정보를 이산화해 현실 세계를 표현할 수도 있다. 양자 역학에서도 이와 동일하게 할 수 있다. 다만 양자 역학에서는 비트가 아닌 **양자 비트**quantum bit 또는 **큐비트**라고 부른다.

동전을 예로 들어서 살펴보자. 동전이라는 물리적 개체의 앞면을 (0)으로 나타내고 뒷면은 (1)로 나타낼 수 있다. 큐비트에서는 **디렉**Dirac이 고안한 '브라-켓'bra-ket' 표기법으로 비트의 상태를 설명한다.

|0> |1>

'브라-켓' 표기법에서는 괄호를 이용해서 0과 1을 표현한다. 입자가 중첩 상태에서는 동시에 1과 0의 상태를 가질 수 있다는 것을 알고 있지만 관찰을 수행하면 입자의 상태가 결정된다. 이와 같은 현상을 **파동 함수의 붕괴**라고 한다. 이는 파동(처음에는 중첩 상태)이 하나의 상태로 변경될 때 발생한다. 발생 원인은 외부 세계와의 상호 작용이다. 예를 들어 두 입자 사이의 통신 채널을 염탐하는(관찰하는) 사람이 있다면 붕괴 현상이 발생한다.

한 쌍의 입자가 서로 상호 작용할 때 그들의 스핀 상태가 얽힐 수 있다. 과학자들은 이를 **양자 얽힘**quantum entanglement이라고 한다.

2개의 전자가 얽힘 상태가 되면 두 전자는 서로 반대 방향의 스핀만 가질 수 있다. 즉 하나가 업 스핀up spin으로 측정되면 다른 하나는 즉시 다운 스핀down spin이 된다.

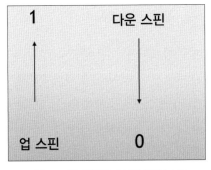

그림 8.5 전자의 '업' 스핀과 '다운' 스핀

두 전자를 임의로 멀리 떨어뜨려 놓고 전자 하나의 스핀을 측정하면 다른 전자의 스핀을 바로 알 수 있다. 예를 들어 캘리포니아에 있는 실험실에서 전자의 스핀을 측정해서 그것이 업 스핀 상태라는 것을 알게 된다면 뉴저지의 두 번째 실험실에 있는 다른 하나의 전자의 상태가 다운 스핀이라는 것을 알게 될 것이다. 두 입자가 얼마나 멀리 떨어져 있는지는 중요하지 않다.

따라서 정보가 빛의 속도보다 빠르게 순간적으로 이동했다고 말할 수 있다.

아인슈타인은 이 이론에 맹렬히 반대했다. 그래서 그는 이와 같은 현상을 '먼 거리에서의 유령 같은 현상'이라고 했다. 하지만 아인슈타인의 말에도 불구하고 얽힘은 우리의 기술 세계에 매우 유용하다(이에 대해서는 곧 살펴볼 것이다). 이제는 정보의 얽힘이 실제이고 빛보다 빠를 수 있음을 입증할 수 있는 실험을 살펴보자.

2015년 네덜란드 델프트 대학(Delft University)의 로날트 한손(Ronald Hanson)이 이끄는 과학자 그룹은 양자 얽힘 상태의 두 입자가 빛의 속도보다 빠르게 서로 통신할 수 있음을 입증하기 위한 실험을 시작했다.

실험은 1,280미터 떨어진 2개의 서로 다른 실험실 A와 B에 2개의 다이아몬드를 세팅해 진행됐다. 전자 스핀과 얽힌 상태의 광자를 각 지점 A와 B에서 방출하도록 전자기 임펄스를 쐈다. 해당 실험은 검출기가 설치된 세 번째 위치인 C에 두 입자가 동시에 도착했을 때 그들의 얽힘이 전자로 전달된다는 것을 보여 줬다. 그림 8.6은 실험에 사용된 각각의 위치를 보여 주고 있다.

그림 8.6 양자 얽힘 실험(델프트 대학)

최근에 해당 그룹은 중요한 기술적 개선을 이뤄 냈다. 즉 주문형으로 양자 얽힘을 생성할 수 있게 됐다. 그것은 필요할 때 두 입자 사이의 얽힘 상태를 만들 수 있으며, 이전에는 불가능하다고 여겨졌던 양자 애플리케이션 개발의 가능성을 연 것이다. 해당 실험에 대해서 자세히 알고 싶다면 델프트 대학의 웹사이트(https://www.tudelft.nl/2018/tu-delft/delftse-wetenschappers-realiseren-als-eersten-on-demand-quantum-verstrengeling)를 참고하기 바란다.

이 기괴한 양자 얽힘 현상이 적용되고 있는 몇 가지를 예로 들면 다음과 같다.

- 양자 얽힘 시계 및 주식 시장과 GPS 관련 애플리케이션

- 미시적 요소를 면밀히 조사하기 위해서 홋카이도 대학Hokkaido University에서 제작한 양자 얽힘 현미경

- 물질 이상의 정보 전송을 포함하는 양자 순간 이동

- DNA 및 임상 실험을 위한 양자 생물학

- 이 책에서 다루는 주제인 양자 암호화

따라서 **양자 키 분배**QKD, Quantum Key Distribution에서 파괴적이고 매혹적인 애플리케이션을 만드는 것은 단지 양자의 모든 속성을 조합하는 작업이라고 할 수 있다.

양자 키 분배를 자세히 살펴보기 전에 그런 조합 과정이 어떻게 이뤄지고 그 과정에 어떤 요소가 사용되는지 알아볼 것이다.

⁞⁞ 양자 암호화

지금까지 양자 역학의 기본에 대해서 설명했으니 이제는 양자 암호화에 대해서 알아볼 것이다. 첫 번째 흥미로운 이야기는 1970년대에 컬럼비아 대학Columbia University의 박사 과정에 있던 스티븐 위즈너Stephen Wiesner로부터 시작된다. 그는 (이론적으로) 위조될 수 없는 특별한 종류의 화폐인 **양자 화폐**quantum money를 발명했다. 위즈너의 양자 화폐는 주로 광자에 관한 양자 물리학을 이용한 것이다.

미리 정해진 축에서 모두 같은 방향으로 이동하는 광자 그룹이 있다고 가정해보자. 공간에서 이동하는 광자는 **광자 분극화**polarization of the photon라는 진동을 갖는다. 그림 8.7은 이를 설명하고 있다.

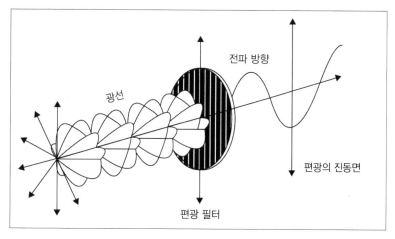

그림 8.7 광자 분극화

그림 8.7에서 보는 바와 같이 광자는 모든 방향으로 편광을 회전시킨다. 만일 **폴라로이드**polaroid라고 부르는 필터를 수직 방향으로 배치하면 수직 방향의 광자만 항상 100% 통과하는 것을 볼 수 있을 것이다. 하지만 다른 방향의 광자는 대부분 필터에 의해서 차단된다. 그런데 필터는 수직으로 편광된 광자를 100% 차단하지만 필터에 대해서 대각선으로 향하는 광자는 약 50% 정도 통과시킨다. 더욱이 그 광자는 양자 딜레마에 직면하게 된다. 필터를 통과하는 광자를 관찰하면 그들은 그들의 방향을 결정해야만 한다. 즉 수직 방향을 취할지 아니면 수평 방향을 취할지 결정해야 하는 것이다. 광자의 일부를 차단하는 것은 편광 렌즈 실험에서도 볼 수 있다. 그림 8.8에서 볼 수 있듯이 이상하게도 이미 있는 2개의 렌즈에 하나 이상의 렌즈를 추가하면 이전보다 훨씬 더 많은 빛(세 번째 그림)을 볼 수 있다.

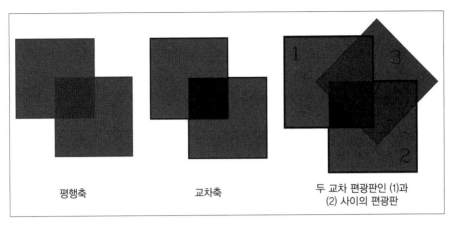

<table>
<tr><td>평행축</td><td>교차축</td><td>두 교차 편광판인 (1)과
(2) 사이의 편광판</td></tr>
</table>

그림 8.8 편광 필터 실험

편광 필터에 대한 이 실험 결과는 양자 역학 세계의 기이함을 보여 준다. 즉 렌즈를 하나 더 추가하면 더 적은 빛이 통과하게 돼서 더 어두워져야 된다는 것이 우리들이 생각하는 논리이기 때문이다. 위즈너가 제안한 것은 20개의 라이트 트랩^{light trap}이 있는 특별한 지폐를 만드는 것이었다. 라이트 트랩은 그림 8.9의 1달러 지폐처럼 네 가지의 방향을 갖는다. 그리고 필터에 의해서 지폐가 진짜인지 가짜인지 ^(지폐의 일련번호와 결합돼) 판별된다.

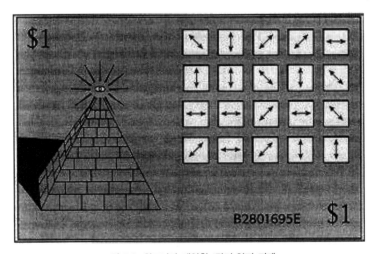

그림 8.9 위즈너가 제안한 1달러 양자 지폐

지폐를 발행한 은행만이 지폐가 진짜인지 가짜인지 판별할 수 있다. 양자 역학의 불확정성의 원리 때문에 누군가가 지폐를 위조하는 것은 불가능하게 된다.

공격자가 양자 지폐를 위조하는 것이 매우 어려운 이유를 살펴보자. 그림 8.9에서 트랩 라이트의 방향을 볼 수 있지만 실제로는 양자 지폐의 트랩 라이트의 방향을 어느 누구도 볼 수 없다. 이브가 양자 지폐를 복사하고자 한다고 가정해보자. 그녀는 일련 번호를 복사하고 라이트 트랩의 방향을 알아내려고 시도할 것이다.

이브가 편광을 감지하기 위해서 수직 필터를 사용한다면 모든 수직 방향의 광자를 감지할 수 있고 수평 방향의 광자는 모두 차단될 것이라고 확신할 것이다. 그런데 다른 방향의 광자는 어떻게 될까? 그것들 중 일부는 통과하겠지만 그녀는 그것들이 어떤 방향을 갖고 있는지 정확히 알 수 없을 것이다. 따라서 이브가 할 수 있는 유일한 것은 그것들이 수평과 수직 방향과 다르게 만들기 위해서 광자의 편광을 무작위로 결정하는 것이다.

하지만 문제가 발생한다. 즉 은행이 양자 지폐에 대한 테스트를 실행하면 그것이 가짜라는 것을 알게 된다. 불확정성의 원리로 인해서 은행만이 해당 일련번호의 지폐에 대해서 선택된 필터를 알고 있기 때문이다.

위즈너는 양자 화폐 발명에 대해서 이야기할 때마다 항상 무시를 당했다. 그런 지폐를 만드는 데 드는 비용이 엄청나서 실행이 불가능한 발명이었기 때문이다. 하지만 지금까지의 설명은 우리의 다음 탐사 주제인 **양자 키 교환**으로 자연스럽게 이끌어 준다.

다음 주제로 넘어가기에 앞서 양자 화폐에 대해서 부연 설명하자면, 위즈너는 그의 발명에서 이브가 지폐를 위조하려고 시도했는지 여부를 감지할 수 있는 권한을 은행에 부여하려고 했지만 그 개념은 잘못된 것이었다. 사실 현실 세계에서 위조 화폐 문제의 일부만 은행에 영향을 미친다. P2P 사용자가 지폐의 진위 여부를 판단하는 데 있어 통제권을 갖는 것이 훨씬 더 중요하다. 따라서 양자 화폐가 나온다면 다른 방식으로 구현될 것이라고 생각한다.

결국 위즈너는 자신의 말을 들어주는 사람을 찾았다. 그는 위즈너의 오랜 친구이자 다른 연구 프로젝트에 참여하고 있으며 과학에 대한 호기심이 많은 찰스 베넷Charles Bennett 이었다. 찰스는 당시 몬트리올 대학Montreal University의 컴퓨터 과학 연구원인 질 브라사르

Gilles Brassard와 이야기를 나눴다. 그들은 관심을 갖기 시작했고 다음에 소개할 양자 키 분배의 구현 방법을 알아냈다.

∷· 양자 키 분배 - BB84

찰스 베넷과 질 브라사르가 1984년에 개발한 양자 키 분배^{QKD}를 위한 BB84를 소개할 것이다.

지금까지 양자 역학의 속성에 대해서 배웠으므로 이제는 양자 채널을 통해서 비트(좀 더 정확히는 양자 비트)를 분배하는 기술을 살펴볼 것이다.

큐비트라고 하는 양자 비트가 무엇인지 설명하려면 큐비트에 의해서 전달되는 '양자 단위 정보'에 대해서 언급해야만 한다. (0)과 (1)과 같은 전통적인 비트와 마찬가지로 큐비트는 계산과 연산을 위한 수학적인 개체다.

큐비트를 정의하기 위해서 단위 길이의 2차원 복소수 벡터 공간을 사용할 것이다. 그러면 큐비트를 2차원 공간 내에서 작용하는 단위 벡터라고 말할 수 있다. 그리고 큐비트를 앞 절에서 살펴본 양자 얽힘 실험의 편광된 광자라고 생각할 수 있다. 큐비트를 표현하기 위한 '브라-켓'(|0>과 |1>) 표기법에 대해서 앞서 설명했다.

양자 역학의 수학에 너무 깊이 들어가지는 않겠지만 큐비트의 일부 속성을 설명하려면 조금 더 깊이 들어갈 필요가 있다. 큐비트와 같은 어떤 요소가 정보를 전달한다면 그것은 계산 과정의 한 형태와 관련이 있다고 할 수 있으며 양자 역학 관점에서는 그것을 양자 컴퓨팅이라고 할 수 있다. 이 개념에 대해서는 이후에 양자 컴퓨팅을 설명할 때 다시 살펴볼 것이다. 그림 8.10은 큐비트의 기하학적 표현을 이해하기 위한 그림이다.

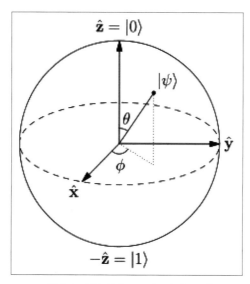

그림 8.10 블록 구체 – 큐비트의 기본 표현

지금까지 사용돼 온 튜링^{Turing} 머신과 람다^{Lambda} 미적분학을 기반으로 한 모든 전통적인 비트 연산과 양자 컴퓨팅의 차이는 매우 크다. 양자 컴퓨팅(큐비트를 이용한 컴퓨팅)은 중첩과 얽힘 속성에 의존한다. 중첩에 대해서 살펴볼 때 설명했듯이 (0)이나 (1) 중 하나의 상태만 가질 수 있는 일반 비트와 달리 큐비트는 (0)과 (1) 상태를 동시에 가질 수 있다. 큐비트는 그림 8.11과 같이 수학적으로 표현할 수 있다.

$$|0\rangle = \begin{pmatrix} 1 \\ 0 \end{pmatrix}$$

$$|1\rangle = \begin{pmatrix} 0 \\ 1 \end{pmatrix}$$

그림 8.11 큐비트의 수학적인 표현

큐비트를 단위 벡터로 간주하면 다음과 같이 표현할 수 있다.

```
|ψ> = a |0> + b |1>
```

|a|와 |b|는 복소수이고 그 합은 다음과 같다.

```
|a| + |b| = 1
```

즉 합이 (1)이라는 것만 알 뿐 광자가 어떤 중첩 상태가 될지는 알 수 없기 때문에 계수 |a|와 |b|의 값은 예상할 수 없다.

지금까지의 지식만으로 양자 키 분배를 위한 알고리듬은 충분히 설명할 수 있다.

양자 미적분과 큐비트 연산의 기본적인 개념을 살펴봤으므로 이제는 양자 키 전송 알고리듬을 살펴볼 준비가 됐다.

1단계 - 양자 채널 초기화

앨리스와 밥은 메시지를 교환하기 위해서 양자 채널과 전통적인 채널이 필요하다. 양자 채널은 광자를 전송할 수 있는 채널이다. 그리고 외부 환경으로부터 보호돼야 한다는 특징을 갖고 있다. 즉 어떤 외부 세계로부터의 개입이 차단돼야 한다. 입자의 중첩과 얽힘이 만들어지려면 고립된 환경이 필요하기 때문이다.

전통적인 채널은 앨리스와 밥이 메시지를 교환할 수 있는 일반적인 인터넷이나 전화 회선을 의미한다.

이브(공격자)는 전통적인 채널을 도청할 수 있고 앨리스와 밥처럼 광자를 보내고 감지할 수 있다고 가정하자.

시스템의 흥미로운 부분은 앨리스와 밥이 키를 교환하는 양자 채널이다. 따라서 양자 채널에서 어떤 일이 일어나는지 관찰할 것이다. 그다음에는 전통적인 채널을 통해서 메시지를 전송하는 것과 관련해서 몇 가지 고려 사항을 살펴볼 것이다.

2단계 - 광자 전송

앨리스는 밥에게 비트열을 전송하기 시작한다. 전송되는 각 비트는 임의로 선택된 베이스에 의해서 인코딩된다.

각 비트를 인코딩하기 위한 베이스는 두 가지가 있을 수 있다.

```
B1 = {|↑>, |→>}
```

그리고

```
B2 = {|↖>, |↗>}
```

앨리스가 임의로 선택한 것이 B1이면 비트의 값이 다음과 같이 인코딩된다.

```
B1:    0 = |↑>, 1 = |→>
```

앨리스가 임의로 선택한 것이 B2면 비트의 값이 다음과 같이 인코딩된다.

```
B2: 0 = |↖>, 1 = |↗>
```

앨리스가 광자를 전송할 때마다 밥 또한 B1과 B2 중 하나를 임의로 선택해서 광자를 측정한다. 밥은 자신이 사용한 측정 기준을 기반으로 앨리스가 보낸 광자를 (0) 또는 (1)로 기록한다.

밥은 측정을 완료한 후에 기록한 값을 비밀로 유지한다. 그런 다음 그는 각각의 광자를 측정하기 위해서 사용한 베이스(B1 또는 B2) 정보를 전통적인 채널로 전달한다. 이때 편광 정보는 전달하지 않는다.

3단계 - 공유키 결정

앨리스는 밥이 전달한 것을 보고 밥이 광자의 편광을 측정하기 위해서 사용한 베이스 중 올바른 것이 무엇인지 밥에게 전달한다. 앨리스와 밥은 서로 동일한 베이스를 선택한 비트만 유지하고 나머지는 모두 버린다. 선택할 수 있는 베이스가 B1과 B2 두 가지뿐이기 때문에 앨리스와 밥은 전송되는 비트의 약 절반 정도에 대해서 서로 동일한 베이스를 선택할 것이다. 그렇게 남은 비트열을 공유키로 사용한다.

예를 들어 앨리스가 다음과 같은 비트열을 전송한다고 가정해보자.

```
[0, 1, 1, 1, 0, 0, 1, 1]
```

각 베이스에 대한 편광은 다음과 같다.

```
B1:    0 = |↑〉, 1 = |→〉
B2:    0 = |↖〉, 1 = |↗〉
```

앨리스는 각 비트에 대해서 베이스를 임의로 선택한다.

- 앨리스가 선택한 베이스: B1, B2, B1, B1, B2, B2, B1, B2

- 앨리스가 전송하는 비트: 0, 1, 1, 1, 0, 0, 1, 1

- 앨리스의 편광: |↑〉, |↗〉, |→〉, |→〉, |↖〉, |↖〉, |→〉, |↗〉

- 밥이 선택한 베이스: B2, B2, B2, B1, B2, B1, B1, B2

- 밥의 측정: |↖〉, |↗〉, |↖〉, |→〉, |↖〉, |↑〉, |→〉, |↗〉

- 일치하는 베이스: - |↗〉, - |→〉, |↖〉, - |→〉, |↗〉

- 일치하는 베이스의 비트: - 1 - 1, 0 - 1 1

- 공유키로 사용되는 비트: [1, 1, 0, 1, 1]

그림 8.12는 수행되는 작업을 나타낸 것이다.

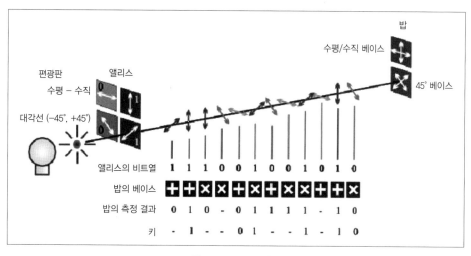

그림 8.12 QKD 수행 과정

그다음에는 두 키(앨리스의 키와 밥의 키)가 동일한지 여부만 확인하면 된다.

앨리스와 밥은 전체가 아닌 일부 비트에 대한 패리티 비트 체크만 수행하면 된다. 만일 클래식 채널을 통해서 전체적인 패리티 체크를 수행한다면 이브는 앨리스와 밥의 통신 내용을 보고 키를 훔칠 수 있다. 따라서 앨리스와 밥은 일부에 대한 체크만 수행하게 된다.

키의 크기가 1,100비트이고 그중에서 10%만을 체크한다고 가정해보자. 패리티 체크(특정 알고리듬에 의해 수행됨) 후에는 체크를 수행한 100비트는 버리고 나머지는 모두 유지한다. 이 방법을 통해 전송과 측정 과정에 오류가 없었으며 이브가 양자 채널로 전송되는 것을 관찰하려고 시도했는지 여부를 알 수 있다. 그 이유는 편광 방향을 가정하지 않고는 광자를 관찰할 수 없다는 양자 역학의 불확정성의 원리 때문이다. 만일 이브가 밥보다 먼저 광자를 측정한 상태에서 밥이 광자를 측정한다면 절반 정도는 제대로 된 값으로 측정이 되지 않을 것이다. 이브가 측정한 광자가 밥에게 도달되면 밥이 그것을 제대로 측정하게 될 확률은 25% 정도밖에 되지 않는다. 따라서 중간에 값을 가로채려고 시도할 수록 오류가 증가하게 된다. 그렇기 때문에 세 번째 단계 이후에 앨리스와 밥은 이브와 같은 스파이 행위를 감지할 수 있다.

그렇다면 이브가 키를 복원하는 것이 가능할까? 다른 말로 말하면, 이 알고리듬은 깨지지 않는 알고리듬일까?

이어지는 다음 절에서 이 질문에 대한 답을 찾아보자.

⫶ 공격 분석과 기술적인 이슈

이 알고리듬을 처음 설명할 때 이브는 밥과 앨리스와 동일한 계산 능력을 갖고 있고 밥과 앨리스 사이의 대화를 감시할 수 있다고 가정했다.

그렇다면 이브가 양자 컴퓨터를 갖고 있고 광자의 편광을 감지할 수 있는 모든 장비를 갖고 있다면 이 알고리듬을 깰 수 있을까?

이브가 비교할 수 없는 계산 능력을 갖고 있고 양자 채널과 전통적인 채널을 도청할 가능성이 있다면 과연 이브가 무엇을 할 수 있는지 살펴보자.

이브는 밥과 동일한 상황(광자를 전달받는 입장)에 있다고 할 수 있다.

앨리스가 밥에게 광자를 양자 채널로 전달하더라도 밥에 전달되기 전에 누군가가 전체 비트열을 캡처할 수 있다면 키를 구성하는 비트를 모두 수집할 수 있을 것이라고 가정할 수 있다. 이브가 100% 정확한 측정을 할 수 있다면 이 가정은 유효하겠지만 키의 길이가 1,000비트 이상이라면 이야기가 달라질 수 있다. 또한 앨리스와 밥은 이브의 공격을 알아차리게 될 것이다.

무슨 일이 일어날 수 있는지 분석해보자. 앨리스가 |→⟩ 편광으로 광자를 전송하고 밥은 앨리스와 동일한 베이스(B1)를 사용한다고 가정해보자. 이때 이브가 동일한 베이스(B1)을 사용한다면 이브의 측정에 의해서 편광은 변경되지 않을 것이고 밥은 광자의 상태를 올바로 측정하게 될 것이다. 하지만 이브가 B2를 사용한다면 동일한 확률로 |↘⟩ 또는 |↗⟩로 광자의 상태가 측정될 것이다. 그리고 밥에게 전달되는 광자는 올바로 |→⟩로 측정될 확률이 절반으로 줄어들 것이다. 이브가 광자를 올바로 측정하기 위해서는 두 가지 중 하나를 올바로 선택해야 한다면 점을 감안한다면 밥이 광자를 올바로 측정하게 될 확률은 25%에 불과하게 된다.

즉 이브가 광자를 측정하기 위한 시도를 할 때마다 앨리스와 밥 사이의 통신에서 오류가 발생할 확률이 증가하게 된다. 따라서 앨리스와 밥은 패리티 비트에 대한 체크를 수행해서 오류를 감지할 수 있고 결국 공격이 시도되고 있음을 알게 될 것이다. 그런 경우 앨리스와 밥은 둘 사이의 통신 프로토콜 절차를 반복적으로 수행해서 공격을 회피하려고 할 것이다.

이론적으로 이 시스템이 취약하지 않다는 주장에는 동의하지만 양자 메시지 전송이 아니라 양자 키 교환이기 때문에 결국은 부분적인 해결책뿐이라는 말에도 동의한다. 이론적으로 취약하지 않다고 말한 이유는 하이젠베르크^{Heisenberg}의 불확정성의 원리에 의해서 앨리스와 밥은 공격을 감지할 수 있기 때문이다. 하지만 **중간자 공격**으로 키를 알아낼 (이브는 자신을 밥으로 가장해서) 수는 없더라도 앨리스와 밥 사이의 키 교환을 차단할 수 있고 두 사람이 반복적으로 키 교환 작업을 수행하도록 만들 수는 있다.

NSA의 문서(https://www.nsa.gov/Cybersecurity/Quantum-Key-Distribution-QKD-and-Quantum-Cryptography-QC/)에서 QKD와 관련된 몇 가지 약점과 그것을 구현하는 것이 권장되지 않는 이유에 대해 읽을 수 있을 것이다.

중요한 점은 NSA의 우려가 그런 시스템을 실제로 구현할 가능성과 관련이 있는 것인지 또는 해커나 기타 나쁜 사람들이 그런 강력한 시스템을 이용할 수 있는 가능성과 관련이 있는 것인지를 이해하는 것이다.

NSA의 문서에서는 실제 환경에서 QKD 구현과 관련된 몇 가지 문제점을 언급하고 있다.

- **QKD는 부분적인 솔루션일 뿐이다**: 프로토콜이 두 행위자 간에 인증을 제공하지 않는다고 가정한다면, 양자 보안의 장점을 이용할 수 없는 **비대칭키 암호화**(디지털 서명)를 이용해서 앨리스와 밥을 식별해야 한다. 이 문제는 양자 디지털 서명을 구현하는 것이 가능하다면 인증을 위한 양자 알고리듬을 적용해서 해결할 수 있다. 하지만 불행하게도 현재의 기술 수준에서는 양자 알고리듬에 의한 식별과 메시지 부인 방지는 고전적인 알고리듬의 결정론적 디지털 서명과는 거리가 먼 확률론적 결과만을 제공할 뿐이다. 또 다른 해결책으로는 MAC(대칭키 알고리듬을 인증)을 사용하는 것이지

만 그것은 미래에는 양자 저항성을 갖지 못한다고 판별될 가능성이 있다.

- **비용과 특수 장비**: 이 문제는 높은 비용과 구현 문제와 관련이 있으며, 양자 시스템은 기존의 네트워크 장비와의 통합이 어렵다는 문제점이 있다.

- **보안 및 검증**: 이 문제는 양자 시스템을 구현하기 위한 하드웨어와 관련이 있다. QKD를 위해서 사용되는 특별하고 정교한 하드웨어는 취약성에 노출될 수 있다.

- **서비스 거부 공격의 위험성**: 이는 아마도 QKD의 가장 큰 우려 사항일 것이다. 앞서 언급했듯이 이브는 반복적으로 양자 채널에 대한 공격을 수행해서 앨리스와 밥이 공유키를 결정할 수 없게 만들 수 있다.

앞서 살펴본 바와 같이 QKD는 오류가 없는 것은 아니다. 실제로 누군가가 시스템을 손상시킬 수 있는 가능성은 희박하게 존재한다.

> **NOTE**
>
> QKD는 암호화 전송 알고리듬의 일부일 뿐이다. 시스템의 두 번째 부분은 메시지 [M]을 전송하는 데 사용되는 암호화 알고리듬이다.

이는 양자 암호화의 진화에 있어서 출발점이라고 할 수 있다. 시스템이 완전해지려면 양자 채널을 통한 메시지 [M]의 전송이 보장돼야 하지만 그것을 위해서는 또 다른 양자 알고리듬이 필요하기 때문이다. 또한 양자 인증 프로토콜은 여전히 해결되지 않고 있다.

QKD는 **D-H**로 비유할 수 있고 **양자 메시지 전송 시스템**은 **RSA**에 비유할 수 있다.

고전적인 암호화 방식으로 메시지를 전송할 때는 다양한 선택을 할 수 있다. 이론적으로 안전한 **버냄**(1장 참고)을 이용하거나 다른 대칭키 알고리듬을 이용하면 된다. 다시 말하지만, 현재는 고전적인 수학 문제와 독립적이고 자율적인 완전한 양자 기반의 암호화 시스템에 의존하지는 않는다.

QKD 알고리듬으로 돌아가서, 양자 컴퓨터가 있더라도 왜 그것을 이론적으로 깰 수 없는지 그 이유를 알아내야 한다.

만일 공격자가 양자 암호화로 생성된 키를 해독한다면 그것은 양자 역학 전체에 치명적일 수 있다. 왜냐하면 양자 역학이 장점으로 내세우고 있는 공리 중 하나인 불확정성의 원리가 깨지게 되기 때문이다. 그런 일이 발생한다면 양자 역학의 이론적인 기둥과 그에 상응하는 물리학적, 철학적 의미가 충격을 받아서 아마도 양자 역학의 전체 구조를 변경하는 과정에 진입하게 될 것이다.

미래의 누군가가 앨리스의 전송 지점과 밥의 측정 지점 사이를 통과하는 광자가 실제로 무작위이지만 사전에 결정된 체계를 따른다는 것을 발견했다고 가정해보자. 그리고 해당 체계가 π 또는 피보나치Fibonacci 수열이라고 가정해보자. 그런 경우 비트는 사실상 무작위처럼 보이지만 이브는 자신이 채택할 편광 체계를 예측할 수 있을 것이다.

예를 들어 '1415'와 같은 일련의 숫자가 π의 체계를 따른다는 것을 인식하게 되면 어떻게 될까?

다음 코드에서 볼 수 있듯이 π는 숫자 3 다음의 소수점 이하가 '1415'....로 시작하는 무한한 수로 구성된다.

```
π = 3.14159265358979323846264338327950288419716939937510582097
    49445923078164062862089986280348253421170679821480865132823066
    47093844609550582231725359408128481117450284102701938521105559
    64462294895493038196442881097566593344612847564823378678316527
    120190…
```

계속해서 π를 구성하는 숫자를 따라가 보면 1415 이후의 다른 모든 숫자(92653589…)를 볼 수 있다.

의심할 여지없이 나는 QKD가 불완전한 알고리듬이라는 NSA의 보고서에 동의한다. QKD 알고리듬에는 메시지 [M]을 암호화해서 양자 채널로 전송하는 부분이 빠져 있다. (양자 채널을 통해서) 키를 교환한 후 고전적인 암호화 알고리듬을 사용해서 메시지를 암호화해야 하기 때문에 고전적인 암호화에 의존하고 있다.

나는 항상 하이브리드 체계를 반대해 왔기 때문에 양자 암호화 알고리듬이 양자 메시지 전송 시스템에 유효할 것이라고 예상했다. 그렇게 만든 알고리듬이 **QMB21**이며, 양자 암호화 전송의 표준이 되기를 기대한다. 특허와 관련된 문제 때문에 여기서는 해당 알고리듬을 설명하는 것은 불가능하다. 곧 이 새로운 알고리듬에 대한 자세한 내용으로 이 책을 업데이트할 수 있기를 희망한다.

지금까지 양자 암호 키 배포에 대해서 살펴봤으므로 이제는 양자 컴퓨팅의 성능이 향상됐을 때 어떤 작업을 수행할 수 있는지에 대해서 알아볼 것이다.

⠿ 양자 컴퓨팅

이번 절에서는 **양자 컴퓨팅**과 **양자 컴퓨터**에 대해서 살펴볼 것이다. 양자 컴퓨팅은 양자 시스템으로 표현되는 계산 능력을 말하는 것이고, 양자 컴퓨터는 하드웨어와 소프트웨어로 구성된 양자 시스템의 물리적인 구현이다. 양자 컴퓨터에 대한 최초의 아이디어는 1982년 리차드 파인만$^{Richard\ Feynman}$이 제안했다. 그 후 1985년에 데이비드 도이치$^{David\ Deutsch}$가 최초의 이론적 모델을 만들었다. 이 분야는 지난 수십 년 동안 큰 발전을 이뤘다. 몇몇 민간 기업은 새로운 양자 컴퓨터 모델을 만들어서 구현을 위한 실험을 시작했다. 그중 **D-웨이브스**$^{D-Waves}$와 **리게티 컴퓨팅**$^{Righetti\ Computing}$과 같은 기업은 양자 컴퓨터와 관련 소프트웨어의 연구 개발을 위한 수백만 달러의 자금을 유치했다.

그림 8.13 D-웨이브스 양자 컴퓨터

이미 알고 있겠지만, 일반 컴퓨터는 비트로 작동하고 양자 컴퓨터는 큐비트로 작동한다. 앞서 살펴봤듯이 큐비트는 (0)과 (1)의 상태를 동시에 가질 수 있다는 특별한 특징을 갖고 있다. 그런 특징만으로도 양자 컴퓨터는 일반 컴퓨터보다 더 큰 계산 능력을 갖고 있다고 볼 수 있다.

일반 컴퓨터는 결과에 도출할 때까지 각각의 작업을 하나씩 수행한다. 하지만 양자 컴퓨터는 동시에 많은 작업을 수행할 수 있다. 또한 많은 큐비트가 얽힘 상태로 함께 연결될 수 있다. 다양한 얽힘 상태의 큐비트의 조합으로 새로운 중첩 상태가 만들어져서 양자 컴퓨터는 일반 컴퓨터에 비해 기하급수적으로 계산 능력을 높일 수 있다. 따라서 큐비트의 수가 증가하면 컴퓨터의 병렬 처리뿐만 아니라 기하급수적인 계산 능력을 가질 수 있다. 즉 n 큐비트는 기존 비트에 비해서 2^n 배 정교한 정보를 만들어 낼 수 있다.

예를 들어 중첩 또는 얽힘 상태에서 8큐비트는 0에서 255 사이의 숫자를 동시에 나타낼 수 있다. 이것은 $2^8 = 256$이기 때문에 매번 256개의 구성이 가능하며 이진법으로 표현하면 다음과 같다.

```
0 = (0)2 -----> 255 = (11111111)2
```

양자 컴퓨터는 특히 암호학에 있어서 두 가지 특정 문제인 인수 분해 문제와 빅데이터 검색에 있어서 우월성을 보인다.

위 두 가지 문제는 고전적인 컴퓨터에서는 매우 해결하기 어려운 것으로 간주된다. 예를 들어 RSA 알고리듬과 기타 다른 암호화 알고리듬들은 단방향 함수의 특성을 제공하는 인수 분해 문제에 의존한다. 하지만 커뮤니티에서 지속적으로 제기되는 질문은 "풀기 어렵다고 간주되는 문제를 해결할 수 있을 만큼의 충분한 큐비트를 양자 컴퓨터가 갖게 된다면 고전적인 암호화가 얼마나 오래 저항할 수 있는가?"다.

이 질문에 대한 답을 제시하기에 앞서 양자 컴퓨터의 잠재력을 알아보고 그것으로 무엇을 할 수 있는지 살펴볼 것이다.

앞에서도 언급했듯이 양자 컴퓨터는 선형 조합의 모든 상태를 동시에 표현할 수 있다. 그런 의미에서 양자 컴퓨터를 사실상 거대한 상태 조합을 병렬로 계산할 수 있는 거대한 병렬 컴퓨팅 기계라고 할 수도 있다.

양자 컴퓨터가 무엇을 할 수 있는지 이해하기 위해서 3개의 입자로 예를 들어보자. 첫 번째 입자는 방향이 1이고 나머지 2개는 방향이 0이라면 그것을 다음과 같이 나타낼 수 있다.

```
|100>
```

양자 컴퓨터는 |100>을 입력으로 받아들여서 어떤 출력을 만들어 낼 수도 있지만 다음과 같이 동시에 세 입자의 정규화된 조합(길이=1)을 입력으로 받아들일 수 있다.

```
1/√3(|100>  +  |100>  +  |100>)
```

결과적으로 상태 조합에 대해서 단 한 번의 작업만으로 출력을 만들어 낼 수 있다.

양자 컴퓨터는 측정이 발생할 때까지는 광자가 하나의 상태에 있는지 아니면 여러 조합의 상태에 있는지 알 수 없다(불확정성의 원리).

동시에 선형 상태의 조합을 만드는 능력은 양자 컴퓨터의 양자 우월성을 제공한다.

기존 컴퓨터(지구상에서 가장 강력한 슈퍼컴퓨터라고 할지라도)에는 비트열이 입력으로 들어가고 (비록 수십억 개의 작업을 병렬 처리하더라도) 비트열 형태의 출력을 만들지만 다음과 같은 형태의 입력은 받아들일 수 없다.

```
1/C ∑ |x>
```

여기서 C는 가능한 모든 입력 상태의 정규화 계수 값이며 다음과 같은 형태의 출력을 만들어 낸다.

```
1/C ∑ |x,f(x)>
```

여기서 |x,f(x)>는 |x|보다 긴 비트의 연속이며 |x|와 f(x)를 나타낸다.

이 개념을 이해하려면 어떤 비트의 합 (C)가 있고 그 합에는 중첩으로 인한 모든 (m) 큐비트의 상태가 숨겨져 있다고 생각해야 한다. 따라서 (C)는 큐비트가 동시에 가질 수 있는 모든 상태의 수를 나타낸다고 말할 수 있다.

이는 정말로 환상적이라고 생각할 수 있다. 하지만 문제가 있다. 그것은 바로 측정이다. 양자 계산을 측정하게 되면 단 하나의 상태로 고정되고 그것은 무작위성에 의해서 통제된다는 사실을 살펴봤다. 따라서 시스템을 다음과 같은 상태를 나타내도록 강제할 수 있다.

```
|x0,f(x0)>
```

이는 무작위로 선택된 x0 값에 대한 것이므로 다른 모든 상태는 파괴될 것이다.

이 경우 양자 계산이 매우 높은 확률로 원하는 출력 결과를 제공하도록 양자 컴퓨터를 프로그래밍하는 것이 가능하다.

양자 알고리듬을 구현하는 과정을 이해하기 위해서 고전 암호학의 상당 부분을 무력화할 수 있다고 보이는 쇼어 알고리듬에 대해서 살펴보자.

쇼어 알고리듬

데이비드 도이치(양자 컴퓨팅의 아버지 중 한 사람)는 최근 인터뷰에서 "양자 컴퓨팅 커뮤니티에서는 다중 우주 가설을 어떤 식으로 인식하나요?"라는 양자 중첩의 철학에 대한 질문을 받았다.

데이비드는 질문에 대한 답으로 양자 암호에 대해서 언급했다. 특히 그는 인수 분해 문제를 통해서 다중 우주의 존재를 설명하려고 했다. 데이비드의 답변은 다음과 같았다.

> 2개의 큰 소수를 곱한 10,000자리 정수를 인수 분해한다고 상상해 보세요. 어떤 전통적인 컴퓨터도 해당 숫자를 소인수의 곱으로 표현할 수 없습니다. 우주에 있는 모든 물질을 슈퍼 컴퓨터로 변환해서 우주의 나이와 같이 오랜 시간 동안 작업하더라도 인수 분해 문제의 표면

도 긁지 못할 것입니다. 대신 양자 컴퓨터는 몇 분 또는 몇 초 안에 그 문제를 풀 수 있어야 합니다. 그것이 어떻게 가능할까요?

유아론자(solipsist)가 아니라면 그 해답이 어떤 물리학적 과정과 연결돼 있다는 것을 인정해야 합니다. 우리는 답을 얻을 수 있는 충분한 힘이 우주에 존재하지 않는다는 것을 알고 있으므로 우리가 직접 볼 수 있는 것과 비교되는 어떤 일이 일어나야 합니다. 이 시점에서 우리는 이미 다중 우주(중첩)의 구조를 받아들인 것입니다.

양자 컴퓨터가 작동하는 방식(도이치의 설명)**은 다음과 같다.**

우주는 다중 우주로 진화했고 각각의 우주에서는 개별적인 하위 계산이 수행됩니다. 하위 계산의 수는 우리가 알고 있는 우주의 모든 원자의 수보다 훨씬 큽니다. 그리고 그 계산의 결과는 고유한 답을 얻기 위해서 서로 얽히게 됩니다. 다중 우주의 존재를 무시하는 사람은 인수 분해 과정이 어떻게 작동하는지 설명해야 합니다.

양자 계산 능력에 대해서 흥미로운 얘기를 살펴봤으니 이제는 쇼어의 알고리듬을 수학적, 논리적으로 분석해볼 차례다. 쇼어의 알고리듬은 양자 컴퓨터에서 일어나는 일을 실질적으로 표현한 것이다.

페르마의 마지막 정리에 의해서 **가설**hypothesis을 만들면 다음과 같다. 즉 다음을 만족하는 (a)와 (r)이라는 2개의 (사소하지 않은) 값을 찾을 수 있다는 것이다.

```
a^r ≡ 1 (mod n)
```

그렇다면 (n)을 인수 분해할 수 있는 가능성이 존재하게 된다.

무작위로 숫자 (a)를 선택해서 다음과 같은 일련의 계산을 수행할 수 있다.

```
1, a, a^2, a^3, ... , a^n (mod n)
```

논지[thesis]는 우리가 (r)이라고 하는 주기를 찾을 수 있다는 것이다. 즉 (a)에 대해서 (r) 번만큼 지수 연산을 수행할 때마다 다음의 연산의 결과가 (1)이 된다는 것이다.

```
a^r ≡ 1 (mod n)
```

따라서 높은 확률로 (n)을 인수 분해할 수 있는 (r)을 찾을 수 있도록 양자 컴퓨터를 프로그래밍하면 된다.

1단계 - 큐비트 초기화

다음 조건을 만족하는 숫자 (m)을 선택한다.

```
n^2 ≤ 2^m < 2^n
```

m = 9를 선택했다고 가정하면 상태가 모두 (0)으로 초기화된 9비트가 있다는 의미가 되고 수학적으로는 다음과 같이 표현한다.

```
m = 9 : |000000000>
```

비트의 축을 변경하면 첫 번째 비트를 |0>과 |1>의 선형 조합으로 변환할 수 있으며 다음과 같이 표현할 수 있다.

```
1/√ 2 (|000000000> + |100000000>)
```

브라켓에서 (m)개의 비트를 동일하게 변환해서 양자 상태로 만든다면 다음과 같이 된다.

```
1/√ 2^m (|000000000> + |000000001>+ |000000010> + . . . + |111111111>)
```

m = 9라면 2^m = 512가 된다. 즉 |000000000 = 0에서 |2^m-1> = |111111111> = 511까지 총 512개의 비트 조합이 만들어진다.

요약하면, m 큐비트의 모든 가능한 상태가 중첩된 형태가 된다. 이제는 표기법을 단순화하기 위해서 m 큐비트를 다시 기수로 표현할 것이다.

```
1/√ 2^m (|0> + |1>+ |2>+ . . . + |2^m-1>)
```

이는 앞선 식을 기수 형태로 표현한 것이다.

2단계 – 임의의 수 a 선택

이제는 다음 조건을 만족하는 임의의 수 (a)를 선택해야 한다.

```
1<a<n
```

양자 컴퓨팅은 다음 함수를 계산한다.

```
fx ≡ a^x (mod n)
```

그러면 다음과 같은 결과를 만들어 낸다.

```
1/√ m^2 (|0, a^0 (mod n)> + |1, a^1 (mod n)>+ |2, a^2 (mod n)>+
. . . + |2^m-1, a^2m-1 (mod n)>)
```

시각적으로 좀 더 보기 편하게 만들기 위해서 각 연산에 포함돼 있는 모듈러 n 연산을 제거해서 표현하면 다음과 같이 된다.

```
1/√ m^2 (|0, a^0 > + |1, a^1 >+ |2, a^2>+ . . . + |2^m-1, a^2m-1>)
```

다시 말하지만, 모든 연산이 (mod n)에 있지만 의미에 초점을 맞추고 살펴보기 위해서 생략했다.

하지만 지금까지의 상태 표현은 기존 컴퓨터에 비해서 더 많은 정보를 제공하지는 않는다.

이제는 이해를 돕기 위해서 예를 들어서 살펴볼 차례다.

n = 21(인수 분해하기 매우 쉬운 숫자)이라고 가정하자. 지금은 숫자의 크기는 중요하지 않다. 방법이 중요하다.

그리고 임의의 수 a = 11를 선택했다.

결국 11^x (mod 21)의 값을 계산하면 된다.

```
1/√ 512 (|0, 1> + |1, 11> + |2, 16> + |3, 8> + |4, 4> + |5, 2> + |6, 1>
+ |7, 11> + |8, 16> + |9, 8> + |10, 4> + |11, 2> + |12, 1> + |13, 11> +
|14, 16> + |15, 8> + |16, 4> + |17, 2>. . . . . . . . . . . .+
|508, 4> + |509, 2> + |510, 1> + |511, 11>)
```

1/√ 512 = 1/ C이고 C는 m = 2^9개의 상태에 대한 수식이다.

각 큐비트는 일련의 값 (a^x(mod 21))으로 구성된다. 예를 들면 다음과 같다.

```
|1, 11> ≡ 11^1  (mod 21) = 11
```

3단계 - 양자 측정

큐비트 상태의 두 번째 부분인 a^x만을 측정한다면 제어할 수 없는 상태로 붕괴된다. 하지만 시스템은 본질적으로 측정을 수행해야 한다. 사실 측정으로 인해서 전체 시퀀스가 임의의 베이스인 (x0)로 붕괴된다.

```
|x0, a^x0>
```

결국 시스템이 다음과 같은 상태를 표시할 수 있게 강제할 수 있게 된다.

```
|x0, f(x0)>
```

따라서 측정 이후에 시스템의 상태는 다음과 같이 하나의 베이스 (x0)에 고정(다시 말해, 숫자로 표현됨)된다.

```
x0 = 2
```

앞서 계산한 모든 a^x 값은 잊어버리고 값이 2인 경우만 골라서 강조 표시를 하면 다음과 같다.

```
1/√ 512 (|0, 1> + |1, 11> + |2, 16> + |3, 8> + |4, 4> + |5, 2> + |6, 1>
+ |7, 11> +
|8, 16> + |9, 8> + |10, 4> + |11, 2> + |12, 1> + |13, 11> + |14, 16> +
|15, 8> +
|16, 4> + |17, 2>. . . . . . . . . . . . .+ |508, 4> + |509, 2> + |510, 1> +
|511, 11>)
```

표기법을 단순화시키기 위해서 불필요한 부분인 큐비트의 두 번째 부분 (2)를 제거하면 다음과 같다.

```
1/√ 85 (|5> + |11> + |17>. . . . . . .+ |509>)
```

이때 85는 선택된 m 큐비트 수를 나타낸다.

이제 측정을 하면 x를 찾아 다음과 같이 쓸 수 있다.

```
11^x ≡ 2 (mod 21)
```

불행하게도, 이 정보는 유용하지 않다. 하지만 희망을 잃지 않길 바란다.

4단계 - 올바른 (r)의 후보 찾기

(n)을 인수 분해할 수 있도록 양자 컴퓨터를 프로그래밍했음을 상기하자. 목표를 달성하기 위해서는 다음을 만족하는 (r)을 찾아야 한다.

```
a^r ≡ 1 (mod n)
```

일반적으로 a^x (mod n)과 같은 함수를 다룰 때 (x)의 값은 a^r = 1 (mod n)에서 (r)이 주기인 것처럼 (x) 또한 주기를 의미한다.

따라서 주기의 마지막 요소는 다음과 같은 값으로 구성된다.

```
|5> + |11> + |17>. . . . . .+ |509>
```

결국 주기가 r = 6이라는 것을 알 수 있다.

따라서 다음 조건이 만족하는지 확인할 수 있다.

```
11^r ≡ 1 (mod 21)
11^6 ≡ 1 (mod 21)
```

따라서 r = 6은 우리가 찾고자 하는 값으로 좋은 후보라고 할 수 있다.

NOTE

> 이 예에서, r = 6이 함수의 주기임을 알 수 있지만 그것이 항상 계산하기 쉬운 것은 아니다. 함수의 주기를 알아내는 수학적 방법이 있다. 그것은 QFT(Quantum Fourier Transform)를 사용해 주기(존재한다면)를 알아내는 것이다. 쇼어의 알고리듬에 대해서 계속 살펴보고 싶다면 QFT를 설명하는 다음 절을 건너뛰고 쇼어의 알고리듬의 마지막 단계로 바로 이동하자. 그다음에 QFT를 설명하는 부분으로 돌아오면 된다.

⁞⁞⁞ 양자 푸리에 변환

푸리에 변환FT, Fourier Transform과 QFT에 대해서 조금 더 알아보자.

FT는 수학 함수이며, 음량과 주파수 측면에서 음악에서의 화음과 같다고 직관적으로 생각할 수 있다. FT는 원래 함수를 해당 함수에 존재하는 주파수의 양을 나타내는 함수로 변환할 수 있다. FT는 공간적 또는 시간적 주파수에 따라 달라지며 그것을 시간 도메인이라고 한다. 그림 8.14의 그래프처럼 탐지된 주파수로 표시된다.

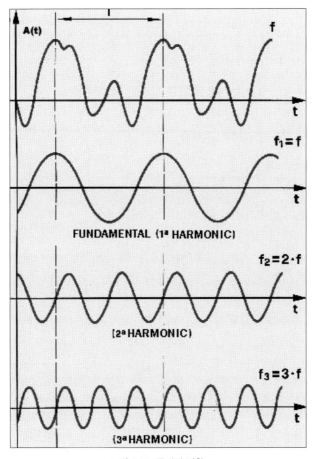

그림 8.14 푸리에 변환

어떻게 동작하는지 이해하기 위해 다음과 같이 산술적으로 연속된 숫자에 대한 FT의 예를 살펴보자.

```
1, 3, 7, 2, 1, 3, 7, 2
```

보다시피 처음 4개의 숫자(1, 3, 7, 2)가 두 번 반복되는 수열이다.

따라서 다음과 같이 두 부분으로 나눌 수 있다.

```
1,3,7,2 | 1,3,7,2
```

그러면 전체 길이가 8이고 주기가 4라고 말할 수 있다.

길이를 주기로 나누면 주파수 (f)가 된다.

```
f = 8/4 = 2
```

이 경우 f = 2는 주기가 반복되는 횟수를 나타낸다.

이제 FT의 일반 규칙에 대해서 알아보자. 임의의 정수 m에 대해서 길이가 2^m인 연속적인 수가 있다고 가정해보자.

```
[a0, a1, ...., a2^m-1]
```

그러면 FT를 다음과 같은 수식으로 정의할 수 있다.

$$FT(X) = 1/\sqrt{2^m} \sum_{c=0}^{2^m-1} e^{\wedge}(2\pi icx/2^m)\, ac$$

그리고 수식의 일부분을 j라고 정의할 수 있다.

```
j = e ^ (2πicx/2^m)
```

x 값의 범위는 다음과 같다.

```
0 ≤ x < 2^m
```

FT의 수식을 이용하면 특정 파라미터가 입력됐을 때의 주파수를 알아낼 수 있다.

예를 들어 cx = 1이고 m = 3이라고 가정하면 j는 다음과 같다.

```
j = e^(2πi/8)
```

식에서 서로 다른 x 값들을 j로 대체해서 FT(1)을 분해하면 다음과 같다.

```
√ 8 FT(1) = 1+ 3j + 7j^2 + 2j^3 + j^4 + 3j^5 + 7j^6 + 2j^7 = 0
```

결국 연속된 값들에 대한 부분이 제거되므로 다음과 같다.

- x = 0인 FT(X0) ---> e^0 = 1, FT(X0) = 1

- x = 4인 FT(X4) ---> e^πi = -1, FT(X4) = -1

j^4 = -1이면 모든 항이 삭제되고 FT(1) = 0이 된다.

FT(0)인 경우 분자를 모두 더한 결과는 수열의 모든 수를 합한 결과에 대응된다.

```
1 + 3 + 7... + 2 = 26
```

계속해서 다른 FT값들을 계산해보면 다음과 같다.

```
FT(0) = 26/√ 8              FT(2) = (-12 +2i) /√ 8
FT(4) = 6/√ 8               FT(6) = (-12 -2i) /√ 8
```

그리고 FT(1) = FT(3) = FT(5) = FT(7) = 0이 된다.

이를 통해서 이 예의 시작 부분에서 추론한 부분을 확인할 수 있다. 즉 수열 1, 3, 7, 2, 1, 3, 7, 2에서 함수의 피크는 0이 아닌 주파수 값인 2의 배수에 대응된다.

이 결과는 곧 보게 되겠지만 함수의 주기를 발견하는 쇼어의 알고리듬에서 매우 유용하게 사용된다.

하지만 우리는 양자 컴퓨터를 위한 알고리즘을 프로그래밍하길 원하기 때문에 양자 알고리듬에 맞도록 조정된 버전의 FT가 필요하다.

QFT는 쇼어의 알고리듬에서 주기 (r)을 찾기 위해서 주파수를 감지하는 데 필요하다. QFT는 베이스 상태 |X⟩로 정의된다(0 ≤ x < 2^m).

$$QFT(|X\rangle) = 1/\sqrt{2^m} \sum_{c=0}^{2^m-1} e^{\wedge}(2\pi icx/2^m)\,|c\rangle$$

보는 바와 같이 FT와 QFT의 수식은 매우 비슷하다.

QFT는 양자 환경에서 동작하기 때문에 FT의 파라미터 c가 양자 상태 |c⟩로 표현된다는 점이 다르다. 물론 X의 경우도 |X⟩로 표현된다.

쇼어의 알고리듬의 예제로 돌아가서, QFT를 적용하면 주파수를 찾을 수 있다.

```
QFT (1/√ 85 (|5> + |11> + |17>. . . . . . .+ |509>))
```

다음의 결과를 얻을 수 있다.

```
1/√85 ∑ g(c) |c>
```

c는 0에서 511의 값을 갖는다.

$$g(c) = 1/\sqrt{512} \sum_{0 \le x \le 512} e^{\wedge}(2\pi icx/512)$$

FT의 값은 다음과 같이 된다.

```
0,0,0,0,0,1,0,0,0,0,0,1..... 0,0,0,0,0,1,0,0
```

시각적으로 반복되는 부분을 나눠서 표현하면 다음과 같다.

```
0,0,0,0,0,1 |0,0,0,0,0,1 |..... 0,0,0,0,0,1 |,0,0
```

결국 주파수는 512/6 ~ 85 정도가 된다.

고점과 저점이 있는 이 정현파 함수^{sinusoidal function}에서 관심을 가져야 하는 점은 다음과
같다.

```
c = 0, 85, 171, 256, 314, 427
```

우리는 427이 우리가 찾고 있는 주파수의 배수라고 예상한다.

```
427 ~ j f0
```

다음이 참이라면,

```
427/512 ~ 5/6
```

결국 주기는 r = 6이 된다.

NOTE

> 여기서는 쇼어의 알고리듬에 QFT를 적용할 수 있는 가능성을 보여 주기 위해서 r = 6이라는 결과에 도
> 달하게 되는 모든 수학적인 부분을 설명하지 않았다. QFT에 대해서 보다 자세한 사항은 IBM Quantum
> Lab 프로젝트의 학습 세션(https://learn.qiskit.org/course/ch-algorithms/quantum-fourier-
> transform)을 참고하기 바란다.

이제 QFT가 무엇을 하고 그것을 쇼어의 알고리듬에서 어떻게 사용하는지 알았으니 양
자 알고리듬으로 인수 분해를 수행해보자.

5단계 - 인수 분해(n)

쇼어의 알고리듬의 마지막 단계에서는 **최대 공약수**^{GCD, Greatest Common Divisor}를 이용해서
(r)로부터 (n)의 두 인수를 구한다.

고등학교에서 배운 것을 상기해보면 GCD는 두 숫자 사이의 가장 큰 양의 공약수를 의미한다. GCD는 분수를 기약 분수로 만들 때도 사용된다.

매스매티카 소프트웨어는 2개의 정수에 대한 GCD를 구하는 기능을 제공한다.

r = 6이고 n = 21일 때 GCD는 다음과 같다.

```
In[01]: = GCD[21, 6]
Out[01]: = 3
```

즉 (21)과 (6)의 GCD인 GCD[21,6]의 결과는 (3)이 된다.

그리고 분수를 약분하기 위해서 21과 6을 3으로 나누면 7과 2가 된다.

```
In[02]: = 21/6
Out[02]: = 7/2
```

결국 21 = 7*3임을 알 수 있다.

쇼어 알고리듬에 대한 참고 사항

피터 쇼어Peter Shor는 양자 컴퓨터가 실제로 실험되고 만들어지기 전에 이 알고리듬을 발표했다. 여기서는 양자 컴퓨터에서 인수 분해를 수행하는 것이 어떻게 이론적으로 가능한지에 대해서 예를 들어 설명했지만, 아직까지는 이 알고리듬을 확장 가능한 방식으로 수행할 수 있는 컴퓨터는 존재하지 않는다.

게다가 쇼어의 알고리듬은 결정론적이지 않다. 그럼에도 일반적으로 몇 단계를 거치면 (처음 찾은 후보가 버려지는 경우) (n)을 인수 분해하기에 적합한 후보를 찾을 수 있는 확률을 제공한다.

반대의 관점에서 본다면 확장 가능한 양자 컴퓨터가 구현돼 미래에 이 알고리듬을 실행할 준비가 된다면 아마도 고전적인 암호화의 종말을 맞이하게 될 것이다.

이제는 양자 컴퓨터가 쇼어의 알고리듬을 수행할 수 있는 충분한 큐비트를 갖춘다면 기존 암호화는 어떻게 될 것인가에 대한 답을 제시할 시간이 됐다.

이에 대한 답을 위해서 다음 절의 **양자 내성 암호화**post-quantum-cryptography에 대해서 알아보자.

⫶⫶ 양자 내성 암호화

양자 내성 암호화는 양자 컴퓨팅에 대한 내성이 있다고 간주될 수 있다는 사실을 제외하면 양자 암호화와 아무런 관련이 없다. 양자 내성 암호화는 양자 컴퓨팅에 대한 내성을 갖고 있는 고전적인 알고리듬을 의미한다.

만일 양자 컴퓨팅이 충분한 수의 큐비트로 표현되고 양자 컴퓨팅을 수행할 수 있는 적절한 하드웨어에서 구현된다면 이 책에 논의된 많은 알고리듬이 깨질 수 있다. 하지만 현재의 양자 컴퓨터는 많은 공간을 차지하고 여러 구성 요소(대부분은 큐비트를 얽힘 상태로 유지시키기 위해서 영하의 온도를 유지하는 역할을 담당)로 구성된 하드웨어를 통해서 동작한다. 하지만 하드웨어의 크기가 줄어들고 계산 능력이 증가한다면, RSA와 D-H, Schnorr 프로토콜, 대부분의 영지식 프로토콜은 1시간에서 며칠 사이에 깨지게 될 것이다. 또한 대부분의 타원 곡선 알고리듬도 취약해질 것이다.

2021년 2월에 발표된 **유럽 사이버 보안 위원회**ENISA, European Commission for Cybersecurity의 문서에 따르면 일부 알고리듬은 양자 컴퓨팅에 대한 내성을 제공할 수 있다.

해당 위원회는 양자 컴퓨팅의 출현에 대해 다음과 같이 언급했다.

> "양자 컴퓨팅에 미리 대비하는 것이 중요하다. 더 심각한 문제는 5년, 10년 또는 20년 후에 공격자가 대규모의 양자 컴퓨터를 이용한다면 현재 가로채서 저장해 둔 암호화된 통신 데이터를 해독할 수 있다는 점이다(이를 소급 복호화 공격이라고 함)."

이전에 NIST에서 평가한 바에 따르면 양자 컴퓨팅에 탄력적인 것으로 알려진 알고리듬의 범주는 다음과 같다.

- **AES**: 3장에서 살펴본 이 알고리듬은 양자 내성을 갖는 좋은 알고리듬 후보라 간주된다.

- **해시 함수**: 해시 함수에 대해서는 4장에서 살펴봤다.

- **코드 기반의 암호화**: 이는 매켈리스McEliece의 제안에 기반한 오류 수정 코드 기술을 사용한다.

- **동질성isogeny 기반의 암호화**: 이는 유한 필드의 타원 곡선상의 점을 더해 가는 것을 기반으로 하는 암호화다.

- **격자lattice 기반의 암호화**: 격자 기반의 암호화 알고리듬 중에서 NTRUN-th degree Truncated polynomial Ring Units 알고리듬은 아마도 손에 꼽게 우수한 양자 내성 암호화 알고리듬 후보 중 하나일 것이다.

이 알고리듬들은 수학과 암호 분석에 대한 평가를 기반으로 양자 내성을 갖추고 있다고 간주된다. 하지만 일부 회의적인 의견이 커뮤니티에 퍼지기도 하는데 대부분은 문제를 최소화시키겠다는 발표로 진정되는 경우가 많다.

⠿ 요약

8장에서는 양자 암호화에 대해서 다뤘다. 양자 역학의 기본 원리와 토대에 대해서 설명하고 QKD에 대해서 자세히 살펴봤다.

그다음에는 양자 컴퓨팅과 쇼어의 알고리듬의 잠재력에 대해서 알아봤다. 쇼어의 알고리듬은 인수 분해 문제에 대한 성능을 높일 수 있는 충분한 큐비트를 갖춘 양자 컴퓨터가 구현된다면 고전적인 암호화의 상당 부분을 무력화시킬 수 있는 알고리듬 중 하나다.

마지막으로 이른바 양자 내성 암호 알고리듬의 후보가 될 수 있는 알고리듬에 대해서 알아봤다. 그중에는 AES, SHA(해시), NTRU가 있다.

양자 암호화가 무엇이고 어떻게 구현되는지에 대해서 배웠다. 또한 양자 컴퓨팅이 무엇인지 배웠고, 특히 양자 컴퓨터에서 구현할 수 있는 매우 파괴적인 알고리듬인 쇼어의 알고리듬에 익숙해졌다.

마지막으로 어떤 알고리듬이 양자 컴퓨터의 성능에 대해 내성이 있는지, 그리고 그 이유에 대해서 배웠다.

8장에서 설명한 주제와 개념은 암호화의 미래에 대한 것이기 때문에 중요하다고 할 수 있다.

지금까지 양자 암호화의 기본 원리와 알고리듬에 대해 배웠으므로 9장에서는 암호화 검색 엔진에 대해서 살펴볼 것이다. 9장에서는 검색 엔진에 대해서 배우고, 그다음에는 우리 팀과 내가 개발한 암호화된 데이터로 작동하는 혁신적인 검색 엔진 플랫폼에 대해서 알아본다.

4부

동형 암호와 암호화 검색 엔진

4부는 동형 암호와 동형 검색의 이론적 기초, 검색 엔진를 위한 수학 그리고 이 책에 제시된 암호화의 실제 구현에 대해서 설명할 것이다.

4부의 구성은 다음과 같다.

- 9장, 암호화 검색 엔진

09

암호화 검색 엔진

9장에서는 암호화된 데이터를 검색하는 기술과 검색 엔진에 대한 기본적인 정보와 관련된 수학적인 기반을 설명한다. 그다음에는 암호화된 데이터로 작업을 수행할 수 있는 혁신적인 검색 엔진인 **CSE**Crypto Search Engine에 대해서 알아볼 것이다.

CSE는 크립토랩Cryptolab(https://www.cryptolab.us/)에서 계획하고 개발했다. 크립토랩은 2012년에 나와 2명의 데이터 과학 엔지니어인 알렉산드로 파세리니Alessandro Passerini와 티지아나 랜디Tiziana Landi가 데이터 프라이버시data privacy와 보호를 위해서 암호화 연구소로 설립한 사이버 보안 회사다. 크립토랩의 목표는 인터넷을 통해 전송되고 처리된 후 클라우드에 저장, 공유되는 데이터에 대해서 더 많은 개인 정보 보호 및 보안을 제공하는 것이다. CSE에 대해서는 또 다른 웹사이트(https://www.cryptolab.cloud/)를 참고하기 바란다.

9장에서는 동형 암호, 특히 동형 검색에 대해서 이야기할 예정이며, 이는 내가 경력을 쌓는 동안 경험한 가장 매력적인 문제 중 하나였다. 9장에서 이 주제에 대한 작업을 시작하게 된 동기와 기원에 대해서 설명할 수 있어서 기쁘다. 또한, 검색 엔진과 그와 관련된 알고리듬의 기반이 되는 수학적인 부분에 대해서도 알게 될 것이다.

9장은 다음과 같은 내용을 다룬다.

- CSE에 대한 소개 - 동형 사상

- 검색 엔진의 수학과 논리

- 코드 이론과 그래프 이론에 대한 소개

- CSE에 대한 설명

- CSE의 응용과 확장

동형 검색의 비밀을 배우기 위해서 이와 같은 주제에 대해서 자세히 살펴보자.

⠿ CSE에 대한 소개 - 동형 사상

CSE의 기원은 2014년으로 거슬러 올라간다. 당시 나는 새로운 인수 분해 방법에 대해서 몇 달 동안 고군분투하고 있었다. 인수 분해 문제와 블라인드 검색은 서로 밀접하게 연관돼 있다. 인수 분해와 빅데이터에서의 검색은 비슷한 복잡성을 가진다.

또한, 두 문제는 모두 P=NP 영역에 속한다. 즉 어떤 문제는 해결하는 것이 쉽고(P) 어떤 문제는 무한한 수준의 계산 능력이 있다고 하더라도 해결하기 어렵다(NP).

대부분의 과학자와 데이터 과학 엔지니어는 P ≠ NP 또는 모든 NP 문제가 본질적으로 복잡하며 다항식 알고리듬으로는 해결할 수 없다고 확신한다. 나는 그렇게 생각하지 않는다. 솔루션이 존재하지 않는다고 말하는 것보다 복잡한 문제에 대한 솔루션을 찾는 데 더 관심을 갖고 있다. 또한 해결책을 얻는 데에는 여러 가지 방법이 있다고 확신한다. 예를 들어 페르마의 마지막 정리는 약 100페이지(https://staff.fnwi.uva.nl/a.l.kret/Galoistheorie/wiles. pdf) 이상의 내용으로 앤드류 와일즈Andrew Wiles에 의해서 증명됐다. 하지만 나는 단 몇 페이지만으로 해결할 수 있다고 확신하고 있으며 그것을 위한 몇 가지 아이디어를 갖고 있다. 8장에서 살펴본 쇼어의 알고리듬을 수행하기 위해서 효율적인 양자 프로세서를 사용한다고 가정해보자. 그러면 몇 초 안에 큰 준소수semiprime를 인수 분해할 수 있을 것이다. 마찬가지로 그로버Grover의 알고리듬과 같은 양자 알고리듬을 사용하면 (이론적으로) 수십억 개의 인스턴스로 구성된 거대한 데이터베이스 검색을 빠르게 수행할 수 있을 것이다.

CSE 이야기로 돌아가서, 2014년 크립토랩에서 암호화 라이브러리 **버전 1.0**을 완성한 후 (암호화된) 데이터를 검색할 수 있는 알고리듬을 구현하기 시작했다. 크립토 라이브러리 Crypto library 프로젝트는 2009년에서 2014년 사이에 나와 내 연구팀이 개발한 모든 것을 하나의 크립토 라이브러리로 통합하는 것이었다. 우리는 이 프로젝트를 크립툰Cryptoon 이라고 불렀고 그것은 우리의 암호화 알고리듬뿐만 아니라 대칭키/비대칭키, 영지식, 인증 알고리듬으로 구성된 C++ 라이브러리가 됐다. 그중 대부분을 이 책에서 설명했다.

당시 나는 동형 암호화 분야에서 이뤄진 여러 가지 발견에 대해서 열광했다. 그런 종류의 암호화에는 특징이 있다. 암호화된 상태에서 데이터에 대한 조작(작업)을 수행하고 암호화된 상태에서 결과를 얻는 것이다. 결과를 얻은 후에 복호화 키를 갖고 있는 사람은 결과를 복호화해서 암호화되지 않은 결과 값을 얻을 수 있다. 이 복잡한 논리를 좀 더 잘 이해하기 위해서 체계를 세워 보자.

암호화된 데이터에 대한 작업은 다음과 같이 암호화된 결과 E[Z]를 만들어 낸다.

```
평문 (A),(B) -------> 암호화된 데이터 E[A], E[B] ------->
암호화된 데이터에 대한 연산 = 암호화된 결과:
E[A] ∀o E[B] = E[Z]
```

E[Z]에 대한 복호화는 다음과 같다.

```
E[Z] -------> 암호화된 결과를 복호화한 [Z]:
D(Z) = (A) ∀o(B) = (Z) (평문).
```

NOTE

∀o는 (A)와 (B) 사이에 수행되는 수학적, 논리적 연산(또는 연산들)을 나타낸다. ∀는 모든 것을 나타내고 o는 연산을 나타낸다.

9장을 읽다 보면 이 개념에 대해서 잘 이해할 수 있게 될 것이기 때문에 걱정할 필요는 없다. 이제는 동형 사상^{isomorphism}에 대해서 알아보자.

동형 사상은 동형 요소에 대해 수행되는 작업이다. 수학에서와 같이 자연에서도 동형 사상을 찾을 수 있다. 예를 들어 자연에서 날개의 뒷면이 날개 모양의 동심원 패턴을 갖고 있는 나비를 볼 수 있다. 사람의 골격은 동형 사상의 한 형태인 그 사람의 몸이나 그림자와 관련이 있다. 동형 사상은 사람이나 동물 또는 어떤 것에 속한 것으로서 그 자체로부터 만들어지거나 관련 또는 파생된 것이다.

그림자를 보고 그 사람의 얼굴을 구별할 수는 없지만, 그 사람을 식별할 수 있는 모양이나 곱슬머리와 같은 어떤 요소는 확실히 알아볼 수 있다. 유사성에 대해 이야기하는 것이 아니라 동일한 것을 구성하거나 동일한 요소에 의해 생성된 두 요소 간의 관계 속성에 대해 이야기하고 있는 것이다. 그림 9.1에서 두 사진의 차이점을 확인할 수 있다. 왼쪽 사진에서 그림자는 태양에 의해 모래에 반사된 몸을 나타내기 때문에 동형이라고 할 수 있고, 오른쪽 사진의 구름은 언덕 위에 있는 집에서 파생된 것이 아니기 때문에 그렇지 않다. 구름이 집의 모양을 그린 것처럼 보이지만 그것은 단지 우연히 만들어진 모양일 뿐이다.

그림 9.1 동형의 예(왼쪽)와 비동형의 예(오른쪽)

좀 더 정확히 말하면 동형 암호화는 암호문에 대한 계산을 허용하는 암호화의 한 형태라고 말할 수 있다. 그리고 암호화된 결과를 복호화하면 평문을 연산해서 얻은 결과와 동일한 결과를 얻을 수 있다.

동형 암호화의 체계는 다음과 같다.

암호화 ⟶ [암호화에 대한 연산] ⟶ 암호화된 결과 ⟶ 복호화

그림 9.2 동형 암호화의 연산 흐름

이 체계는 곱셈이나 덧셈과 같은 수학적 연산을 수행해 실행할 수 있다. 만일 모든 수학 및 부울 연산을 수행할 수 있다면 그것을 완전 동형 암호화$^{fully\ homomorphic}$라고 하고 그렇지 않은 경우는 부분 동형 암호화$^{partially\ homomorphic}$라고 한다. 예를 들면 RSA나 ElGamal, MBXI와 같은 알고리듬은 부분 동형 암호화 알고리듬이다. 바로 다음 절에서 살펴보겠지만 RSA는 곱하기 연산을 지원하는 동형 암호화다.

⠿ RSA에서의 부분 동형 암호화

RSA 알고리듬으로 암호문 연산과 일반적인 평문 연산(곱셈 연산) 간의 관계를 살펴보자.

RSA 암호화는 다음과 같이 수행된다.

```
[M]^e ≡ c (mod N)
```

- [M]: 메시지

- (e): 암호화를 위한 공개 파라미터

- (N): [p*q]에 의해서 만들어진 공개키

- (c): 암호문

이제 [M1]과 [M2]라는 2개의 메시지가 있다고 가정하고 동일한 공개 파라미터(e, N)를 이용해 두 메시지를 암호화해서 2개의 서로 다른 암호문 (c1, c2)을 생성한다. 암호화된 결과는 다음과 같다.

```
c1 ≡ M1^e (mod N)
c2 ≡ M2^e (mod N)
```

2개의 암호문을 곱하면$(c1*c2)$ 세 번째 암호문 (c3)가 만들어진다.

```
c3 = c1 * c2
c3 ≡ M1^e (mod N) * M2^e (mod N)
c3 ≡ M1^e * M2^e (mod N)
```

암호화된 메시지 [M1]과 [M2]를 암호문 (c1)과 (c2)로 간단히 치환할 수 있다.

종합적으로 (c3)는 다음과 같이 표현할 수 있다.

```
c3 ≡ c1*c2 (Mod N)
```

또는 다음과 같이 표현할 수도 있다.

```
c3 ≡ (M1*M2)^e (mod N)
```

2개의 암호문에 대한 곱하기 연산$(c1*c2)$ 결과를 (c3)로 표현할 수 있고, 그것은 다시 2개의 메시지에 대한 곱하기 연산$([M1*M2])$ 결과로 표현할 수도 있다. 두 번째 표현 방법이 어떤 의미인지 살펴보자. (c3)를 개인키 [d]로 복호화하면 [M1*M2] 연산 결과와 동일한 결과를 얻게 된다.

```
c3^d (mod N) ≡ M1*M2
```

의심할 수도 있기 때문에 다음 두 식에 실제 값을 적용해서 확인해볼 수 있다.

```
c1*c2 ≡ (M1*M2)^e (mod N)
c3^d (mod N) ≡ M1*M2
```

이는 앨리스가 자신의 개인키 [d]로 암호문 (c3)에 대해서 RSA 복호화를 수행하면 앞서 밥이 암호문 (c3)를 만들기 위해서 사용한 두 메시지를 곱하기한 결과([M1*M2]) 값을 얻을 수 있다는 의미가 된다.

이를 RSA의 곱하기 연산에 대한 부분 동형 암호화라고 한다.

실제 값을 적용해서 확인해보자.

RSA의 부분 동형 암호화를 좀 더 쉽게 확인하기 위해서 비교적 작은 수를 사용해보자.

```
M1 = 11
M2 = 8
e= 7
p = 13
q = 17
N = 221 [p*q]
```

암호문 c1, c2를 계산한다.

```
c1 ≡ 11^7 (mod 221) = 54
c2 ≡ 8^7 (mod 221) = 83
```

이제는 c1, c2를 이용해서 c3를 계산한다.

```
c3 ≡ c1*c2 (mod N)
```

이번에는 또 다른 방법인 메시지를 이용해서 c3를 계산한다.

```
c3 ≡ [M1* M2]^e (mod N)
```

첫 번째 방법으로 계산한 c3는 다음과 같다.

```
c3 ≡ 54 * 83 = 62 (mod 221)
```

두 번째 방법으로 계산한 c3는 다음과 같다.

```
c3 ≡ [11 * 8]^7 (mod 221) = 62
```

보다시피 암호문 c1과 c2로 수행한 연산(곱하고 연산)과 메시지 [M1, M2]을 이용해서 수행한 곱하기 연산의 결과가 일치한다는 것을 알 수 있다.

지금까지는 지극히 정상인 것으로 보인다. 암호문에 대한 연산을 메시지를 이용한 연산이 되도록 단순히 수학적인 치환을 했을 뿐이다.

하지만 (c3)를 복호화했을 때의 결과도 확인해 봐야 한다. 사실 앨리스는 밥이 전달한 두 암호문 (c1, c2)를 자신의 개인키 [d]로 복호화할 수 있다. 볼프람 매스매티카 소프트웨어의 Reduce 함수를 이용해서 찾아낸 개인키 [d]는 다음과 같다.

```
Reduce [e*d= 1, x, Modulus -> [13- 1] [17 - 1]]
d = 55
```

여기서 놀라운 부분은 (c1*c2)를 곱한 결과인 (c3)를 복호화함으로써 앨리스는 두 메시지를 곱한 결과인 [M1*M2]를 확인할 수 있다는 것이다.

c3 = 62이고 [d] = 55라는 것을 기억하기 바란다. RSA 복호화는 다음과 같이 수행된다.

```
c^d ≡ M (mod N)
```

c3에 대한 복호화는 다음과 같다.

```
c3^d ≡ M1*M2 (mod N)
```

실제 숫자를 대입해보자.

```
62^55 = 88 (mod 221)
```

M1*M2의 값은 다음과 같다.

```
M1*M2 = 11 * 8 = 88
```

이것이 바로 우리가 기대했던 결과다.

보다시피 RSA 알고리듬은 곱하기 연산에 대해서 동형 암호화 속성을 갖고 있다. 하지만 우리는 동형 암호화 검색이 필요하기 때문에 RSA의 동형 암호화 속성은 단지 하나의 사례일 뿐이다. 따라서 동형 암호화에 대해서 조금 더 깊이 살펴보고 그것이 데이터 보안과 개인 정보 보호에 어떤 의미를 부여하는지에 대해서 알아보자.

동형 암호화 분석과 그것의 의미

앞 절에서 살펴본 RSA의 부분 동형 암호화 속성을 보면 암호문과 평문에 수행되는 연산 간의 흥미로운 관계를 볼 수 있다.

그런 관계를 동형이라는 말로 표현하는 것이다.

문제는 지금까지 살펴본 대부분의 알고리듬과 마찬가지로 RSA는 부분 동형 암호화 속성을 갖고 있어서 곱하기나 더하기와 같은 일부 수학적인 연산에서만 동형 속성이 유지된다는 것이다. 따라서 수학 연산과 부울 연산을 모두 지원하는 효과적인 알고리듬을 찾아내는 것이 정말 어려운 부분이다.

동형 암호화 속성이 어떻게 표현될 수 있는지에 대한 또 다른 예는 더하기 연산에 대한 것이다.

2개의 비밀 값 [A]와 [B]가 있고 그 둘을 더한 값을 [C]라고 하자.

```
A + B ≡ C (mod Z)
```

이제 A와 B에 대한 암호화 값을 살펴보자.

예를 들어 A의 암호화 값 a = 9이고 B의 암호화 값 b = 2일 때 두 값을 더한 값 c = 11이
된다.

그러면 다음과 같이 더하기 연산에 대한 부분 동형 암호화 관계를 확인할 수 있다.

```
A = 87 ──→ a ≡ 9 (mod 13)
B = 93 ──→ b ≡ 2 (mod 13)
C = A + B = 180 ──→ c = a + b ≡ 11 (mod 13)
```

이를 다음과 같이 표현하면 동형 암호화가 무엇을 의미하는지 좀 더 잘 이해할 수 있을
것이다.

```
C = 87 + 93 = 180 = 11 (mod 13)
       ↓     ↓        ↓
c =    9  +  2  =  11
```

그림 9.3 더하기 연산에 대한 평문 값과 암호화된 값 간의 동형 관계

암호화된 값을 사용한 연산(a + b = 9 + 2)으로 결과 값 c = 11을 도출함으로써 원래 값과 그
것의 결과 값인 A = 87, B = 93, C = 180의 프라이버시privacy를 유지할 수 있다. 암호화
된 결과 값 c는 평문의 연산 결과 값과는 다르지만 C와 동형 관계를 유지한다. 암호화 함
수는 단방향 함수이기 때문에 (a)에서 [A]를, (b)에서 [B]를, (c)에서 [C]를 알아내는 것
은 힘들다.

여기서 프라이버시라는 용어를 의도적으로 강조했다(숫자에 대한 프라이버시를 말하는 것이 이상하게 보일
수 있다는 것은 알고 있다). 수행되는 연산이 동형 속성을 지원함으로써 데이터의 프라이버시를
보호하면서 원하는 결과를 얻을 수 있기 때문이다. 실제로 데이터에 대한 어떤 정보의
노출 없이 결과를 얻을 수 있다.

나는 검색 대상이 무엇인지, 검색 대상 데이터에 대한 암호화/복호화 알고리듬이 무엇인지 구애받지 않고 검색을 수행할 수 있는 검색 엔진인 CSE 구현 프로젝트를 구상하기 시작했다.

CSE를 설명하기에 앞서 검색이 어떻게 구현되는지 그리고 그것이 얼마나 매력적인지를 더 이해하기 위해서 검색 엔진의 이면에 있는 (일반적이면서도 CSE와 관련이 있는) 수학적인 부분을 좀 더 살펴볼 것이다.

그림 9.4 블라인드 검색

이제는 전통적인 검색 엔진에서 사용하는 수학과 논리에 대해서 살펴보고 암호화된 데이터를 효과적으로 검색하는 것이 얼마나 복잡한 일인지 이해해보자.

검색 엔진의 수학과 논리

네트워크 문제와 네트워크 이론과 관련된 모든 것은 1735년 쾨니히스베르크^{Konigsberg}의 다리 딜레마에서 비롯됐다. 오일러^{Euler}는 오늘날 칼리닌그라드^{Kaliningrad}로 알려진 프로이센의 고대 도시 쾨니히스베르크의 프레겔 강에 있는 다리를 건너는 문제(겉보기에는 간단한 질문으로 보이는)를 해결한 최초의 수학자다.

그림 9.5에서 볼 수 있듯이 2개의 섬(C와 D)과 2개의 강둑(A와 B)이 7개의 다리로 연결돼 있다.

문제는 7개의 다리를 모두 건너야 하고 각 다리는 한 번만 건너야 한다는 것이었다.

다음 내용을 읽기 전에 여러분 스스로 해결해보기 바란다.

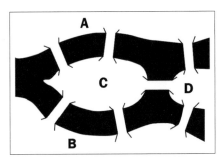

그림 9.5 쾨니히스베르크의 7개의 다리

핵심은 (다리로 이뤄진) 네트워크라는 것을 인식하고 그것을 그려야 한다는 것이다.

7개의 다리로 이뤄진 네트워크를 그림 9.6과 같이 그리면 특정 시점에 위치할 수 있는 지점은 4개뿐이다.

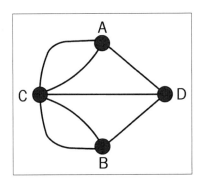

그림 9.6 쾨니히스베르크 다리의 네트워크

오일러는 7개의 다리 모두를 단 한 번만 건너는 방법은 없다는 것을 증명했다. 왜냐하면 다리 네트워크는 4개의 허브(포인트)와 7개의 링크(다리)를 갖고 있으며 허브의 수가 짝수이고 링크의 수가 홀수이면 해결책이 존재하지 않기 때문이다.

네트워크를 효율적으로 지나가는 문제는 효율적인 **검색 엔진**이나 **소셜 네트워크**의 설계와 구현 그리고 **빅데이터 분석**을 수행할 때 고려해야 할 가장 중요한 요소 중 하나다. 인스턴스(예를 들어 검색 대상 단어)를 검색한 다음 네트워크를 통과해서 가능한 한 최소한의 노력으로 반환하는 방법을 찾아야 한다.

예를 들어 지도에서 서로 다른 도로로 표시되는 많은 선택 중에서 최상의 경로를 검색하는 것도 유사한 문제라고 할 수 있다. 검색을 통해서 질문에 대한 답을 찾을 때 수밀리초 안에 목적지로 가기 위한 최상의 경로를 찾을 때 왜 구글이 최고인지 궁금한 적이 있는가? 그것은 회로^{circuit}, 특히 **오일러 회로**$^{Eulerian\ circuit}$와 기타 유사한 수학적 문제와 관련이 있다.

이 질문을 좀 더 자세히 알아보기 위해서 네트워크가 어떻게 작동하는지 예를 들어 살펴보자. 그림 9.7은 **파피용**^{Papillon}이라고 하는 특정한 형태의 네트워크다.

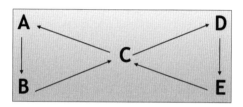

그림 9.7 오일러 파피용 네트워크

파피용 네트워크는 다음과 같은 형태의 오일러 회로를 가질 수 있다.

A—>B—>C—>D—>E—>C—>A

이 회로에서는 C를 두 번 통과한다(A에서 시작하든 C에서 시작하든 어떤 지점에서 시작해도 C를 두 번 통과하게 된다).

5개의 허브(A, B, C, D, E)를 모두 통과하는 경로를 그림 9.8과 같이 변경하면 C를 두 번 통과하지 않게 된다.

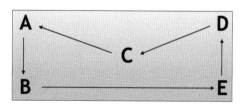

그림 9.8 오일러 서클

이 경우 회로는 A—>B—>E—>D—>C—>A가 된다.

이 문제는 결국 "허브로 구성된 회로에서 최적의 경로를 찾는 방법이 무엇일까?"라는 질문으로 귀결된다.

허브 그룹을 통과(그림 9.7과 그림 9.8의 경우처럼)하는 최적의 경로를 찾을 수 있는 효율적인 검색 엔진을 구현하려면 몇 가지 조건이 필요하다. 실생활에서는 때때로 교통량이나 고속도로나 유료도로를 피하는 것이 제약 조건이 될 수 있지만 가장 일반적인 첫 번째 조건은 최단 경로라고 할 수 있다. 오일러 네트워크의 경우에는 모든 지점을 한 번만 지나는 최단 순환 경로를 찾는 것이 첫 번째 조건이고 시계 반대 방향으로 이동하는 것이 마지막 조건이다. 검색 엔진은 (예를 들어) A에서 시작해서 A로 돌아가는 최단 경로를 계산해야 하고 5개의 지점을 한 번만 지나는 순환 경로를 찾아내야 한다. 그림 9.9a가 하나의 솔루션이 될 수 있다(유일한 솔루션은 아님).

또 다른 솔루션으로는 그림 9.9b와 같은 A—>B—>C—>E—>D—>A가 있다. 한편 그림 9.7은 각 지점을 한 번만 통과해야 한다는 검색 엔진의 제약 조건을 만족시키지 못한다.

최적의 솔루션을 찾기 위해서는 검색 엔진이 실행할 경로를 나타내는 각 선에 값을 할당해야 한다. 각 선(예를 들어 A->B)에 다음과 같이 값을 할당한다고 가정해보자.

```
A->B = 1
B->E = 3
A->C = B->C = C->E = D->C = 2
```

그림 9.9a와 그림 9.9b의 경로 값은 둘 다 똑같이 효율적이라고 할 수 있다.

IT_1의 경로 값은 1 + 3 + 1 + 2 + 2 = 9가 된다.

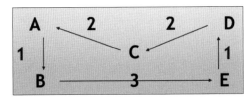

그림 9.9a IT_1 – 솔루션이 될 수 있는 순환 경로

그림 9.9b에서 확인할 수 있듯이 IT$_2$ 경로 또한 효율적이다.

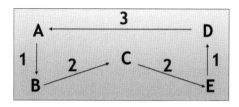

그림 9.9b IT$_2$ – 또 다른 솔루션

IT2의 경로 값 또한 동일하게 1 + 2 + 2 + 1 + 3 = 9가 된다.

두 솔루션의 경로(IT$_1$: A—>B—>E—>D—>C—>A, IT$_2$: A—>B—>C—>E—>D—>A) 값은 동일하며 검색 엔진에게 있어서 가장 효율적인 경로라고 할 수 있다.

이제는 그림 9.7의 파피용 회로에 대한 경로 값을 계산해보자. 파피용 회로의 전체 경로 값은 10(IT$_p$ = 10)이기 때문에 전체 경로를 경유하는 경우에는 상대적으로 비효율적이라는 것을 알 수 있다. 하지만 C를 검색해서 A로 돌아가야 하는 경우에는 가장 효과적이다. 즉 파피용 회로에서는 C에서 A로 바로 돌아올 수 있기 때문이다(IT$_3$: A—>B—>C—>A = 5).

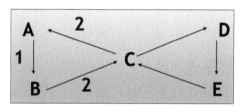

그림 9.10 경로 IT$_3$

이 그래프들을 통해서 검색 엔진의 논리에 대한 이해를 시작할 수 있다. 검색 엔진의 주요 요구 사항 중 하나는 효율성이다. 검색 엔진을 구현할 때는 암호화 여부와 상관없이 효율성이 중요한 요소라는 점을 명심해야 한다. 거리를 따라 여행하는 것과 마찬가지로, 마일이나 다른 지표로 표현되는 경로는 항상 그것에 대응되는 시간 표현을 갖는다. 이는 목적지에 도달하는 가장 좋은 방법을 구글에 요청한 다음 이동 거리 대신 이동 시간을 변수로 선택하는 것과 같다고 할 수 있다.

시간은 검색 엔진에서 쿼리를 시작할 때 고려해야 할 주요 변수다. (암호화되지 않은 방식으로) 쿼리에 응답할 수 있는 최대 시간은 2초를 넘지 않아야 한다. 예를 들어 사용자는 휴대폰으로 무언가를 검색할 때 2초 이상 기다리지 않는다. 그렇기 때문에 최대한 효율적인 회로를 구성해야 한다.

따라서 CSE 프로젝트를 시작할 때 채택한 제약 사항 중 하나가 쿼리에 대한 응답 시간이 2초를 넘지 않는 것이었다. CSE는 TOR(https://www.torproject.org/) 같은 이전의 암호화된 검색 엔진 프로젝트와 비슷하긴 했지만 그렇다고 동일한 것도 아니어서 시간 제약을 충족시키는 것이 불가능해 보였다.

암호화된 데이터를 처리할 때는 통신 지연 시간이 길어진다. 이는 일반 텍스트에서 수행되는 수학적인 연산보다 더 많은 연산(이 책에서 살펴본 바와 같이)을 필요로 하기 때문이다. (TOR와 같은) 다중 암호화는 시스템을 항상 강화시키지는 않지만 많은 계산량을 필요로 한다.

암호화에서는 체인의 가장 약한 고리가 전체 체인을 파괴할 수도 있다는 점을 항상 상기해야 한다. 다음 절에서는 검색 엔진 구현에 있어서 중요한 부분을 차지하는 그래프 이론의 트리 그래프에 대해서 살펴볼 것이다.

트리 그래프 이론 소개

그래프 이론에서 트리는 노드 또는 점이라는 정점(v)이 어떤 의미를 갖고 연결돼 있는 그래프다. 관련된 각 노드 쌍을 에지edge(또는 링크(link)나 라인(line))라고 하며 두 노드는 단 하나의 경로로 연결된다.

그림 9.11에서 (1)은 트리의 루트를 나타내고 2, 3, ... 7은 노드를 나타내며 8, 9, ... 15는 트리의 잎을 나타낸다. 그리고 각 노드를 연결하는 것이 에지가 된다.

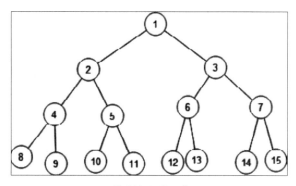

그림 9.11 트리 그래프

이 책을 통해서 지금까지 많은 암호화 알고리듬을 살펴봤다. 그런 알고리듬들은 주로 데이터 보안을 위한 것이다. 하지만 지금 살펴보는 알고리듬은 보안뿐만 아니라 정보를 사용 가능한 방식으로 합성하고 보존하는 것을 목표로 한다. 이 개념은 가장 효율적인 방법으로 정보를 검색하는 것과 관련이 있다. 쾨니히스베르크의 다리와 오일러의 회로 문제처럼 가장 좋은 정보 검색 방법을 계산하기 위해서 트리 그래프를 사용할 수 있다.

이 문제는 무손실 데이터 압축lossless data compression과 관련된 접두사 코드prefix code라는 이름으로도 불린다. 이 두 가지 요소는 코드와 데이터 압축과 관련된 암호화에서 매우 중요하다. 이는 다음 절에서 살펴볼 허프만 코딩Huffman coding을 통해서 보게 될 것이다. 허프만 코딩은 데이터 손실 없이 생성된 정보를 검색할 수 있는 일종의 무손실 데이터 압축이라고 할 수 있다.

지금 분석할 접두사 코드는 표 9.1의 예와 같이 단어를 고유하게 인코딩할 수 있기 때문에 중요하다.

표 9.1 문자에 대한 접두사 코드 예

문자	a	b	c	d	e	f
코드	0	101	100	111	1101	1100

예를 들어 문자열 abc에 대한 인코딩은 `0 101 100`이 된다. 이런 식으로 abc로 시작하는 문자열을 검색하면 `0101100` 이외의 코드는 찾을 수 없다. 이 방법은 전화 번호부의 인덱스와 유사하다고 할 수 있다. 전화 번호 인덱스에서는 국가와 지역 또는 도시의 번호가

고유하다고 가정한다. 따라서 001로 시작하는 전화 번호는 북미 지역을 의미한다. 그다음에 415를 추가하면 캘리포니아, 특히 샌프란시스코 지역의 전화 번호를 의미한다. 이런 식으로 전화 회사는 지구를 접두사 코드 번호로 나눌 수 있다. 그림 9.12의 지도에서 볼 수 있듯이 미국은 001, 아프리카는 002, 유럽은 003이다. 결과적으로 국가-지역-도시 코드에 있는 번호를 더 쉽게 검색할 수 있는 것이다.

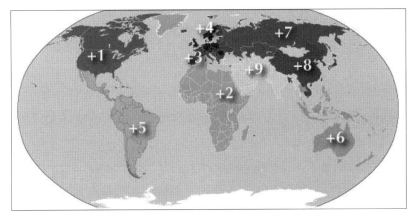

그림 9.12 전 세계의 번호 코드

검색 엔진도 비슷하게 동작한다. 전화 번호의 경우처럼 인덱싱 알고리듬은 수십억 개의 인스턴스 내부를 검색해서 수밀리 초 안에 요청된 정보를 검색하기 위해서 매우 효율적이고 정확해야 한다. 이 책은 암호화 알고리듬을 설명하기 위한 것이지만 암호화된 데이터에 대한 효율적인 검색 엔진을 구현하는 데 트리 그래프가 핵심이기 때문에 그것이 어떻게 작동하는지 조금 더 깊게 살펴볼 것이다. 이제 트리 그래프를 구현해보자.

⫸ 허프만 코드

텍스트를 가장 짧은 이진 코드로 표현하는 방법을 찾아야 한다고 가정해보자. 텍스트를 인코딩하기 위한 문자열의 수를 최대한 줄이는 최적화 작업이 필요할 것이다.

문자, 숫자, 기호를 아스키 코드로 인코딩하는 방법에 대해서는 이미 1장에서 살펴봤다. 하지만 이번에는 문제가 다르다. 가능한 한 적은 비트를 사용해서 텍스트를 인코딩하는 것이 훨씬 빠르고 효율적이라고 생각하기 때문이다.

이를 위해서 데이비드 허프만^{David Huffman}이 고안한 특별한 형태의 트리 그래프를 이용할
수 있다.

영어의 알파벳에는 26개의 문자가 있다. 하지만 모든 문자가 텍스트에서 동일한 빈도로
사용되지는 않는다. 예를 들어 주어진 텍스트에서 다음과 같이 상대적인 빈도를 갖는
6개의 문자(a, o, q, u, y, z)를 코드화할 수 있는 트리 그래프를 구현한다고 생각해보자.

```
a = 20
o = 28
q = 4
u = 17
y = 12
z = 7
```

목표는 텍스트를 코드화하기 위한 (0)과 (1)로 구성된 최소한의 비트열을 만드는 것
이다.

그림 9.13을 보면 이를 위해서 트리 그래프를 어떤 전략으로 구현했는지 알 수 있다.

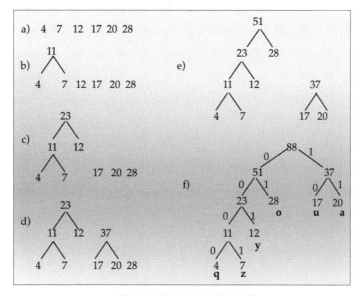

그림 9.13 허프만 트리 그래프 구현

그래프를 구현하기 위한 각 단계를 분석해보자.

- 첫 번째로 a) 단계에서는 문자의 빈도수에 따라 오름차순으로 일련의 노드(이 경우에는 6개의 노드)를 배치한다.

- b), c), d), e) 단계에서는 가장 큰 트리인 f)의 일부분이 되는 트리들이 구성되는 것을 볼 수 있다. 가장 작은 것부터 시작해서 트리의 꼭대기에 도달할 때까지 한 쌍의 연결된 숫자들의 합으로 구성된다. 마지막으로 트리의 꼭대기(루트)는 51(23 + 28의 결과)과 37(17 + 20의 결과)의 합인 88로 표시된다. 트리를 완성한 후에는 모든 왼쪽 가지에는 0을 할당하고 오른쪽 가지에는 1을 할당한다(이를 반대로 수행해도 된다). 그리고 문자에 빈도수를 나타내는 숫자에 해당 문자를 할당한다. 즉 $q = 4$; $z = 7$; $y = 12$; $o = 28$; $u = 17$; $a = 20$이 된다.

- 트리가 완성되면 각 문자에 대한 문자열 코드를 읽을 수 있다. 즉 루트에서 시작해서 해당 문자까지 이동할 때 각 노드에서 왼쪽으로 이동하면 0을 추가하고 오른쪽으로 이동하면 1을 추가한다. 예를 들어 문자 z를 읽는다면 루트 88에서 시작해서 문자 z에 도달할 때까지 왼쪽으로 이동하면 0을, 오른쪽으로 이동하면 1을 추가해서 결국 0001이 된다.

```
q = 0000, z = 0001, y = 001, o = 01, u = 10, a = 11
```

NOTE

> 다른 체계로 트리를 인코딩할 수도 있다. 예를 들어 오른쪽으로 이동하는 경우에는 0, 왼쪽으로 이동하면 1을 할당할 수도 있다.

트리 구조에서는 어떤 코드도 다른 코드의 접두사가 되지 않는다. 예를 들어 a = 11이라면 다른 어떤 문자도 11로 시작하지 않는다. 따라서 컴퓨터는 인코딩된 코드를 쉽게 읽을 수 있고 그것을 빠르게 디코딩할 수 있다.

또한 텍스트를 인코딩하는 데 필요한 비트의 수는 다음과 같이 확인할 수 있다.

```
(4*4) + (4*7) + (3*12) + (2*17) + (2*20) + (2*28) = 210
```

문자 q를 인코딩하려면 4비트(q = 0000)가 필요하고 그것의 빈도수는 q = 4, 문자 z를 인코딩할 때도 4비트(z = 0001)가 필요하고 그것의 빈도수는 7이다. 이를 통해서 텍스트가 인코딩에 의해서 최대한 압축됐다는 것을 확인할 수 있다. 허프만 압축에 대해서 좀 더 자세한 정보를 원한다면 다음 링크(https://www2.cs.sfu.ca/CourseCentral/365/li/squeeze/Huffman.html)를 참고하기 바란다.

접두사와 압축 코드는 텍스트를 압축하고 검색하는 데 큰 도움이 될 수 있지만 효율적인 암호화 검색 엔진을 구현함에 있어서 고려해야 하는 유일한 요소는 아니다.

해시와 부울 논리

고려해야 할 또 다른 핵심 요소는 트리 그래프와 결합해야 하는 해시 함수다. 해시 함수에 대해서는 이미 4장에서 살펴봤다. 또한 해시 함수에 유용한 부울 연산자에 대해서도 알아봤다. 해시 함수는 메시지 [M]의 내용이 노출되는 것을 피하기 위해서 디지털 서명에 사용되기도 하지만 여기서는 해시 함수의 다른 용도에 대해서 설명할 것이다. 쿼리의 대상을 키워드라고도 한다. 키워드는 데이터베이스에서 문자열 또는 문자열 집합에 대한 인덱싱 과정의 결과라고 정의할 수도 있다.

검색 엔진이 효율적이라면 (인코딩 과정과 유사하게) 가능한 한 적은 수의 문자열 인덱싱이 수행되고 이중으로 인덱싱된 것을 인지해서 제거할 수 있어야 한다. 암호화된 데이터를 검색하는 검색 엔진은 쿼리 자체도 암호화된다.

CSE에서는 여러 개의 키워드로 구성된 복잡한 쿼리에 대한 검색이 가능하다. 그것을 위해서는 2장에서 설명한 OR, AND, NOT과 같은 부울 논리 연산자를 사용할 필요가 있다.

예를 들어 검색 엔진이 이 절을 책에서 검색한다면 다음과 같은 쿼리가 수행될 것이다.

[해시와 부울 논리]

책의 전체 내용이 암호화되고 각 장이 나뉘어 있다면(각 장이 암호화된 파일이라고 가정할 수도 있다), 검색의 결과는 AND 부울 연산자로 연결된 3개의 키워드(해시, 부울, 논리)가 포함된 파일(또는 파일들)이 될 것이다.

[해시와 "AND" 부울 "AND" 논리]

즉 해시와 + 부울 + 논리 키워드가 모두 포함된 파일을 검색한다는 의미가 된다(세 키워드를 동시에 포함하지 않는 파일은 제외).

결과적으로 AND 부울 연산자로 연결된 키워드에 대한 암호화 검색 결과는 9장의 이 절이 될 것이다. 그리고 복호화 키를 이용하면 내용을 복호화해서 읽을 수 있을 것이다.

이것이 CSE가 동작하는 방식이다. CSE는 암호화된 데이터에 대한 AND, OR, NOT 연산자를 이용한 검색을 지원한다.

따라서 암호화된 데이터에 대해서 다음과 같은 쿼리를 수행할 수도 있다.

[부울 "AND" 논리 "NOT" 해시]

검색 엔진은 부울 + 논리가 포함되지만 해시는 포함하지 않는 것을 검색할 것이다.

CSE에서 쿼리는 대소문자를 구분하지 않는다. 따라서 hash와 Hash에 대한 쿼리 결과는 동일하다. 마지막으로 CSE의 쿼리 자체도 개인 정보 보호 및 보안상의 이유로 암호화되기 때문에 []로 표기했다.

키워드를 효율적으로 검색하는 비결은 트리 형태의 인덱스와 해시 함수, 부울 논리를 결합해 대상 키워드에 대한 가장 효율적인 경로를 찾는 것이다.

크립토랩 연구팀은 비정형 암호화 파일의 콘텐츠에서 암호화된 키워드를 처리 비트 수에 따라 평균 0.35초 만에 찾아내는 독자적인 기술을 개발했다.

따라서 이제는 CSE가 어떻게 만들어졌고 그것의 주요 기능이 무엇인지에 대해서 살펴볼 차례다.

데이터는 네트워크로 전달돼 보안이 적용되지 않은 비공개 상태로 원격 서버에 저장될 수 있다. 결국 저장된 데이터는 저장된 위치에 상관없이 검색되거나 수정돼야 한다. 민감한 데이터(예를 들어 의료 분야의 데이터)의 경우 데이터를 처리하는 전반적인 과정이 안전하고 비공개로 유지돼야 한다. 원격 서버에 저장된 민감한 데이터 관리와 관련된 최신의 기술은 최적의 솔루션을 조합해서 사용하는 것이다. 즉 민감한 데이터는 일반적으로 로컬 암호화를 거친 다음에 원격 서버에 저장된다. 그리고 브라우징이나 검색이 요청되면 원격 서버에서 복호화가 수행된 후에 접근하게 된다. 만일 데이터의 수정이 필요하다면 추가적인 암호화 작업이 수행될 수도 있다. 이와 같은 방법은 원하는 결과를 얻을 수는 있지만 원격 서버에서 민감한 데이터를 읽을 수 있는 형태로 노출(주로 타사의 클라우드 서비스에 의해서 제공됨)하며 계산 능력을 낭비하기 때문에 최상의 솔루션이라고 할 수는 없다. 이와 같은 문제는 암호화된 데이터를 로컬 저장소로 전송해서 그것을 안전하게 복호화하고 탐색 및 검색하고 최종적으로는 다시 암호화해서 원격 서버에 전송하는 방식으로 해결할 수 있다. 이 방법은 민감한 데이터를 보호할 수는 있지만 처리 시간이 길어지고 네트워크 대역폭을 낭비하며 안전하지 않은 네트워크로 인해서 데이터가 노출될 수도 있다.

결국에 개인 사용자는 서비스를 이용하고 비용을 절감하기 위해서 자신의 프라이버시를 포기하는 행동으로 이어지게 된다(예를 들어 이는 매력적이고 저렴한 스마트폰과 관련된 클라우드 서비스를 이용하기 위해서 자신의 개인 정보를 공유하는 경우에 해당한다). 개인과는 달리 민감한 데이터를 관리해야 하는 일부 기관은 개인 정보 보호 측면에서 타협할 수 없기 때문에 데이터를 비공개로 유지해야 한다. 재해에 대한 대응(일반적으로 중요한 인프라스트럭처에 해당)이 요구되는 데이터 센터의 경우에는 지리적이고 기술적인 이중화가 추가적으로 필요하기 때문에 비용이 더욱 증가하게 된다.

결국 서버에 데이터를 전달하기 전에 암호화하고 서버에 저장된 데이터는 항상 암호화된 상태로 유지되는 방법이 필요하다. 그러면 해커가 모든 보안 장벽을 뚫어서 데이터를 훔치더라도 그것의 내용을 볼 수 없게 된다. 암호화된 데이터에 대한 기술적인 문제는 암호화된 데이터를 복호화하지 않은 상태에서 어떤 작업을 수행할 수 없다는 것이다. 이 때문에 해커에게 노출되지 않고 안전하게 복호화를 수행할 수 있는 안전한 환경

(예를 들어 개인 데이터 센터)에 데이터를 저장하는 것이 일반적이다. 하지만 권한이 있는 사람이 데이터에 접근해서 그것을 USB와 같은 곳에 복사해서 **빼낼** 수 있기 때문에 완벽하게 안전하다고는 할 수 있다.

그림 9.14는 외부 저장소에 데이터를 암호화해서 저장하는 과정을 보여 준다. 암호화된 데이터와 함께 암호화된 키(데이터 키와 마스터 키) 또한 외부 저장소(예를 들어 클라우드)에 저장된다. 키는 쿼리가 요청될 때 암호화된 저장소의 데이터를 복호화하는 데 사용된다. 이는 데이터베이스에서 검색을 수행하기 위한 암호화 과정에 필요하다. 이 시스템의 단점은 검색을 수행하기 위해서 데이터를 복호화할 때 데이터가 노출될 수 있다는 것이다.

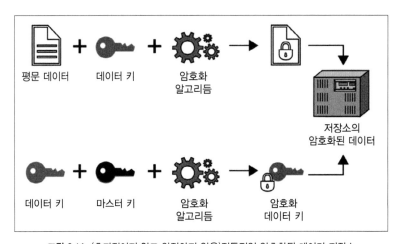

그림 9.14 (효과적이지 않고 안전하지 않은)전통적인 암호화된 데이터 저장소

이 시스템을 암호화된 상태에서 검색할 수 있도록 바꾼다면 시스템이 전체적으로 효율적이고 안전해질 수 있다. 이것이 바로 CSE가 할 수 있는 일이며, 그것의 작동 방식과 기능에 대해서 살펴보자.

⁝⊪ CSE의 혁신

CSE는 암호화된 데이터에 대한 검색, 탐색, 변경을 수행할 수 있도록 정보를 보존하는 변환인 동형 사상에 기반한 기술적인 솔루션을 제시한다. 퍼블릭 클라우드 공급자에 저장된 암호화된 민감한 데이터는 궁극적으로 데이터 소유자만 접근할 수 있으며 클라우드 공급자는 암호화된 쿼리를 통해 암호화된 데이터에 대한 검색과 탐색, 변경을 수행하기 때문에 영지식성이 보존된다고 할 수 있다. CSE는 사용자가 채택하는 암호화의 종류에 따라 독립적으로 작동할 수 있다. 한편 개인 사용자는 자신의 데이터 가치에 대한 정당한 소유권을 가질 수 있으며 결국 공정한 거래를 통해 서비스자와 교환할 수 있다. 이는 받아들이느냐 아니면 거절하느냐 하는 양자 택일의 접근 방식과는 큰 차이가 있으며, 자율적으로 데이터를 교환하거나 판매할 수 있는 차세대 디지털 시민을 위한 핵심 가치라고 할 수 있다. 한편 공공 기관이나 중요 인프라는 안전하고 이중화된 데이터 저장을 위해서 다양한 퍼블릭 클라우드 공급자를 사용할 수 있으며, 이는 비용 절감 및 빅데이터 분석을 위한 도구에 대한 접근성 측면에서 중요한 영향을 미친다.

암호화된 데이터에 대한 검색, 탐색, 변경은 민감한 디지털 데이터가 생성, 전달, 저장, 처리되는 모든 비즈니스 모델에 있어서 전례 없는 고유한 기능이 될 것이다.

CSE는 차세대 검색 엔진을 위한 기술 아키텍처를 구성할 수 있다. 완전한 암호화 및 무결성을 유지하면서 데이터를 공개적으로 사용하고 검색할 수 있다. 이와 같은 새로운 검색 엔진은 데이터 프라이버시에 관한 EU/US 법률(개인 정보 보호 규정(GDPR, General Data Protection Regulation))과 데이터의 무결성, 개인 정보 보호에 관한 최근의 사회 경제적 경향에 완벽하게 부합할 것이다. 그리고 그러한 것을 가능하게 해주는 인프라를 위해서 CES의 확장은 필수적이다.

이제 CSE가 어떻게 작동하는지 살펴볼 것이다. 그림 9.15는 퍼블릭 클라우드에서 호스팅하는 암호화된 콘텐츠에 대해서 암호화된 방식으로 쿼리를 수행하는 과정을 보여 주고 있다.

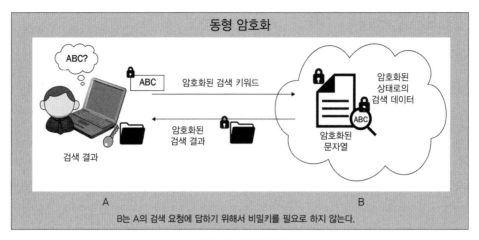

그림 9.15 CSE의 체계

그림 9.15에서 A와 B 간에는 어떤 정보도 교환되지 않는다. A(그림에서는 사람으로 표현됨)는 일반적으로 암호화 키를 갖고 검색을 요청하는 컴퓨터라고 할 수 있다. B(클라우드)는 암호화돼 저장된 데이터에서 검색 요청된 것을 찾는다.

그림 9.16에서는 CSE에 적용할 수 있는 하이브리드 클라우드 아키텍처를 보여 주고 있다.

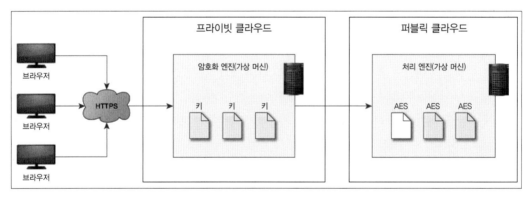

그림 9.16 CSE의 기본적인 하이브리드 아키텍처

기본적인 아키텍처에는 2개의 가상 머신인 **암호화 엔진**EE, Encryption Engine(프라이빗 서버)과 **처리 엔진**ME, Manipulation Engine(퍼블릭 클라우드에 위치)이 대칭키 암호화 알고리듬으로 연결된다. CSE에서 시스템은 파일을 암호화하는 데 사용되는 알고리듬에 독립적이다. CSE의 첫 번째 버전에서는 AES-256(2장에서 설명) 알고리듬을 채택했지만, 이후 버전에서는 [EE]와 (ME) 사이의 양자 채널을 통해 파일을 전송하기 위해 (고전적인 암호화 알고리듬뿐만 아니라) 양자 암호화 알고리듬을 채택할 것이다.

> **NOTE**
>
> 가상 머신에서 사용되는 환경의 유형을 나타내기 위해 대괄호를 사용했다.
>
> [EE]는 프라이빗 보호 환경(즉 프라이빗 클라우드)을 나타낸다. (ME)는 퍼블릭 클라우드나 보호되지 않는 환경을 나타낸다. 두 가상 머신 내부에는 암호화된 데이터가 저장된다.

그림 9.16에서 볼 수 있듯이 일반적으로 HTTPS는 사용자의 기기와 프라이빗 클라우드(예를 들어 기업의 서버)에 위치한 [EE]를 연결하기 위해서 보호된 프라이빗 공간 내에서만 사용된다.

[EE]의 주요 기능은 각 파일을 위한 임의의 암호화 키를 생성하는 것이다. 따라서 평문이 동일하더라도 암호화된 결과가 동일한 두 파일을 찾는 것은 불가능(-%)하다.

(ME)의 임무는 암호화된 파일을 저장하고 암호화된 내용을 검색하는 것이다. 좀 더 효율적인 아키텍처를 위해서 검색 엔진을 [EE]와 (ME)로부터 완전히 분리된 제3의 가상 머신에서 동작하게 만들 수 있다.

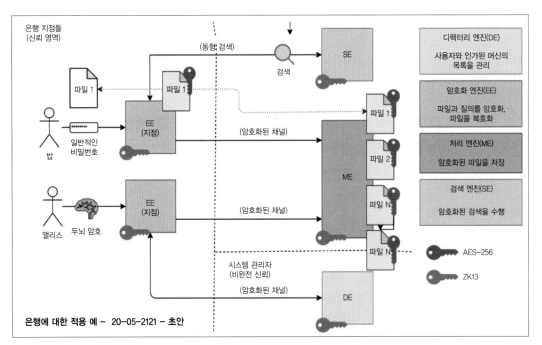

그림 9.17 (SE), (ME), [DE]와 연결된 복수의 [EE]로 구성된 복잡한 CSE 아키텍처

그림 9.17에서 CSE 아키텍처는 가상 머신의 네트워크 신원 증명을 제공할 수 있는 영지식 프로토콜에 의해서 식별된 (ME)들에 연결된 [EE]들로 구성된다. CSE의 첫 번째 버전에서는 가상 머신의 신원을 통제하고 잠재적인 중간자 공격을 방지하기 위해서 비대화형 영지식 프로토콜(5장 참고)인 ZK13이 사용됐다. 이후 버전에서는 가상 머신의 식별을 위해서 특별한 양자 프로토콜이 사용될 것이다. 그림 9.18는 CSE의 웹 인터페이스를 보여 주고 있다.

그림 9.18 CSE의 웹 인터페이스

CSE의 작동 흐름을 봤으므로 이제는 CSE에서 수행되는 계산의 효율성에 대해서 살펴볼 차례다.

:►CSE의 컴퓨팅 분석

암호화 검색의 비결은 해시 함수, 암호화 알고리듬, 인증 알고리듬, 사용자 인터페이스와 같은 요소를 하나의 플랫폼으로 결합하는 것이다.

암호화, 복호화, 인증 알고리듬, 로그인 및 플랫폼 관리 정책으로 제공되는 최상의 보안 등급과 암호화된 콘텐츠 검색의 효율성을 결합하는 것이 계산적인 관점에서 해결해야 할 과제라고 할 수 있다. 예를 들어 전체 내용이 암호화된 위키피디아를 대상으로 검색을 하고 싶다고 가정해보자. 그런 경우 문제는 검색 대상의 내용이 얼마나 큰지(킬로바이트, 기가바이트 또는 테라바이트) 그리고 처리해야 할 키워드의 수가 문제가 될 수 있다. 또한 다음과 같은 다양한 요소가 복잡하게 결합된 시스템과 마주해야만 한다.

- 암호화된 파일의 수

- 파일을 암호화하는 시간

- 처리된 파일당 비트 수와 전체 콘텐츠당 비트 수

- 처리된 키워드의 수

- 질의당 소요 시간

- 사람과 가상 머신 간의 인증

- 가상 머신과 가상 머신 간의 인증

- 검색된 파일을 복호화하는 시간

- 시스템의 메모리에서 내용을 지우는 시간

CSE의 **효율성**(E)은 다음 식으로 평가할 수 있으며 모든 요소가 최적의 솔루션 형태로 결합돼야 한다.

E = S/T

- E: 시스템의 효율성

- S: 암호화 알고리듬의 보안성

- T: 처리를 위해서 소요되는 시간

이 식은 시스템의 보안 수준이 높을수록 그리고 쿼리를 처리하는 데 소요되는 시간이 적을수록 더 효율적이라는 것을 나타낸다. (0)은 알고리듬의 최소한의 보안 수준을 나타내고 1은 100% 안전한 알고리듬을 나타낸다. 시스템이 데이터를 보호하기 위한 암호화를 채택하지 않는다고 가정해보자. 그러면 **보안성 (S)**는 0이 된다. 만일 양자 암호화를 사용한다면 매우 높은 보안 수준(S = 1)이 될 것이다. 하나의 쿼리당 최대 2초의 검색 시간이 허용된다고 하더라도 검색 소요 시간 T는 0+에서 무한대로 변하는 변수다. 따라서 최대한의 효율성을 위해서는 매우 높은 보안 수준(예를 들어 S = 0.999999)과 매우 짧은 응답 시간(T = 0.00001)이어야 한다. 즉 보안성은 높이고 검색 시간을 최대한 줄여야 한다.

시간은 결정론적이고 추정되는 변수이기 때문에 문제는 최상의 보안 등급과 효율성 등급을 추정하는 방법이다.

CSE에서는 [EE]와 (ME) 사이의 파일 전송을 위한 대칭키 암호화 알고리듬으로 AES-256을 사용한다. 2장에서 살펴본 바와 같이 이제 AES는 대칭키 암호 알고리듬의 표준이라고 할 수 있다(이는 미래에 변경될 수도 있다).

나는 공격과 계산 측면에서 AES-256비트의 복잡성 정도를 계산해 보려고 노력했다. 분명히 환경은 빠르게 변화하고 있고 현재 안전하다고 여겨지는 것이 3년 또는 5년 후에는 그렇지 않을 수도 있다.

다음 절에서는 AES-256과 같은 암호화 알고리듬의 효율성을 계산하는 방법에 대한 논리적 추론을 살펴볼 것이다.

무작위 대입 공격의 예

맥북 프로$^{MacBook\ Pro}$ 2015 i7처럼 4코어 컴퓨터가 있다고 가정해보자. 해당 컴퓨터는 초당 1.024MiB 또는 2^30바이트를 처리한다.

AES-256은 16바이트 블록 크기(2^4)를 사용하므로 평균적으로 하나의 컴퓨터로 초당 2^(30-4) = 2^26 블록의 계산을 수행할 수 있다. 하나의 컴퓨터가 1년(60초 * 60분 * 24시 * 365.25일 = 31,557,600초) 동안 계속 동작한다면 1년 동안 처리할 수 있는 블록의 수는 31,557,600 * 2^26 = 2,117,794,686,566,400이 된다.

즉 약 2,117.8조의 키를 탐색할 수 있게 된다. 그리고 AES-256에 대한 무작위 대입 공격을 수행하기 위해서는 평균적으로 2^255개의 키를 대입해야 한다.

따라서 2,117.8조를 2^255으로 나눈 결과를 10의 제곱으로 표현하면 약 2.73 * 10^61이 된다. 이 값을 정확히 쓰면 27,337,893,038,406,611, 194,430,009,974,922,940,323,611,067,429,756,962,487,493,203년이 된다.

이는 27조조조조조 년이라고 말할 수 있다. 한편 우주는 150억 년 동안만 존재해 왔다.

지구의 모든 컴퓨터가 함께 모여 AES-256을 크랙[crack]한다면 어떻게 될까?

이를 계산하는 것에 관심이 있다면 볼프람 알파[Wolfram Alpha] 검색 엔진에게 지구상에 존재하는 컴퓨터의 수를 물어볼 수 있을 것이다.

볼프람 알파 검색 엔진은 볼프람 매스매티카를 컴퓨팅 플랫폼으로 이용하는 고성능 검색 엔진이다. 그리고 검색을 해보면 지구상에는 20억 대의 PC가 있다는 답을 얻게 될 것이다.

볼프람 알파를 사용해 앞서 설명한 전체 과정을 확인할 수도 있다. 지구상의 모든 컴퓨터가 4코어 맥북 프로 i7과 동일한 계산 능력을 갖고 있다고 가정해서 컴퓨터 1대가 사용하는 시간을 20억으로 나눈다. 물론 실제로 그렇지는 않겠지만 말이다.

결과는 13,650,000,000,000,000,000,000,000,000,000,000,000,000,000,000,000,000,000년이 된다.

이를 10의 제곱으로 표현하면 1.365*10^52년이 된다. 이는 지구상의 모든 컴퓨터를 동원하더라도 계산할 수 없는 시간이다.

따라서 앞선 효율성을 나타내는 식의 S에 1을 할당할 수 있을 것이다. 하지만 상황이 그렇게 간단하지는 않으며 다음과 같은 간단한 질문으로 그 이유를 설명할 수 있다.

기존 컴퓨터의 모든 성능을 결합하는 대신 양자 컴퓨터를 사용한다면 어떻게 될까?

8장에서 살펴본 것처럼 쇼어의 알고리듬은 인수 분해 문제를 풀 수 있다. 하지만 AES는 수학적 문제에 의존하지 않는다. 따라서 양자 컴퓨터는 AES를 크랙하는 것이 어렵지 않을까?

잘 알겠지만, AES를 크랙하는 것은 알고리듬 내부에 숨겨진 2^{255}개의 키라는 방대한 양의 데이터에서 무언가를 검색하는 것과 비슷한 문제라고 할 수 있다. 그로버의 알고리듬(가까운 미래에 양자 컴퓨터로 구현될 수 있다면)이 좋은 후보가 될 수 있다. 실제로 섀넌의 혼동과 확산 원리를 기반한 숨겨진 키에 의존하는 AES와 같은 모든 알고리듬은 이론적으로 양자 컴퓨터로 깨뜨릴 수 있다.

> **NOTE**
>
> 그로버의 알고리듬은 구조화되지 않은 콘텐츠를 양자 컴퓨터로 검색하는 방법을 제시한다.

CSE의 장점은 내부적으로 사용되는 알고리듬에 대해서 독립적으로 동작하도록 설계된 시스템이라는 것이다.

이론적으로는 시스템 내부의 일부 알고리듬, 심지어 암호화된 콘텐츠에 대한 쿼리를 수행하기 위해 크립토랩의 HK16 팀이 개발한 동형 검색 알고리듬을 대체함으로써 양자 공격으로부터 살아남을 수 있다. 양자 컴퓨터에서 보다 효율적으로 작동할 수 있는 양자 동형 검색으로 대체될 수도 있다.

마지막으로 CSE가 현재 얼마나 효율적인지에 대해서 살펴보자.

나는 CSE를 설계한 사람 중 한 명이기 때문에 스스로 CSE에 대한 점수를 매기는 것은 합당하지 않다. 하지만 채택된 알고리듬과 평균 0.35초의 쿼리 처리 시간을 감안해서 본다면 CSE는 현재 보안과 시간 측면 모두에서 월등한 효율성을 제공한다고 말할 수 있다. 이는 상황이 변경될 때까지는 유효할 것이다.

지금까지 CSE와 같은 시스템의 효율성에 대해서 살펴봤으므로 이제는 실생활에서 어떻게 사용될 수 있는지에 대해서 알아보자.

⫸ CSE의 애플리케이션

대부분의 CSE 애플리케이션은 클라우드의 암호화된 데이터 저장소와 **파일 동기화 및 공유**FSS, File Synchronization and Sharing에 속한다. 앞서 말했듯이 클라우드의 암호화된 데이터 저장소는 다른 클라우드 애플리케이션과 비교했을 때 동형 검색이라는 중요한 부가가치를 제공한다. CSE를 블록체인에 적용하면 블라인드 결제를 구현할 수 있다. 즉 동형 검색 엔진을 통해서 클라이언트를 익명화하고 트랜잭션 처리를 안전하게 처리할 수 있다. 의료 분야에서는 이미 클라우드의 **전자 건강 기록**EHR, Electronic Health Records 관리와 **CovidFree**라는 두 가지 애플리케이션에 CSE를 채택해 테스트를 마쳤다. CSE 기술은 환자의 개인 정보를 보호하면서 EHR 시스템에서 환자의 데이터를 검색하고 데이터 분석을 가능하게 해준다. CovidFree는 코로나19 팬데믹에 대응하기 위해 2020년에 특허를 받은 애플리케이션으로 바이러스를 모니터링하기 위해 데이터의 개인 정보 보호 및 보안을 제공한다. 이 애플리케이션은 사람들을 추적할 수 있는 어떤 민감한 데이터도 사용하지 않고 공공 장소(공항, 기차, 버스, 레스토랑 등)의 출입 통제를 통해서 바이러스를 가상으로 격리한다.

그림 9.19는 암호화된 환경에서 데이터를 공유하는 방법을 보여 준다.

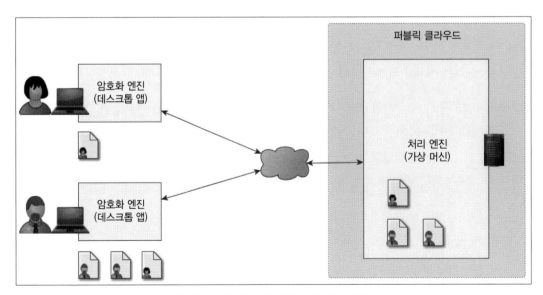

그림 9.19 암호화된 클라우드에서의 데이터 공유

또 다른 CSE의 애플리케이션 분야는 AI를 통한 비디오 감시 및 비디오 이미지 인식과 관련이 있다. CSE 기술을 적용하면 암호화된 데이터에 대한 비디오 관리 및 실시간 분석할 수 있으므로 민감한 데이터에 대한 프라이버시를 보호할 수 있다. 그림 9.20은 CSE를 적용할 수 있는 IT 영역을 나열한 것이다.

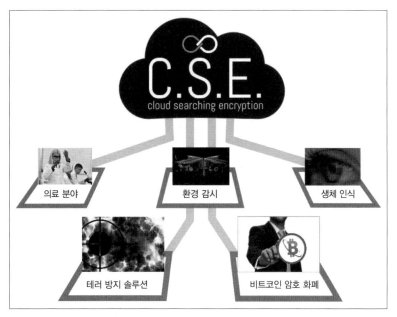

그림 9.20 CSE를 적용할 수 있는 분야

또 다른 흥미로운 애플리케이션 분야에는 자동차 분야가 있다. 앞으로는 더 많은 커넥티드 카connected car와 자율주행차량이 특정 경로를 주행할 때 사고나 교통 체증이 발생할지 여부를 판단하기 위해서 데이터를 서로 주고받게 될 것이다. 그때 전송되는 데이터가 평문이라면 해커가 자동차를 쉽게 제어할 수 있다. CSE는 항상 데이터를 암호화된 방식으로 전송하고 처리하기 때문에 해커의 공격 가능성을 최소화시키거나 방지할 수 있다. 해커가 통신 채널을 스니핑sniffing하더라도 메시지가 암호화돼서 읽을 수 있는 메시지는 발견할 수 없게 된다.

생명과학 분야에서는 DNA를 저장하거나 시퀀싱sequencing할 때 CSE를 적용할 수 있다. 생명과학 분야의 데이터는 질병을 발견할 가능성과 사람의 여러 가지 특성이 결합되기 때문에 매우 신중하게 관리돼야 한다. 건강과 신체적, 심리적 정보와 관련된 모든 데이터와 마찬가지로 CSE는 사람의 DNA에서 추출된 데이터를 암호화해서 저장하고 암호화된 상태에서 검색을 가능하게 해주기 때문에 권한이 없는 사람이 정보를 염탐하는 것을 방지할 수 있다.

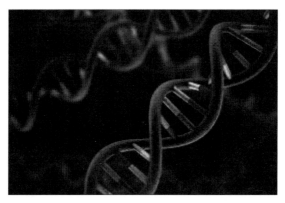

그림 9.21 CSE를 이용하면 DNA 데이터를 암호화된 상태로 처리할 수 있다.

지금까지 설명한 대부분의 애플리케이션은 이미 테스트를 거쳤고 일부는 실제로 사용되고 있다. 차세대 검색 엔진에서는 모든 사람의 개인 정보를 보호할 수 있어야 하며 CSE가 그중 하나가 될 수 있다.

⁝⁝ 요약

9장에서는 동형 암호의 기본 원리와 RSA에서의 부분 동형 암호에 대해서 설명했다.

그리고 검색 엔진을 위한 수학 특히 오일러 회로에 대해서 살펴봤다. 허프만 코드와 같은 특정 트리 그래프를 통해서 트리 구조(그래프 이론)에 대해서도 알아 봤다. 해시 트리와 기타 요소를 결합하면 비정형 콘텐츠에서 데이터를 검색하고 압축하는 데 탁월한 성능을 발휘하는 알고리듬을 만들 수 있다.

마지막으로 CSE의 주요 요소에 대해서 분석했고 CSE의 향후 적용 가능성에 대해서 살펴봤다.

이제 CSE가 무엇이고 어떻게 구현되는지 이해했을 것이다.

지금까지 여러분은 주요 암호화 알고리듬과 CSE에 대한 기본을 배웠다. 이 책이 당신의 직업과 생활에 도움이 되기를 바란다.

| 찾아보기 |

ㅈ

ㅊ

암호화 알고리듬

고전적인 암호화 알고리듬에서부터 최신의 동형 암호, 영지식 증명, 양자 암호까지

발 행 | 2023년 10월 27일

옮긴이 | 윤 우 빈
지은이 | 마시모 베르타치니

펴낸이 | 권 성 준
편집장 | 황 영 주
편 집 | 김 진 아
　　　　김 은 비
디자인 | 윤 서 빈

에이콘출판주식회사
서울특별시 양천구 국회대로 287 (목동)
전화 02-2653-7600, 팩스 02-2653-0433
www.acornpub.co.kr / editor@acornpub.co.kr

한국어판 ⓒ 에이콘출판주식회사, 2023, Printed in Korea.
ISBN 979-11-6175-789-6
http://www.acornpub.co.kr/book/cryptography-algorithms

책값은 뒤표지에 있습니다.